本书为国家社科基金"十四五"规划2021年度教育学青年项目"家庭第一代大学生在校表现及其对就业质量的影响研究（批准号：CFA210246）"的研究成果

家庭第一代大学生的学业与就业

杨中超◎著

中国社会科学出版社

图书在版编目(CIP)数据

家庭第一代大学生的学业与就业 / 杨中超著.
北京：中国社会科学出版社, 2025.3. -- ISBN 978-7
-5227-4811-5

Ⅰ. G647.38

中国国家版本馆 CIP 数据核字第 20259B12E5 号

出 版 人	赵剑英
责任编辑	安　芳
责任校对	张爱华
责任印制	李寡寡

出　　版	中国社会科学出版社
社　　址	北京鼓楼西大街甲 158 号
邮　　编	100720
网　　址	http://www.csspw.cn
发 行 部	010-84083685
门 市 部	010-84029450
经　　销	新华书店及其他书店

印刷装订	北京市十月印刷有限公司
版　　次	2025 年 3 月第 1 版
印　　次	2025 年 3 月第 1 次印刷

开　　本	710×1000　1/16
印　　张	15.25
字　　数	231 千字
定　　价	79.00 元

凡购买中国社会科学出版社图书，如有质量问题请与本社营销中心联系调换
电话：010-84083683

版权所有　侵权必究

目　　录

绪　论 …………………………………………………………（1）
　第一节　研究背景 ……………………………………………（1）
　　一　问题提出 ………………………………………………（2）
　　二　研究意义 ………………………………………………（3）
　第二节　家庭第一代大学生的定义和基本特征 ……………（4）
　　一　概念界定 ………………………………………………（4）
　　二　家庭第一代大学生的基本特征 ………………………（7）

第一章　国内外相关研究综述 …………………………（10）
　第一节　家庭第一代大学生的高等教育机会 ………………（10）
　　一　学校选择 ………………………………………………（10）
　　二　专业选择 ………………………………………………（12）
　　三　学术准备 ………………………………………………（15）
　第二节　家庭第一代大学生的高等教育过程 ………………（17）
　　一　大学适应性 ……………………………………………（18）
　　二　学术融合 ………………………………………………（27）
　　三　社会融合 ………………………………………………（29）
　第三节　家庭第一代大学生的高等教育结果 ………………（32）
　　一　学业成绩 ………………………………………………（33）
　　二　大学坚持与学位获得 …………………………………（35）

三　就业结果与劳动力市场表现 …………………… (37)

　第四节　家庭第一代大学生的社会支持 ……………… (45)

　　一　家庭支持 …………………………………………… (45)

　　二　学校支持 …………………………………………… (50)

　第五节　小结 ……………………………………………… (58)

第二章　理论基础与研究设计 ……………………………… (62)

　第一节　学生发展理论 …………………………………… (62)

　　一　心理学视角下的学生发展理论 …………………… (63)

　　二　社会学视角下的学生发展理论 …………………… (68)

　第二节　文化和社会资本理论 …………………………… (73)

　　一　文化资本理论 ……………………………………… (73)

　　二　社会资本理论 ……………………………………… (78)

　第三节　反赤字模型 ……………………………………… (81)

　　一　社区文化财富模型 ………………………………… (82)

　　二　批判文化财富模型 ………………………………… (83)

　第四节　新人力资本理论 ………………………………… (86)

　　一　非认知能力的教育回报 …………………………… (88)

　　二　非认知能力的劳动力市场回报 …………………… (93)

　　三　非认知能力的调节作用 …………………………… (96)

　第五节　研究设计 ………………………………………… (99)

　　一　数据来源 …………………………………………… (99)

　　二　变量选择 …………………………………………… (99)

　　三　计量模型 …………………………………………… (105)

第三章　家庭第一代大学生的学业表现 ………………… (108)

　第一节　家庭第一代大学生的基本情况 ……………… (108)

　　一　基本特征 …………………………………………… (108)

二　学业表现 …………………………………………… (110)
　　三　社会支持 …………………………………………… (114)
　第二节　学业表现的影响因素 ………………………………… (116)
　　一　认知能力和非认知能力的影响因素分析 ………… (116)
　　二　代际身份的调节作用 ……………………………… (119)
　第三节　小结与讨论 …………………………………………… (121)

第四章　家庭第一代大学生的毕业意向和去向 …………………… (124)
　第一节　相关研究与研究假设 ………………………………… (125)
　　一　家庭背景作用很小甚至消失 ……………………… (125)
　　二　家庭背景作用依然存在，甚至变强 ……………… (126)
　　三　教育对家庭背景效应的影响 ……………………… (128)
　第二节　结果分析 ……………………………………………… (129)
　　一　毕业去向和意向的差异分析 ……………………… (129)
　　二　毕业意向和去向的影响因素 ……………………… (131)
　　三　非认知能力与认知能力的中介作用 ……………… (133)
　　四　稳健性检验 ………………………………………… (137)
　第三节　小结与讨论 …………………………………………… (138)

第五章　非认知能力与家庭第一代大学生就业 …………………… (141)
　第一节　相关研究与研究假设 ………………………………… (141)
　　一　非认知能力与大学生就业 ………………………… (141)
　　二　非认知能力对家庭背景效应的影响 ……………… (143)
　第二节　结果分析 ……………………………………………… (145)
　　一　家庭第一代大学生与非一代大学生的就业质量差异 … (145)
　　二　非认知能力与大学生就业结果 …………………… (146)
　　三　非认知能力对家庭第一代和非一代大学生
　　　　就业结果影响的差异性 …………………………… (148)

四　就业结果影响因素中非认知能力与认知能力
　　　　的相互作用 …………………………………………（149）
第三节　小结与讨论 ……………………………………（151）

第六章　家庭第一代大学生的大学体验 ………………………（154）
　第一节　两派观点的争辩 ………………………………（154）
　　一　劣势观 ………………………………………………（155）
　　二　优势观 ………………………………………………（157）
　　三　研究设计 ……………………………………………（158）
　第二节　家庭第一代大学生面临的挑战 ………………（159）
　　一　重要决策的指导 ……………………………………（159）
　　二　内在心理体验 ………………………………………（160）
　　三　外部期望 ……………………………………………（161）
　　四　经济条件 ……………………………………………（163）
　第三节　家庭第一代大学生的成功因素 ………………（164）
　　一　"开山辟路"的责任感 ……………………………（164）
　　二　愈挫愈勇的韧性 ……………………………………（165）
　　三　有意识的社会资本积累 ……………………………（166）
　　四　"砸锅卖铁"式的支持 ……………………………（166）
　第四节　小结与讨论 ……………………………………（168）

第七章　国外高校家庭第一代大学生表现及其支持体系 ………（170）
　第一节　加州大学家庭第一代大学生招生与学业情况 …（171）
　　一　招生情况 ……………………………………………（171）
　　二　学业情况 ……………………………………………（172）
　　三　能力增值水平 ………………………………………（173）
　　四　学术与社会经历 ……………………………………（174）
　第二节　加州大学面向家庭第一代大学生的学生服务 …（176）

第三节　小结与讨论 …………………………………………（180）

第八章　总结与展望 ……………………………………………（182）
　　第一节　主要结论 …………………………………………（183）
　　第二节　政策建议 …………………………………………（189）
　　第三节　未来研究展望 ……………………………………（192）

参考文献 …………………………………………………………（194）

后　记 ……………………………………………………………（235）

绪　　论

"寒门贵子"之类的话题总能引起社会的广泛关注和讨论，这既可能源于人们内心对弱者的普遍同情，以及始终追求社会公平正义的朴素价值观，也可能是因为从他们身上，人们看到依然可以通过奋斗在阶层流动中找到自己的坐标，并改变命运的可能。当前我国经济社会处于转型期，伴随着经济发展而来的还有亟待优化的产业结构，以及较为突出的结构性就业难问题。根据《中国人口和就业统计年鉴（2023）》统计，我国就业人员中有24.1%接受过高等教育，由此可见，随着持续多年的高等教育扩招，在劳动力市场上，大学生似乎已不再是"天之骄子"。与此同时，越来越多不同社会阶层出身的学生，包括家庭第一代大学生进入大学，他们的大学经历和发展处境可能需要重新审视。

第一节　研究背景

教育作为影响社会流动的重要机制，是阻断贫困代际传递的重要途径和关键举措，而高等教育被认为是实现向上流动和经济成功的关键，甚至是社会和经济流动的唯一最重要的推动力量。[1] 随着我国高等教育规模扩张，高等教育已经进入普及化阶段，根据教育部发布的《2023年全国教

---

[1] Breen, R. & Muller, W. (eds.), *Education and Intergenerational Mobility in Europe and the United States*, Stanford University Press, 2020. Blanden, J., Gregg, P. & Macmillan, L., "Accounting for Intergenerational Income Persistence: Noncognitive Skills, Ability and Education", *The Economic Journal*, Vol. 117, 2007.

育事业发展统计公报》，2023年毛入学率达到60.2%，越来越多的学生，包括家庭第一代大学生获得了接受高等教育的机会。毫无疑问，高等教育对于他们来说既是一种机遇，也是一种挑战。

一 问题提出

根据清华大学课题组调查，超过70%的在校大学生是"家庭第一代大学生"，即父母双方均未接受过高等教育的大学生，[1] 这一比例要远高于OECD国家的平均值（53%）。[2] 家庭第一代大学生进入高等教育系统丰富了高校学生群体构成的多样性与异质性，彰显了国家促进高等教育公平的政策导向，这也是"十四五"规划建设高质量教育体系的应有之义。与此同时，家庭第一代大学生也承载着家庭跨代向上流动的希望，实际上，他们自身就是社会流动的生动体现，获得大学学位可以帮助个体摆脱家庭背景的束缚，获得成功机会，在一定程度上会消除社会经济地位的代际传递，[3] 但在某些方面，家庭背景发挥作用的空间仍然存在，对大学生学习、职业准备和大学期间课外活动的研究表明，社会出身差距仍持续存在，[4] 而家庭第一代大学生有限的社会、文化和经济资源往往使他们在竞争中处于劣势。[5]

大学生就业是重要的民生问题，就业质量不仅是高校人才培养的重要评价指标，同时也直接反映了高等教育促进社会流动功能的实现程度。国内关于家庭第一代大学生的研究起步较晚，较多关注他们接受高等教育的

---

[1] 张华峰、赵琳、郭菲：《第一代大学生的学习画像——基于"中国大学生学习发展和追踪调查"的分析》，《清华大学教育研究》2016年第6期。

[2] Spiegler T. & Bednarek A., "First-generation Students: What We Ask, What We Know and What It Means: An International Review of the State of Research", *International Studies in Sociology of Education*, Vol. 23, No. 4, 2013.

[3] Torche F., "Is a College Degree Still the Great Equalizer? Intergenerational Mobility Across Levels of Schooling in the United States", *American Journal of Sociology*, Vol. 117, No. 3, 2011.

[4] Armstrong, E. A. & Hamilton, L. T., *Paying for the Party: How College Maintains Inequality*, Harvard University Press, 2013.

[5] Ford, K. S. & Umbricht, M., "Persisting Gaps: Labor Market Outcomes and Numeracy Skill Levels of First Generation and Multi Generation College Graduates", *Research in Social Stratification and Mobility*, Vol. 56, 2018.

"入口"及"过程",从其高等教育机会获得,就读过程中的学业表现、活动参与等方面展开研究,[1] 而相对忽略了对其就业与劳动力市场表现及其内在影响机制的关注。有研究表明,家庭第一代大学生身份是大学入学和毕业的一个重要障碍,甚至超过了父母收入的影响。[2] 家庭第一代大学生的身份意味着他们的父母都没有接受过高等教育,从而他们缺乏足够的家庭文化资本和高等教育系统的学习生活经验,这可能不仅会影响他们的学业,也会对其就业表现产生影响。在高等教育扩招背景下,越来越多的家庭第一代大学生进入大学,那么他们的学业和就业表现究竟如何,以及受到哪些影响因素的制约,是本书试图回答的核心问题。

二 研究意义

(一) 理论意义

家庭第一代大学生是教育公平的一个切入角度抑或观察焦点。教育过程公平是教育公平的重要组成部分,在高等教育大众化背景下,关注家庭第一代大学生在接受高等教育期间的学业表现,建构中国本土化的家庭第一代大学生成长与发展的解释框架,有助于进一步丰富学生发展理论和教育公平相关理论观点。同时,将家庭第一代大学生群体作为研究对象,有助于更好地结合中国情境丰富和发展文化资本与社会再生产理论。

(二) 实践意义

基于家庭第一代大学生研究,国外许多政府和高校采取多种措施为家庭第一代大学生成长与发展提供资源支持,帮助他们更好地在大学和社会中实现融合,顺利找到工作,并跨越阶层界限。鉴于当前家庭第一代大学生占据我国高校毕业生群体的绝大多数,在一定意义上,做好大学生就业的关键就是抓好家庭第一代大学生群体就业。研究家庭第一代大学生的学业和就业状况有助于了解低文化资本家庭子女教育和地位获

---

[1] 胡艳婷:《我国第一代大学生就业质量影响因素研究》,厦门大学,硕士学位论文,2023年。

[2] Adamecz-Völgyi, A., Henderson, M. & Shure, N., "Is 'First in Family' a Good Indicator for Widening University Participation?", *Economics of Education Review*, Vol. 78, 2020.

得的群体困境，同时更有针对性地做好这一群体的人才培养工作；也有助于结合国外经验，为促进这一群体学业和职业发展，发挥高等教育促进社会流动功能，精准制定相应政策和干预举措。

第二节 家庭第一代大学生的定义和基本特征

家庭第一代大学生的定义是开展相关研究和制定实践政策的基本前提。虽然国外家庭第一代大学生研究起步早，积累了丰富成果，但时至今日对于家庭第一代大学生的定义仍然不尽一致。

一 概念界定

家庭第一代大学生（first-generation college student）的概念最早是由美国爱荷华州教育机会协会在20世纪70年代提出的，指的是那些父母没有完成大学学位课程的学生。[1] 家庭第一代大学生的定义取决于研究者对"大学生"和"第一代"这两个关键词内涵的解释。狭义的"大学生"通常是指在高等教育机构攻读学士或以上学位的学生；[2] 广义的定义还包括社区学院的学生。[3] 对"第一代"属性的解释主要是依据父母的教育水平，具体地说，这取决于父母中有多少人没有上过大学，父母是开始上大学还是完成了大学，以及就读的学校类型。[4] 狭义上讲，只有当大学生的父母都没有接受过任何高等教育时，才被称为家庭第一

---

[1] London, Howard B., "Breaking Away: A Study of First-generation College Students and Their Families", *American Journal of Education*, Vol. 97, No. 2, 1989.

[2] Ishitani, T., "Studying Attrition and Degree Completion Behavior Among First-generation College Students in the United States", *The Journal of Higher Education*, Vol. 77, No. 5, 2006.

[3] McCarron, G. P. & Inkelas, K. K., "The Gap Between Educational Aspirations and Attainment for First-generation College Students and the Role of Parental Involvement", *Journal of College Student Development*, Vol. 47, No. 5, 2006.

[4] Toutkoushian, R. K., May-Trifiletti, J. A. & Clayton, A. B., "From 'First in Family' to 'First to Finish': Does College Graduation Vary by How First-generation College Status is Defined?", *Educational Policy*, Vol. 35, No. 3, 2021.

代大学生;① 广义的定义,家庭第一代大学生也包括那些父母获得社区大学文凭或副学士学位的学生。②

值得注意的是,如果学生的父母双方或一方虽然有大学经历但没有获得学士学位时,很少有研究将之称为家庭第一代大学生,原因正如 Peralta 和 Klonowski(2017)所言,任何大学经历都会增加父母可以与子女分享的社会和文化资本,从而在大学环境中对他们有利,③ 因此他们主张将家庭第一代大学生定义为父母都没有大学经历的学生。另外,家庭第一代大学生并不一定意味着成为家庭中的第一个大学生,因为兄弟姐妹可能已经上过大学。实际上,有研究者对家庭第一代大学生概念的同质性提出质疑,他们发现家庭中第一个上大学的第一代大学生,与有哥哥或姐姐上过大学的第一代大学生、非一代大学生相比,上大学的机会更少,获得的父母、同伴和学校的支持更少,学业成功的可能性更低,而后两类群体间却基本相似。④

家庭第一代大学生的定义很关键,因为这涉及在政策和实践中究竟谁有资格接受或不应接受旨在促进其成功的相关服务或干预举措。⑤ 不同的定义会导致家庭第一代大学生涵盖范围差别较大,比如 Toutkoushian 等人(2021)分析了家庭第一代大学生的八种不同定义,从最严格的定义,即父母双方拥有高中或以下学历的大学生,到最不严格的定义,即父母至少有一人曾上过大学但未获得学士学位的大学

---

① Terenzini, P. T., Springer, L., Yaeger, P. M., Pascarella, E. T. & Amaury, N., "First-generation College Students: Characteristics, Experiences, and Cognitive Development", *Research in Higher Education*, Vol. 37, No. 1, 1996.

② Engle, J. & Tinto, V., "Moving Beyond Access: College Success for Low-income, First-generation Students", *Pell Institute for the Study of Opportunity in Higher Education*, 2008.

③ Peralta, Karie Jo & Klonowski, M., "Examining Conceptual and Operational Definitions of 'First-generation College Student' in Research on Retention", *Journal of College Student Development*, Vol. 58, No. 4, 2017.

④ Kim, A. S., Choi, S. & Park, S., "Heterogeneity in First-generation College Students Influencing Academic Success and Adjustment to Higher Education", *The Social Science Journal*, Vol. 57, No. 3, 2020.

⑤ Toutkoushian, R. K., Stollberg, R. A. & Slaton, K. A., "Talking About my Generation: Defining 'First-generation College Students' in Higher Education Research", *Teachers College Record*, Vol. 120, No. 4, 2018.

生，研究表明，不同的定义显著影响家庭第一代大学生所占比例，范围从22%到76%。① 在美国，许多联邦政府资助项目，包括向上跃进项目（Upward Bound）、教育人才发掘（Educational Talent Search）和学生支持服务（Student Support Services）等，以及绝大多数高校针对家庭第一代大学生的服务项目都是普遍采用了美国1965年《高等教育法》中对于家庭第一代大学生的定义，② 即父母双方均未获得学士学位的学生或与父母一方经常居住并获得支持，且该父母一方未获得学士学位的学生。③

研究者无论使用何种定义，落到学生身上时，最常表现为二元互斥的形式：一个学生要么为家庭第一代大学生，要么为非一代大学生。需要注意的是，这种简单二元分类可能会限制研究者对父母教育和大学生发展成就之间深层关系的理解。比如一些考虑到父母教育水平的层次差异或受过大学教育的家长数量的研究发现，学生毕业率的差异取决于父母是否上过大学、上过多少大学或是否拥有学士学位，④ 以及父母中有一人还是两人都拥有学士学位。⑤ Ishitani（2003）研究了双亲均未获得学士学位、单亲获得学士学位和双亲获得学士学位的学生的完成率，结果发现，双亲获得学士学位的学生完成率更高，且这种差异随着时间的

---

① Toutkoushian, R. K., May-Trifiletti, J. A. & Clayton, A. B., "From 'First in Family' to 'First to Finish': Does College Graduation Vary by How First-generation College Status is Defined?", *Educational Policy*, Vol. 35, No. 3, 2021.

② Whitley, S. E., Benson, G. & Wesaw, A., "First-generation Student Success: A Landscape Analysis of Programs and Services at Four-year Institutions", Center for First-generation Student Success, NASPA-Student Affairs Administrators in Higher Education, and Entangled Solutions, 2018.

③ U. S. Department of Education, *Higher Education Act of 1965, 1998 Higher Education Act Amendments, Subpart 2—Federal Early Outreach and Student Services Programs* (Chapter 1—Federal Trio Programs, SEC. 402A. 20 U. S. C. 1070a - 11), 1998.

④ Redford, J. & Mulvaney Hoyer, K., *First-generation and Continuing-generation College Students: A Comparison of High School and Postsecondary Experiences* (NCES 2018 - 009), Washington, DC: National Center for Education Statistics, U. S. Department of Education, 2017.

⑤ Ishitani, T., "Studying Attrition and Degree Completion Behavior Among First-generation College Students in the United States", *The Journal of Higher Education*, Vol. 77, No. 5, 2006.

推移而增加，这表明上过大学的父母数量可能很重要。① 可见，对父母教育过于简单化的变量操作可能会无法回答受过大学教育的父母所带来的优势究竟是逐渐增加的，还是处于一个阈值。

我国学者使用"家庭第一代大学生"概念起步较晚，相关研究并不多。研究者普遍沿袭西方常见的界定方式，将家庭第一代大学生定义为父母双方都未曾接受过高等教育（包括专科教育）的大学生。比如王兆鑫（2020）将家庭第一代大学生定义为父母双方均未接受过高等教育的家庭中成功考上大学的孩子们。② 需要注意的是，家庭第一代大学生与农村大学生有所区别，它不仅包括农村家庭第一代大学生，还包括城市家庭第一代大学生。学者有时倾向于用"寒门贵子"一词来描述这一群体，重点关注城乡二元情境下的农村家庭第一代大学生。③ 家庭第一代大学生与贫困大学生在内涵上也有一定差别。贫困大学生主要突出了经济上的贫困，而家庭第一代大学生不仅暗含经济上的贫穷，更包含着在社会资本和文化资本上的双重缺失，④ 当然，有些家庭第一代大学生在经济上并不贫穷。借鉴以往研究者观点，结合我国实际，本书中的家庭第一代大学生是指父母双方均未接受过大专及以上学历教育的大学生。

二 家庭第一代大学生的基本特征

家庭第一代大学生的总体规模在不同国家差异明显，这与其定义不一致有关。一份报告显示，24个欧洲国家的家庭第一代大学生比例在21%—76%，包括低比例组（20%—40%），如丹麦（21%）、德国

---

① Ishitani, T., "A Longitudinal Approach to Assessing Attrition Behavior Among First-generation Students: Time-varying Effects of Pre-college Characteristics", *Research in Higher Education*, Vol. 44, 2003.
② 王兆鑫：《寒门学子的突围：国内外第一代大学生研究评述》，《中国青年研究》2020年第1期。
③ 田杰：《先"上"带后"上"：农村第一代大学生代内帮扶教育研究》，《中国青年研究》2021年第5期。鲍威：《第一代农村大学生的升学选择》，《教育学术月刊》2013年第1期。
④ 何树彬：《美国高校促进"第一代大学生"适应探论》，《河北师范大学学报》（教育科学版）2020年第5期。

（31%）和挪威（35%）；中间组（41%—60%），如法国（42%）、瑞士（44%）、英格兰/威尔士（49%）和奥地利（56%）；高比例组（61%—80%），如波兰（65%）、土耳其（71%）、意大利（73%）和葡萄牙（76%）。[1] 在英国高等教育统计数据中，家庭第一代大学生是指父母没有获得大学学位的学生，根据这一定义，这一群体几乎占英国大学生人口的一半。[2] 当其他国家使用相同的定义时，统计数据基本相似，比如家庭第一代大学生占美国大学生人口的56%[3]和澳大利亚的51%[4]。有研究者指出，自1971年美国实现高等教育普及以来，家庭第一代大学生的比例一直保持在30%以上。[5]

尽管不同国家家庭第一代大学生的规模存在差异，但是家庭第一代大学生的基本特征却很相似。一般而言，与父母接受过高等教育的学生相比，家庭第一代大学生更可能是女性、少数民族和有色族裔群体、年龄偏大、已婚并育有子女，以及更有可能是移民、来自单亲家庭，并且英语为其第二语言。[6] 从家庭背景来看，家庭第一代大学生通常来自低社

---

[1] Orr, D., Gwos, C. & Netz, N., *Social and Economic Conditions of Student Life in Europe: Synopsis of indicators. Final report. Eurostudent IV 2008 – 2011*, Bielefeld: W. Bertelsmann Verlag, 2011.

[2] Henderson, M., Shure, N. & Adamecz-Völgyi, A., "Moving on up: 'First in Family' University Graduates in England", *Oxford Review of Education*, Vol. 46, No. 6, 2020.

[3] Center for First-Generation Student Success, *First-generation College Students: Demographic Characteristics and Postsecondary Enrollment* [Fact sheet]. From https://first gen. naspa. org/files/dm-file/FactSheet – 01. pdf, 2019.

[4] Patfield, S., Gore, J. & Weaver, N., "On 'Being First': The Case for First-generation Status in Australian Higher Education Equity Policy", *The Australian Educational Researcher*, Vol. 49, 2022.

[5] Cataldi, E. F., Bennett, C. T., Chen, X. & Simone, S. A., *First-generation Students: College Access, Persistence, and Postbachelor's Outcomes*, National Center for Education Statistics, 2018.

[6] Katrevich, A. V. & Aruguete, M. S., "Recognizing Challenges and Predicting Success in First-generation University Students", *Journal of STEM Education: Innovations & Research*, Vol. 18, No. 2, 2017. Engle, J. & Tinto, V., "Moving Beyond Access: College Success for Low-income, First-generation Students", *Pell Institute for the Study of Opportunity in Higher Education*, 2008. Bui, K. V. T., "First-Generation College Students at a Four-year University: Background Characteristics, Reasons for Pursuing Higher Education, and First-year Experiences", *College Student Journal*, Vol. 36, No. 1, 2002.

会经济地位家庭。Redford 和 Mulvaney Hoyer（2017）调查发现，家庭第一代大学生比非一代大学生来自低收入家庭的比例更大，具体地说，在家庭年收入 2 万美元及以下，两类学生的比例分别为 27% 和 6%；在家庭年收入 2 万—5 万美元之间，两类学生的比例分别为 50% 和 23%。① Horn 和 Nunez（2000）早期调查同样发现，家庭第一代大学生和父母接受过大学教育的大学生的社会经济背景存在显著差异，家庭第一代大学生中有 50% 来自低收入家庭，父母有大学经历的学生中只有 33%，而父母获得大学学位的学生中只有不到 10%。② 同时，家庭第一代大学生父母的职业通常以体力劳动者、小企业职工、文书和零售职位为主。③

清华大学"中国大学生学习与发展追踪研究"课题组发现，从 2011 年到 2018 年，我国家庭第一代大学生的比例基本保持在 70%—75%，他们的家庭情况明显不同于非一代大学生，家庭经济资本和文化资本更低。刘进等人（2016）发现，家庭第一代大学生中男性比例显著偏高，汉族比例显著偏低，在父母职业上与非一代大学生存在显著差异，主要为农民，更多生活在县城及以下地区。④ 曾东霞（2019）也发现，家庭第一代大学生通常来自社会经济地位较低的家庭。⑤ 王严淞和马莉萍（2022）指出，与非一代大学生相比，家庭第一代大学生更有可能来自农村地区、低收入和多子女家庭。⑥

---

① Redford, J. & Mulvaney Hoyer, K., *First-generation and Continuing-generation College Students: A Comparison of High School and Postsecondary Experiences* (NCES 2018 – 009), Washington, DC: National Center for Education Statistics, U. S. Department of Education, 2017.

② Horn, L. & Nunez, A., *Mapping the Road to College: First Generation Student's Math Track, Planning Strategies, and Context of Support*, Washington, DC: National Center for Education Statistics, 2000.

③ Jenkins, S. R., Belanger, A., Connally, M. L., Boals, A. & Durón, K. M., "First-generation Undergraduate Student's Social Support, Depression, and Life Satisfaction", *Journal of College Counseling*, Vol. 16, No. 2, 2013.

④ 刘进、马永霞、庞海芍：《第一代大学生职业地位获得研究——基于 L 大学（1978—2008 年）毕业生的调查分析》，《教育学术月刊》2016 年第 2 期。

⑤ 曾东霞：《"斗室星空"：农村贫困家庭第一代大学生家庭经验研究》，《中国青年研究》2019 年第 7 期。

⑥ 王严淞、马莉萍：《精英高校能否弥补家庭第一代大学生的能力劣势？——基于追踪调查的实证研究》，《清华大学教育研究》2022 年第 4 期。

第一章　国内外相关研究综述

家庭第一代大学生研究自 20 世纪 70 年代开展以来，迄今已走过 50 余年历程，积累了丰富的研究成果，也有效推动了政府和高校促进家庭第一代大学生成长和发展的政策制定与实践举措。本章主要从家庭第一代大学生接受高等教育的机会、过程、结果以及获得的社会支持等方面对以往研究做简单梳理，以期更好地了解家庭第一代大学生的研究进展和主要成果。

第一节　家庭第一代大学生的高等教育机会

机会公平是教育公平的重要组成部分。高等教育机会公平至少体现在学校和专业选择上，如果这种选择主要取决于个体努力和能力等自致性因素，而非家庭背景等先赋性因素，则被认为是可接受的。

一　学校选择

人们不仅关注家庭第一代大学生是否上大学，还关注他们在哪里上大学。教育经济学研究者认为高等教育扩张虽然扩大了不同阶层，包括弱势阶层接受高等教育的机会，但是高等教育不平等依然存在，只不过是由量的不平等转向质的不平等，也就是所谓的高等教育横向分层，[1]

---

[1] Lucas, Samuel R., "Effectively Maintained Inequality: Education Transitions, Track Mobility, and Social Background Effects", *American Journal of Sociology*, Vol. 106, No. 6, 2001.

包括学校选拔性和专业领域。从学校选拔性看，家庭第一代大学生更有可能进入低选拔性高校，甚至有研究认为家庭第一代大学生的弱势地位主要来自学校选拔性，尽管专业领域可以缓和这一劣势。[1] Babineau（2018）研究发现，家庭第一代大学生与非一代大学生相比，不太可能进入四年制大学（26% VS 45%），更有可能进入公立两年制院校（46% VS 26%）。[2] 美国社区学院协会（2019）在其报告中提到，截至2017年秋季，58%的大学入学学生就读于社区学院，其中29%的学生被认定为家庭第一代大学生。[3] 德国的应用科学大学与此类似，其家庭第一代大学生的比例比其他大学高出三分之一。[4] 当然，社区学院能比四年制大学吸引更多的家庭第一代大学生也与其自身的优势有关，比如开放招生政策、相对较低的学费、更便利的校园位置，以及提供的课程可以让学生在短时间获得工作技能等。[5]

缺乏家庭的指导帮助，可能导致学生无法区分不同类型大学的差异，从而选择一所不符合自身教育需求和目标的学校。Hamilton 等人（2018）发现，社会经济条件优越的家长通常会积极参与子女的大学决策过程，但社会经济条件较差的家长往往将决策权留给子女，而且这一现象在进入大学后继续存在，社会经济条件较差的父母往往比经济富裕

---

[1] Ayalon, H. & Mcdossi, O., "First-generation College Students in an Expanded and Diversified Higher Education System: The Case of Lsrael", In Khattab, N., Miaari, S. & Stier, H. (Eds.), *Socioeconomic Inequality in Israel: A Theoretical and Empirical Analysis*, New York: Palgrave Macmillan US, 2016.

[2] Babineau, K., *Closing the Gap: An Overview of the Literature on College Persistence and Underrepresented Populations*, Cowen Institute, 2018.

[3] American Association of Community Colleges, *Data points: Challenges to Success* (*Report Vol. 7, Issue 6*). From https://www.aacc.nche.edu/wpcontent/uploads/2019/03/DataPoints_V7_N6.pdf, 2019.

[4] Spiegler T. & Bednarek A., "First-generation Students: What we ask, What we know and what it Means: An International Review of the State of Research", *International Studies in Sociology of Education*, Vol. 23, No. 4, 2013.

[5] Perkins, S. D., "Narratives of First-Generation Community College Students in Central Texas: Restorying the Path to Success in Higher Education", Abilene Christian University Dissertations, 2021.

的父母更少参与子女的学业选择和经历。[1] 国内研究者张华峰等人（2016）发现家庭第一代大学生更多地以参加统一高考的方式进入大学，多集中在地方本科高校。[2] 鲍威（2013）利用2011年首都高校新生调查分析发现，相对于非一代大学生，农村第一代大学生的升学院校类型主要集中短期、职业导向的高等职业技术院校、民办本科院校、一般地方本科院校；在优质高等教育机会的获取方面，在控制先赋性因素、高中学业经历、家庭社经地位的前提下，农村第一代大学生进入高学术声望院校的概率仅为非一代大学生的一半。[3]

除了在进入什么样的学校，在何时进入大学方面，家庭第一代大学生也与非一代大学生存在差异。比如，Redford 和 Mulvaney Hoyer（2017）研究发现，相比非一代大学生，家庭第一代大学生更不可能在高中毕业三个月内进入高等院校，而在高中毕业四个月至十二个月或十三个月乃至更长时间入学的比例要高于非一代大学生。[4] Choy（2001）也发现，家庭第一代大学生与同龄人相比，计划高中毕业后立即进入大学的可能性较小，分别为68%和91%。[5] 推迟高等教育入学不仅降低了学生上大学的机会，也降低了他们坚持上完大学直到毕业的可能性。

二 专业选择

专业选择会直接影响到学生未来的就业机会、经济回报和职业发展等。不同阶层的学生在专业选择时可能会使用不同的策略。一是选择经

---

[1] Hamilton, L., Roksa, J. & Nielsen, K., "Providing a 'Leg up': Parental Involvement and Opportunity Hoarding in College", *Sociology of Education*, Vol. 91, No. 2, 2018.

[2] 张华峰、赵琳、郭菲：《第一代大学生的学习画像——基于"中国大学生学习发展和追踪调查"的分析》，《清华大学教育研究》2016年第6期。

[3] 鲍威：《第一代农村大学生的升学选择》，《教育学术月刊》2013年第1期。

[4] Redford, J. & Mulvaney Hoyer, K., *First-generation and Continuing-generation College Students: A Comparison of High School and Postsecondary Experiences* (NCES 2018-009), Washington, DC: National Center for Education Statistics, U. S. Department of Education, 2017.

[5] Choy, S. P., "Students Whose Parents Did Not Go To College: Postsecondary Access, Persistence, and Attainment" (NCES 2001-126). Washington, DC: U. S. Department of Education, National Center for Education Statistics. http://nces.ed.gov/pubs2001/2001126.pdf, 2001.

济回报更高的专业领域。研究发现，家庭第一代大学生在商业、健康服务和职业/技术领域的比例过高，而在教育、科学、工程、艺术、社会科学和人文学科中比例较低，研究者将其归因于家庭第一代大学生的低学业成绩使他们无法选择学术要求高的专业。①另一种解释认为人文社会科学的低收入预期使得其对家庭第一代大学生吸引力不够，这表明低阶层学生主要将高等教育视为成功融入劳动力市场的一个步骤。②以STEM专业为例，虽然这些专业被认为提供了通往高薪职业的道路，但是家庭第一代大学生往往无法进入。③如果他们选择STEM专业，也更有可能表现不佳，并最终转出该专业领域，甚至辍学，④因为像STEM专业这种市场回报更高的专业往往更具挑战性，也意味着学生要承担更高的学术风险，而这对于家庭第一代大学生是个挑战。

二是选择有助于发挥阶层优势，维护阶层地位的专业领域。Goyette和Mullen（2006）认为，在美国背景下，特权社会群体的孩子倾向于学习需要高水平文化资本的文科，这些有助于学生保持其在社会结构中的特权地位。⑤来自低收入背景的家庭第一代大学生可能会优先考虑选择一个能够通向中产阶级职业机会的专业。⑥

---

① Chen, X. & Carroll C. D., "First-Generation Students in Postsecondary Education: A Look at Their College Transcripts (NCES 2005 – 171)", Washington, DC: US Department of Education, National Center for Education Statistics, 2005.

② Ayalon, H. & Mcdossi, O., "First-generation College Students in an Expanded and Diversified Higher Education System: The Case of Lsrael", In Khattab, N., Miaari, S. & Stier, H. (Eds.), *Socioeconomic Inequality in Israel: A Theoretical and Empirical Analysis*, New York: Palgrave Macmillan US, 2016.

③ Bettencourt, Genia M. et al., "STEM Degree Completion and First-generation College Students: A Cumulative Disadvantage Approach to the Outcomes Gap", *The Review of Higher Education*, Vol. 43, No. 3, 2020.

④ Chen, X. & Soldner, M., STEM Attrition: College Students' Paths Into and Out of STEM Fields (2014 – 001). Washington, DC: National Center for Education Statistics, Institute of Education Sciences, U. S. Department of Education, 2013.

⑤ Goyette, K. A. & Mullen, A. L., "Who Studies the Arts and Sciences? Social Background and the Choice and Consequences of Undergraduate Field of Study", *The Journal of Higher Education*, Vol. 77, No. 3, 2006.

⑥ Armstrong, E. A. & Hamilton, L. T., *Paying for the Party: How College Maintains Inequality*, Harvard University Press, 2013.

三是选择有助于继续学业深造的专业领域。中产阶级家庭出身的学生更可能会把他们的本科学习作为一项长期投资，为以后进入专业学院或攻读研究生做准备。比如 Goyette 和 Mullen（2006）发现家庭社会经济地位低的学生在选择专业时更喜欢职业领域而不是文科或理科领域，两个领域学生在毕业后的早期收入水平没有显著差异，但文科或理科专业的学生却更有可能攻读研究生学位。[①] Ayalon 和 Mcdossi（2016）对以色列的研究也表明，家庭第一代大学生和非一代大学生都喜欢学习高回报和声望的专业领域，但家庭第一代大学生似乎把实用性置于声望之上，而非一代大学生则相反，这意味着下层学生更喜欢学习与劳动力市场有明显联系的专业领域，而中产阶级学生更重视文化资本以及专业领域所附带的继续深造的可能性。[②]

竞争优势专业是我国高校招生的一部分。研究表明，父母的教育水平和职业地位会影响学生的专业选择与入学机会，对于那些父母没有大学毕业或高薪工作的学生来说，他们更有可能选择不那么受欢迎和竞争激烈的专业或者更可能学习入学考试成绩要求低但未来就业机会较少的专业。[③] 这可能是因为低收入家庭大学生大多是家庭第一代大学生，缺乏专业选择知识；高考成绩的劣势限制了专业选择，以及采取选择竞争力较差的专业可先确保进入大学。郭娇（2020）发现家庭第一代大学生对所修专业的认同显著低于非一代大学生，认为高校对家庭第一代大学生的帮扶重点不在学业表现，而是在高考志愿填报阶段的专业选择以及入校之后的专业认同。[④] 张华峰等（2016）发现在专业选择上，家庭

[①] Goyette, K. A. & Mullen, A. L., "Who Studies the Arts and Sciences? Social Background and the Choice and Consequences of Undergraduate Field of Study", *The Journal of Higher Education*, Vol. 77, No. 3, 2006.

[②] Ayalon, H. & Mcdossi, O., "First-generation College Students in an Expanded and Diversified Higher Education System: The Case of Lsrael", In Khattab, N., Miaari, S. & Stier, H. (eds.), *Socioeconomic Inequality in Israel: A Theoretical and Empirical Analysis*, New York: Palgrave Macmillan US, 2016.

[③] 曹雯瑜：《我国大学生专业选择与高等教育公平研究》，安徽大学，硕士学位论文，2013。邓银城：《教育公平与教育的社会分层流动功能》，《教育研究与实验》2012 年第 3 期。

[④] 郭娇：《基于调查数据的家庭第一代大学生在校表现研究》，《中国高教研究》2020 年第 6 期。

第一代大学生更多地选择了职业性和技术性更强的专业。① 总之，较低的学业准备水平、较低的教育期望、较少获得上大学的鼓励和支持，尤其是来自父母的鼓励和支持等因素可能会降低家庭第一代大学生"选择"去上大学的机会，同时限制他们可选择的大学类型（即学校位置、公私属性和学校选拔性）和专业领域，并可能最终影响他们以后的就业机会与质量。

三 学术准备

家庭第一代大学生的高等教育机会很大程度上是由其学术准备决定的。学术准备是指具备成功进入下一个更高教育阶段所需的学术技能和知识基础。学术准备是影响学生是否上大学、上什么样的大学，以及上大学后的保留或完成情况的一个重要因素。② 对于家庭第一代大学生来说，学术准备意味着对大学课堂的教学方法、工作负担和严谨性进行了解或准备，③ 主要体现为高中阶段为进入大学所做的各种过渡准备，比如参加的课程、课程的严格程度，以及标准化考试成绩等。

首先，美国大学入学考试（American College Test）将高中核心学术准备定义为四年的英语和三年的数学、社会研究和科学课程学习，在这方面，与非一代大学生［父母上过大学（74%）或父母完成了学士学位（80%）］的同龄人相比，家庭第一代大学生（67%）完成准备的明显更少（ACT，2013）。④ 没有达到核心课程要求的学生达到大学入学

---

① 张华峰、赵琳、郭菲：《第一代大学生的学习画像——基于"中国大学生学习发展和追踪调查"的分析》，《清华大学教育研究》2016年第6期。

② DeAngelo, L. & Franke R., "Social Mobility and Reproduction for Whom?: College Readiness and First Year Retention", *American Educational Research Journal*, Vol. 53, No. 6, 2016. Warburton, Edward C., Rosio Bugarin & Anne-Marie Nunez, "Bridging the Gap: Academic Preparation and Postsecondary Success of First-Generation Students", Statistical Analysis Report, National Center For Education Statistics, 2001.

③ Schademan, Alfred R. & Maris R. Thompson, "Are College Faculty and First-generation, Low-income Students Ready for Each Other?", *Journal of College Student Retention: Research, Theory & Practice*, Vol. 18, No. 2, 2016.

④ ACT, Inc, The Condition of College and Career Readiness 2013: First-generation Students, Lowa Gity, IA: AOT, Inc., 2013.

评价既定标准的可能性更小，这意味着他们在大学里不太可能取得好成绩。其次，高中课程的严格程度也可能会增加学生上大学和取得成功机会。Warburton 等人（2001）发现，只有9%的家庭第一代大学生参加了严格的高中课程，而非一代大学生中有20%参加了严格的高中课程，这可能导致家庭第一代大学生在大学入学考试中比非一代大学生更有可能获得较低的分数。[1] 高中学习高等数学课程会使家庭第一代大学生进入四年制大学的机会增加一倍以上，但 Cataldi 等人（2018）对美国的研究发现，只有18%的家庭第一代大学生学习了高等数学，而这一比例在父母中至少有一人拥有学士学位的学生中为44%。[2] 最后，家庭第一代大学生在标准化大学入学考试（SAT、ACT）的平均分数较低，SAT 考试平均分数甚至比非一代大学生少153分。[3] 国内学者王严淞和马莉萍（2022）发现在进入大学之前，精英高校家庭第一代大学生的批判性思维和毅力不存在劣势，但创新能力和自我认知显著低于非一代大学生。[4]

自我教育期望也会显著影响家庭第一代学生的高等教育机会。研究发现，无论父母的教育水平如何，那些在八年级就有较高教育愿望的学生上大学的可能性更高。[5] Choy（2001）根据1988年美国全国教育纵向调查数据分析了八年级学生的最高教育期望后发现，在父母拥有大学

---

[1] Warburton, Edward C., Rosio Bugarin & Anne-Marie Nunez, "Bridging the Gap: Academic Preparation and Postsecondary Success of First-Generation Students", Statistical Analysis Report, National Center For Education Statistics, 2001.

[2] Cataldi, E. F., Bennett, C. T., Chen, X. & Simone, S. A., *First-generation Students: College Access, Persistence, and Postbachelor's Outcomes*, National Center for Education Statistics, 2018.

[3] Balemian, K. & Feng, J., First-generation Students: College Aspirations, Preparedness and Challenges, College Board. https://files.eric.ed.gov/fulltext/ED563393.pdf, 2013. Warburton, Edward C., Rosio Bugarin & Anne-Marie Nunez, "Bridging the Gap: Academic Preparation and Postsecondary Success of First-Generation Students", Statistical Analysis Report, National Center For Education Statistics, 2001.

[4] 王严淞、马莉萍：《精英高校能否弥补家庭第一代大学生的能力劣势？——基于追踪调查的实证研究》，《清华大学教育研究》2022年第4期。

[5] Bui, K. V. T., "Middle School Variables that Predict College Attendance for First-generation Students", *Education*, Vol. 126, 2005.

学位的八年级学生中,只有1%的人表示不希望上大学,而在父母没有大学经历的学生中,这一比例为16%;到了十二年级,超过90%的学生,包括那些父母没有上过大学的学生,都希望上大学,然而,只有大约一半(53%)的家庭第一代大学生希望获得学士学位,而在父母获得大学学位的学生中,这一比例接近90%。[1]

第二节 家庭第一代大学生的高等教育过程

正如Aronson(2008)所指出的,"绝大多数关于高等教育中阶级差异的研究都集中在入学和学业的客观模式上,主观过程(包括决策以及机会与障碍的经历)是一个尚未被充分探索的黑匣子"[2]。学生发展结果的差异很大程度上取决于学生如何度过自己的大学生活。许多研究都证实,这一过程中,学生参与对其大学成功至关重要,甚至可能比父母教育更具影响力。[3] 有研究认为,家庭第一代大学生较差的学业表现和完成率更可能归因于他们在大学期间的经历,而不是他们入学前的经历。[4] 学生在大学期间的经历主要体现为学术融合和社会融合两部分,学术和课外参与被认为对于家庭第一代大学生取得积极的教育成果和降低他们的辍学率都至关重要。[5] 高等教育过程除了要关注学生行为,也要关注学生

---

[1] Choy, S. P., "Students Whose Parents Did Not Go To College: Postsecondary Access, Persistence, and Attainment" (NCES 2001 – 126). Washington, DC: U. S. Department of Education, National Center for Education Statistics. http://nces.ed.gov/pubs2001/2001126.pdf, 2001.

[2] Aronson, P., Breaking Barriers or Locked out? Class-based Perceptions and Experiences of Postsecondary Education, In J. T. Mortimer (Ed.), *Social Class and Transitions to Adulthood*, New Directions for Child and Adolescent Development, No. 119, 2008.

[3] Pascarella, E. T., Pierson, C. T., Wolniak, G. C. & Terenzini, P. T., "First-generation College Students: Additional Evidence on College Experiences and Outcomes", *The Journal of Higher Education*, Vol. 75, No. 3, 2004.

[4] Tinto, V., *Leaving College: Rethinking the Causes and Cures of Student Attrition* (2nd. ed.), Chicago: The University of Chicago Press, 1993.

[5] Tinto, V., "Dropout From Higher Education: A Theoretical Synthesis of Recent Research", *Review of Educational Research*, Vol. 45, No. 1, 1975.

心理社会特征变化，主要体现在大学适应性方面，对于家庭第一代大学生而言还不止于此，他们可能还面临着较大的心理障碍，包括学生的情感体验（如情绪困扰、幸福感）、身份管理（如归属感）、自我知觉（如自我效能、感知威胁）和动机（如成就目标、失败恐惧）等。[①]

一 大学适应性

（一）经历文化不匹配

虽然学生普遍很难轻松地完成从家庭到大学的过渡，但与父母上过大学的非一代大学生相比，家庭第一代大学生在适应大学时面临更大的挑战，这种额外的困境通常被解释为家庭第一代大学生相对缺乏经济（如金钱）或学术（如学业准备）资源。除此之外，这种困境也源于大学强调的独立规范与家庭第一代大学生在上大学前所形成的相互依赖的规范之间的文化不匹配。[②] 进入大学对于家庭第一代大学生来说确实是一种不同的文化体验，他们不只是进入一所学校，而是进入一个往往有"潜规则"和各种文化规范的新学术、文化环境。这种家庭和社区文化（即规范、价值观、期望）与大学校园文化之间的不连续性，被他们称之为"天壤之别"，也有学者称其为"文化冲击"，即"当一个人进入一种新的文化，并且熟悉的线索消失时，由于失去熟悉的标志和符号而产生的焦虑"，其他学生似乎"属于"这所大学，而家庭第一代大学生感觉自己就像"水外的鱼"。[③]

文化不匹配被描述为家庭第一代大学生在"美国大学体系的独立规

[①] Jury, M., Smeding, A. Stephens, N. M., Nelson, J. E., Aelenei C. & Darnon, C., "The Experience of Low-SES Students in Higher Education: Psychological Barriers to Success and Interventions to Reduce Social-class Inequality", *Journal of Social Issues*, Vol. 73, No. 1, 2017.

[②] Phillips, L. T., Stephens, N. M., Townsend, S. S. M. & Goudeau, S., "Access is not Enough: Cultural Mismatch Persists to Limit First-generation Student's Opportunities for Achievement Throughout College", *Journal of Personality and Social Psychology*, Vol. 119, No. 5, 2020.

[③] Kelly, P., Moores, J. & Moogan, Y., "Culture Shock and Higher Education Performance: Lmplications for Teaching", *Higher Education Quarterly*, Vol. 66, No. 1, 2012.

范和他们自己上大学的相互依存动机"不匹配时所经历的困惑。[①] 该理论主要观点包括以下三个方面。第一，美国大学文化反映了无处不在的中产阶级独立规范，并被视为大学生合理的文化规范。而且越是顶级大学越容易强调独立文化规范。美国大学所传达的信息，如"表达你自己""找到你的激情"或"做你自己的事"等都强调个人自我发展、兴趣探索，这些看似无害的关于"成为一名学生的方式"的"正确"或"最好"的信息会在不经意间造成社会阶层的成就差距，在给一些学生带来文化匹配感和相应的舒适感或轻松感的同时，也会给其他学生带来文化不匹配感和相应的不适感与困难感，因为家庭第一代大学生中更常见的是相互依赖的规范，如帮助家庭、对社区作出贡献。[②]

第二，大学文化对独立性关注所产生的影响取决于学生带到大学的隐性文化框架或自我文化模式，以及这些规范如何与大学环境中制度化的规范相互作用。具体来说，当学生体验到自己的规范与大学文化中所代表的规范相匹配时将处于有利地位，反之亦然。在不同文化背景下有两种常见的自我模式：独立的自我模式和相互依存的自我模式，[③] 前者认为规范上合适的人应该影响环境，与其他人分开或区别开来，并根据个人动机、目标和偏好自由行动，[④] 与此相反，后者认为人应该适应环境的条件，与他人建立联系，并对他人的需求、偏好和利益作出反应。学生的社会阶层背景塑造了他们带到大学环境中的自我文化模式，中产

[①] Harackiewicz, J. M., Canning, E. A., Tibbetts, Y., Giffen, C. J., Blair, S. S., Rouse, D. I. & Hyde, J. S., "Closing the Social Class Achievement Gap for First-generation Students in Undergraduate Biology", *Journal of Educational Psychology*, Vol. 106, No. 2, 2014.

[②] Stephens, N. M., Fryberg, S. A., Markus, H. R., Johnson, C. S. & Covarrubias, R., "Unseen Disadvantage: How American Universitie's Focus on Independence Undermines the Academic Performance of First-generation College Students", *Journal of Personality and Social Psychology*, Vol. 102, No. 6, 2012.

[③] Markus, H. R. & Kitayama, S., "Cultures and Selves: A Cycle of Mutual Constitution", *Perspectives on Psychological Science*, No. 5, 2010.

[④] Markus, H. R., & Kitayama, S., Models of Agency: Sociocultural Diversity in the Construction of Action, In V. Murphy-Berman & J. J. Berman (eds.), *Nebraska Symposium on Motivation: Vol. 49. Crosscultural Differences in Perspectives on Self*, Lincoln, NE: University of Nebraska Press, 2003.

阶级成长环境中常见的物质和社会条件倾向于培养与促进独立的自我模式，而工人阶级成长环境中常见的物质和社会条件（经济资本有限，环境约束和不确定性，选择、控制和影响的机会很少等）往往要求并最终形成相互依存的自我模式。比如在逆境中（如失业），工人阶级个人很少有经济"安全网"来保护他们，因此，他们必须学会适应社会环境，并依赖亲密他人（如家人、朋友）的支持。这些工人阶级的现实往往促进社会化实践，鼓励儿童认识到自己在社会等级中的地位，遵守规则和社会规范，并对他人的需要作出反应。[1] 家庭第一代大学生在大学中面临"双重任务"，除了和所有大学生一样，要在学校要求范围内掌握课程内容，额外的第二个任务是发现和理解中产阶级与高等教育系统的生活方式。

第三，文化匹配或不匹配通过影响学生对情境的感知和他们对该情境中需要完成任务的解释来影响学生表现。[2] 换句话说，个体表现取决于自身文化规范和既定环境里制度化规范之间是否匹配。那些能够整合社会阶层身份（即家庭/工人阶级和学校/中产阶级）的家庭第一代大学生更容易适应大学文化，更可能在大学取得成功，包括文化适应压力更低，身心健康和学业成绩更好。[3] 反之，大学入学时的文化不匹配会

---

[1] Stephens, N. M., Fryberg, S. A., Markus, H. R., Johnson, C. S. & Covarrubias, R., "Unseen Disadvantage: How American Universitie's Focus on Independence Undermines the Academic Performance of First-generation College students", *Journal of Personality and Social Psychology*, Vol. 102, No. 6, 2012. Stephens, N. M., Fryberg, S. A., & Markus, H. R., "When Choice does not Equal Freedom: A Sociocultural Analysis of Agency in Working Class American Contexts", *Social Psychological & Personality Science*, No. 2, 2011.

[2] Stephens, N. M., Fryberg, S. A., Markus, H. R., Johnson, C. S. & Covarrubias, R., "Unseen Disadvantage: How American Universitie's Focus on Independence Undermines the Academic Performance of First-generation College Students", *Journal of Personality and Social Psychology*, Vol. 102, No. 6, 2012.

[3] Herrmann, S. D., Varnum, M. E. W., Straka, B. C., et al., "Social Class Identity Integration and Success for First-generation College Students: Antecedents, Mechanisms, and Generalizability", *Self and Identity*, Vol. 21, No. 5, 2022. Herrmann, Sarah D. & Michael EW Varnum, "Utilizing Social Class Bicultural Identity Integration to Improve Outcomes for First-generation College Students", *Translational Issues in Psychological Science*, Vol. 4, No. 2, 2018.

导致家庭第一代大学生更糟糕的大学经历和学业成绩,这些差异甚至会持续到毕业,而且文化规范中的社会阶层差异在整个大学期间保持稳定。① 可以说,家庭第一代大学生在大学环境中经历的文化不匹配造成了文化障碍,加剧了这一群体学生已经面临的经济、学术、社会和个人障碍。②

另外,除了家庭与大学之间的过渡,研究还表明,与非一代大学生相比,家庭第一代大学生从高中过渡到大学的难度更大。③ 实际上,大学生在从高中过渡到大学时感到不知所措是很常见的,但家庭第一代大学生由于缺乏文化和社会资本,这些感觉往往会加剧。

(二)家庭成就内疚感

对于家庭第一代大学生来说,上大学既是一种成就,也是一种压力。家庭成就内疚感是指因自身比其他家庭成员受教育程度更高时所体验到的内疚感,比如因上大学无法承担家庭义务、享有其他家庭成员无法体验到的"特权"、变得与其他家庭成员有所不同,以及因家庭经济牺牲和成功期望所带来的压力等。④ 这种负罪感在家庭观念突出的群体中可能更为突出。⑤ 许多家庭第一代大学生在为自己的学业成绩感到自

---

① Phillips, L. T., Stephens, N. M., Townsend, S. S. M. & Goudeau, S., "Access is not Enough: Cultural Mismatch Persists to Limit first-generation Students' Opportunities for Achievement Throughout College", *Journal of Personality and Social Psychology*, Vol. 119, No. 5, 2020.

② Chang, J., Wang, S.-w., Mancini, C., McGrath-Mahrer, B. & Orama de Jesus, S., "The Complexity of Cultural Mismatch in Higher Education: Norms Affecting First-generation College Students' Coping and Help-seeking Behaviors", *Cultural Diversity and Ethnic Minority Psychology*, Vol. 26, No. 3, 2020.

③ Chen, X. & Carroll C. D., "First-Generation Students in Postsecondary Education: A Look at Their College Transcripts (NCES 2005-171)", Washington, DC: US Department of Education, National Center for Education Statistics, 2005. Terenzini, P. T., Springer, L., Yaeger, P. M., Pascarella, E. T. & Amaury, N., "First-generation College Students: Characteristics, Experiences, and Cognitive Development", *Research in Higher Education*, Vol. 37, No. 1, 1996.

④ Covarrubias, R., Landa, I. & Gallimore, R., "Developing a Family Achievement Guilt Scale Grounded in First-generation College Student Voices", Personality and Social Psychology Bulletin, Vol. 46, No. 11, 2020.

⑤ Covarrubias, R. & Fryberg, S. A., "Movin' on up (to college): First-generation College Students' Experiences with Family Achievement Guilt", *Cultural Diversity and Ethnic Minority Psychology*, Vol. 21, No. 3, 2015.

豪与因自己缺席对家庭的贡献感到内疚之间存在矛盾,他们的学业成绩改变了预期的家庭角色和状态,离开家庭意味着开始走上一条其他家庭成员不容易获得的社会和经济向上流动的道路。Moreno(2016)研究了拉丁裔家庭第一代大学生离开家庭时面临的负罪感,结果显示,当参与者将自身需求放在家庭需求之前并上大学时,负罪感就会产生。家庭第一代女性大学生表示,内疚是由于她们和家人之间的物理距离造成的;而那些离开家庭去上大学的男性,则会感到经济上的愧疚,因为他们要么造成了家里经济困难,要么无法帮忙负担家庭账单。[1]

家庭成就内疚感的积极影响和消极影响被一些研究证实。Covarrubias 和 Fryberg(2015)研究发现,家庭第一代大学生的家庭成就内疚感水平高于非一代大学生,而且家庭第一代大学生通过参加以如何帮助家庭为重点的练习后,家庭成就内疚感会显著降低。[2] Covarrubias 等人(2015)研究了学生的幸福感与家庭成就内疚感之间的关系,发现经历家庭成就内疚感的学生抑郁程度高,自尊感低。[3] 当然,也有研究表明,与消极情绪不同,内疚感是一种适应性情绪,可能会激发特定的亲社会行为,以帮助维持与家庭的联系,比如为了减少离开家人相关的负面情绪,家庭第一代大学生可能会更多地承担家庭角色和责任,包括向父母提供工具性、经济性或情感性支持,或大量参与照顾兄弟姐妹,以帮助父母和兄弟姐妹。[4] 同时,有更多家庭成就内疚感的学生也可能持

---

[1] Moreno, R., The Guilt of Success: Looking at Latino First Generation College Students and the Guilt They Face From Leaving Their Home and Community to Pursue College, California State University Dissertations, 2016.

[2] Covarrubias, R. & Fryberg, S. A., "Movin' on up (to college): First-generation College Students' Experiences with Family Achievement Guilt", *Cultural Diversity and Ethnic Minority Psychology*, Vol. 21, No. 3, 2015.

[3] Covarrubias, R., Romero, A. & Trivelli, M., "Family Achievement Guilt and Mental Well-being of College Students", *Journal of Child & Family Studies*, Vol. 24, No. 7, 2015.

[4] Covarrubias, R., Valle, I., Laiduc, G. & Azmitia, M., "'You Never Become Fully Independent': Family Roles and Independence in First-generation College Students", *Journal of Adolescent Research*, Vol. 34, No. 4, 2019. Vasquez-Salgado, Y., Greenfield, P. M., & Burgos-Cienfuegos, R., "Exploring Home-school Value Conflicts: Lmplications for Academic Achievement and Wellbeing Among Latino First-generation College Students", *Journal of Adolescent Research*, Vol. 30, 2015.

有更强烈的回报家庭的上大学动机，比如毕业后帮助家人。① 国内学者田杰和余秀兰（2022）研究发现，家庭第一代大学生代内教育帮扶在拓宽弟妹向上流动渠道、减轻父母教育负担、促进自我提升的教育代理补偿方面发挥积极效应。②

（三）身份认同

社会认同理论是研究人们如何根据自己在群体中的身份来定义自己，并假设一个人的部分身份来自他们的群体成员身份。③ 一个人所属群体可分为圈内群体和外部群体，其中圈内群体是指一个人所认同的群体，外部群体则是一个人所不属于的群体。人们希望他们所属群体有一个正面形象，得到积极反映，而如果群体处于不利地位，则可能会导致消极的社会认同。家庭第一代身份是一种社会身份，大学是塑造这种身份的关键过渡期。④ 由于家庭第一代大学生在大学中代表性不足，他们可能在外部群体（非一代大学生群体）环境中发展。⑤ 一方面，由于低社会经济地位的学生在高等教育中属于少数群体，他们代表性不足的身份经常提醒他们与其他人的差异，因此他们经常报告自己"不属于"大学，⑥ 并且特别容易经历"冒名顶替综合症"。这种感觉也可以通过这些学生意识到自己的弱势背景来解释。另一方面，外部群体在数量上占据主导地位，主

---

① Stephens, N. M., Fryberg, S. A., Markus, H. R., Johnson, C. S. & Covarrubias, R., "Unseen Disadvantage: How American Universities' Focus on Independence Undermines the Academic Performance of First-generation College Students", *Journal of Personality and Social Psychology*, Vol. 102, No. 6, 2012.

② 田杰、余秀兰：《爱的烦恼：第一代大学生代内教育帮扶的影响及其机制》，《复旦教育论坛》2022 年第 2 期。

③ Brown, R., "Social Ldentity Theory: Past Achievements, Current Problems and Future Challenges", *European Journal of Social Psychology*, Vol. 30, No. 6, 2000.

④ Azmitia, M., Sumabat-Estrada, G., Cheong, Y. & Civarrubias, R., "Dropping Out is Not an Option: How Educationally Resilient First-generation Students See the Future", *New Directions for Child and Adolescent Development*, Vol. 160, 2018.

⑤ Derks, B., van Laar, C. & Ellemers, N., "Striving for Success in Outgroup Settings: Effects of Contextually Emphasizing Ingroup Dimensions on Stigmatized Group Member's Social Identity and Performance Styles", *Personality and Social Psychology Bulletin*, Vol. 32, No. 5, 2006.

⑥ Harackiewicz, J. M., Canning, E. A., Tibbetts, Y., Giffen, C. J., Blair, S. S., Rouse, D. I. & Hyde, J. S., "Closing the Social Class Achievement Gap for First-generation Students in Undergraduate Biology", *Journal of Educational psychology*, Vol. 106, No. 2, 2014.

导群体的成员通常比受支配群体的成员表现更好。这种环境会威胁到家庭第一代大学生的社会认同，促使他们采用可能影响其幸福感、动机和表现的防御和保护机制。[1] 比如 Derks 等人（2006）研究发现，在"外部群体"的环境中，低社会经济地位学生表现出与避免失败相关的情绪，他们花费更多的时间在那些有助于避免失败的项目上，原因在于"外部群体"环境使受支配群体自卑感显著，并威胁到他们的身份，使他们关注失败回避。[2] 可以说，家庭第一代大学生在进入高等教育时面临身份管理的严峻挑战，对于低社会经济地位的学生来说，高等教育是一个崭新的、通常不熟悉的环境，他们通常很难适应自己作为大学生的新身份。[3] 当然，不同学生对家庭第一代身份的认同存在差异，有许多家庭第一代大学生为自己的身份感到自豪，并从中获得成就感。[4]

家庭第一代大学生群体也更容易受元刻板印象的影响。元刻板印象是指一个人认为其他人对他们或所属群体持有的消极或积极的刻板印象。正面刻板印象对自我有良好的影响，而负面刻板印象对自我有负面印象。当人们认同被负面看待的群体时，他们会更容易受到负面刻板印象的影响。[5] 人们可能会担心其他人会因为他们的群体成员身份而对其产生负面印象，并且认为群体外成员也不想与他们交往。为了避免这种负面互动，个体可能会避免与群体外的个人接触，按 Finchilescu（2005）所说，这创造了一种形式上的"非正式隔离"，元刻板印象可

---

[1] Jury, M., Smeding, A., Court, M. & Darnon, C., "When First-generation Students Succeed at University: On the Link Between Social Class, Academic Performance, and Performance-avoidance Goals", *Contemporary Educational Psychology*, Vol. 41, 2015.

[2] Derks, B., van Laar, C. & Ellemers, N., "Striving for Success in Outgroup Settings: Effects of Contextually Emphasizing Ingroup Dimensions on Stigmatized Group Members' Social Identity and Performance Styles", *Personality and Social Psychology Bulletin*, Vol. 32, No. 5, 2006.

[3] Lee, E. M. & Kramer, R., "Out With the Old, in With the New? Habitus and Social Mobility at Selective Colleges", *Sociology of Education*, Vol. 86, No. 1, 2013.

[4] Orbe, M. P., "Negotiating Multiple Identities Within Multiple Frames: an Analysis of First-generation College Students", *Communication Education*, Vol. 53, No. 2, 2004.

[5] Klein, O. & Azzi, A. E., "The Strategic Confirmation of Meta-stereotypes: How Group Members Attempt to Tailor an Out-group's Representation of Themselves", *British Journal of Social Psychology*, Vol. 40, No. 2, 2001.

能会导致表现不佳，因为当人们意识到外部群体成员对他们的印象时，焦虑会对自尊和自我意识产生负面影响，从而导致表现不佳。① 无能为力的人（受支配群体）与那些拥有权力的人（主导群体）相比，会持有更多的元刻板印象。元刻板印象导致的结果之一就是受支配群体在需要帮助时可能不愿意寻求帮助，因为他们不想强化自卑感，让人觉得他们无法独立完成任务。②

家庭第一代大学生所经历的文化不匹配、家庭成就内疚感和身份认同危机等不同程度体现出这一群体大学适应过程的复杂性，也在一定程度使得他们面临更大的心理健康挑战。许多研究表明，相比非一代大学生，家庭第一代大学生的归属感水平非常低，③ 经常感到恐惧、沮丧、焦虑、震惊、孤独、害怕和想家等，④ 自我报告创伤后压力心理障碍症和抑郁症状水平更高、⑤ 自我报告幸福感更低，⑥ 甚至更可能试图自杀。⑦ 当然，也有研究发现，两类大学生群体心理健康症状的患病率都

---

① Finchilescu, G., "Meta-stereotypes May Hinder Inter-racial Contact", *South African Journal of Psychology*, Vol. 35, No. 3, 2005.

② Wakefield, J. R., Hopkins, N. & Greenwood, R. M., "Meta-stereotypes, Social Image and Help Seeking: Dependency-related Meta-stereotypes Reduce Help-seeking Behavior", *Journal of Community & Applied Social Psychology*, Vol. 23, No. 5, 2013.

③ Stebleton, M. J., Soria, K. M. & Huesman Jr, R. L., "First-generation Student's Sense of Belonging, Mental Health, and Use of Counseling Services at Public Research Universities", *Journal of College Counseling*, Vol. 17, No. 1, 2014.

④ Wilkins, A. C., "Race, Age, and Identity Transformations in the Transition from High School to College for Black and First-generation White men", *Sociology of Education*, Vol. 87, No. 3, 2014. Stuber, J. M., "Integrated, Marginal, and Resilient: Race, Class, and the Diverse Experiences of White First-generation College Students", *International Journal of Qualitative Studies in Education*, Vol. 24, No. 1, 2011.

⑤ Amirkhan, J. H., Manalo, R., Jr & Velasco, S. E., "Stress Overload in First-generation College Students: Implications for Intervention", *Psychological Services*, Vol. 20, No. 3, 2023. Covarrubias, R., Romero, A. & Trivelli, M., "Family Achievement Guilt and Mental Well-being of College Students", *Journal of Child & Family Studies*, Vol. 24, No. 7, 2015.

⑥ Jenkins, S. R., Belanger, A., Connally, M. L., Boals, A. & Durón, K. M., "First-generation Undergraduate Student's Social Support, Depression, and Life Satisfaction", *Journal of College Counseling*, Vol. 16, No. 2, 2013.

⑦ Combs, J. P. & Sáenz, K. P., "Experiences, Perceived Challenges, and Support Systems of Early College High School Students", *Administrative Issues Journal*, Vol. 5, No. 1, 2016.

很高，没有显著差异，但在控制症状的情况下，家庭第一代大学生的心理健康服务使用率明显较低，在2021年中，只有32.8%有症状的家庭第一代大学生接受了治疗，而在非一代大学生中，这一比例为42.8%，在新冠疫情期间，这一差距进一步扩大了。①

（四）冒名顶替综合症

冒名顶替综合症（imposter syndrome）或冒名顶替现象，通常是一种发生在高成就个体身上的内在体验，是指一个成功的人觉得他所取得的成就是由于运气、时机或魅力，而不是由于其自身的能力或努力工作所致。② 冒名顶替综合症的常见症状包括焦虑、缺乏自信、害怕负面评价、抑郁、挫败感和无法实现个人期望的感觉，其中有些可能是内在的，比如害怕和担心周围的人会如何评价自己的表现，以及对自己与他人比较、他人负面评价的恐惧和缺乏归属感等。③

家庭第一代大学生比非一代大学生同龄人经历冒名顶替综合症的比率更高、强度更大，尤其是来自种族/少数民族背景的家庭第一代大学生报告称自尊和学业自我效能较低，对学业失败的焦虑和恐惧程度较高。④ Canning等人（2020）研究发现，在具有竞争文化的STEM课程中，与非一代大学生相比，家庭第一代大学生感知到的课堂竞争对感觉自己像冒名顶替者这种体验的直接影响，以及这些心理体验对课程结果的间接影响都是非一代大学生的2—3倍；这种冒名顶替感反过来预测了学生的期

---

① Lipson, S. K., Diaz, Y., Davis, J. & Eisenberg, D., "Mental Health Among First-generation College Students: Findings From the National Healthy Minds Study, 2018 - 2021", *Cogent Mental Health*, Vol. 2, No. 1, 2023.

② Holden, C. L., Wright, L. E., Herring, A. M. & Sims, P. L., "Imposter Syndrome Among First-and Continuing-generation College Students: The Roles of Perfectionism and Stress", *Journal of College Student Retention: Research, Theory & Practice*, Vol. 25, No. 4, 2021.

③ Sykes, E., Effects of the Imposter Phenomenon on First-Generation Student's Academic and Co-curricular Engagement, Lindenwood University Dissertations, 2023. Clance, P. R. & Imes, S. A., "The Imposter Phenomenon in High Achieving Women: Dynamics and Therapeutic Intervention", *Psychotherapy: Theory, Research & Practice*, Vol. 15, No. 3, 1978.

④ Peteet, B. J., Montgomery, L. & Weekes, J. C., "Predictors of Imposter Phenomenon Among Talented Ethnic Minority Undergraduate Students", *The Journal of Negro Education*, Vol. 84, No. 2, 2015.

末课程参与度、出勤率、辍学意愿和课程成绩,可见课堂竞争和由此产生的冒名顶替感可能是影响家庭第一代大学生的STEM课程参与、表现和保留的一个被忽视的障碍。① 尽管如此,也有研究发现家庭第一代大学生和非一代大学生所经历的冒名顶替综合症和压力水平相似,但是在家庭第一代大学生中,冒名顶替综合症与压力的关系更为密切。②

二 学术融合

学生在大学期间的经历主要体现为学术融合和社会融合,其中学术融合是指学生和学术环境的互动与参与,体现为他们与课堂内外的教师和工作人员形成有意义与积极的关系,比如课堂上与师生进行实质性讨论、在办公时间与教职员工或助教会面、参加学习小组等活动;社会融合是指学生与社会环境的互动和参与,如参加课外活动、结交新朋友及与教职员工的非正式社交。③

学术融合对于家庭第一代大学生取得积极的教育成就和就业表现都至关重要,而且有研究发现,相比非一代大学生,家庭第一代大学生往往从学术或课堂活动中获得更大的教育收益。④ 但总体来看,在学术融合方面,家庭第一代大学生与非一代大学生相比,花在学习上的时间少,与教师和其他学生就课堂内外学术交流的时间也少,往往花在工作上的时间多。⑤ Soria 和 Stebleton (2012) 以学生与教师互动的频率、参

---

① Canning, E. A., LaCosse, J., Kroeper, K. M. & Murphy, M. C., "Feeling Like an Imposter: The Effect of Perceived Classroom Competition on the Daily Psychological Experiences of First-generation College Students", *Social Psychological and Personality Science*, Vol. 11, No. 5, 2020.

② Holden, C. L., Wright, L. E., Herring, A. M. & Sims, P. L., "Imposter Syndrome Among First-and Continuing-generation College Students: The Roles of Perfectionism and Stress", *Journal of College Student Retention: Research, Theory & Practice*, Vol. 25, No. 4, 2021.

③ Tinto, V., "Dropout From Higher Education: A Theoretical Synthesis of Recent Research", *Review of Educational Research*, Vol. 45, No. 1, 1975.

④ Pascarella, E. T., Pierson, C. T., Wolniak, G. C. & Terenzini, P. T., "First-generation College Students: Additional Evidence on College Experiences and Outcomes", *The Journal of Higher Education*, Vol. 75, No. 3, 2004.

⑤ Garza, A. N. & Fullerton, A. S., "Staying Close or Going Away: How Distance to College Impacts the Educational Attainment and Academic Performance of First-generation College Students", *Sociological Perspectives*, Vol. 61, No. 1, 2018.

与课堂讨论、在课堂讨论中提出不同想法，以及在课堂上提出有见地的问题来衡量学术融合，结果发现，家庭第一代大学生与非一代大学生相比，学术参与度更低。① 早期一项研究使用学生参加学术咨询、参加与职业相关的讲座、与教师就学术问题举行会议，以及作为成员与同学一起参与研究小组等作为学术融合的测量指标进行研究，结果发现，与非一代大学生相比，家庭第一代大学生的学术融合水平通常更低。② 国内研究者郭啸等人（2020）对地方工科高校家庭第一代大学生的学习特征分析后发现，家庭第一代大学生"阅读指定教材或参考书"以及"周均课外学习时间"等常规学习方面优于非一代大学生，但在"挑战对问题的已有看法""从不同视角综合考虑问题"等高阶学习方面得分较低。③

家庭第一代大学生与教师互动非常重要，因为这可以提高他们的学业成绩，增加归属感，提高大学满意度，但遗憾的是，与非一代大学生相比，他们更不可能与教师互动。④ 国内许多研究者也发现家庭第一代大学生在师生互动和同伴互动中表现不佳。季月和杜瑞军（2021）基于2009—2018年间中国大学生就读经验问卷调查收集到的四次数据分析发现，家庭第一代大学生的师生互动和同伴互动水平显著低于非一代大学生，而且这种显著差异没有随时间的推移而改变。⑤ 龙永红和汪雅霜（2018）研究发现，家庭第一代大学生的师生互动显著低于非一代大学生，且这种显著差异随着年级的升高始终存在，其中，师生互动包

---

① Soria, K. M. & Stebleton, M. J., "First-generation Student's Academic Engagement and Retention", *Teaching in Higher Education*, Vol. 17, No. 6, 2012.

② Nunez, A. M. & Cuccaro-Alamin, S., First-Generation Students: Undergraduates Whose Parents Never Enrolled in Postsecondary Education, Statistical Analysis Report, National Center for Education Statistics, 1998.

③ 郭啸、杨立军、刘允：《第一代大学生的学习特征差异分析》，《高教发展与评估》2020年第3期。

④ Kim, Y. K. & Sax, L. J., "Student-faculty Interaction in Research Universities: Differences by Student Gender, Race, Social Class, and First-generation Status", *Research in Higher Education*, Vol. 50, 2009.

⑤ 季月、杜瑞军：《第一代和非第一代大学生师生、同伴互动的差异分析——基于CCSEQ调查数据（2009—2018年）的解析》，《北京教育（高教）》2021年第8期。

括学习性互动、价值性互动与拓展性互动三个维度，其中，学习性互动包括"课堂上积极回答问题或参与讨论""学习表现得到老师的反馈"等五个题项。① 熊静（2016）发现第一代农村大学生、第一代城市大学生及非一代大学生在师生互动（和授课老师课后讨论课程问题与概念等五个题目）方面存在显著性差异，两两比较结果显示，无论是第一代农村大学生，还是第一代城市大学生在师生互动上的参与程度都显著地低于非一代大学生。② 陆根书和胡文静（2015）应用2012年对西安交通大学3937名本科生的调查数据，比较了家庭第一代和非一代大学生在师生互动、同伴互动及能力发展水平上的差异后发现，他们在师生互动、同伴互动水平上存在显著差异，而且师生互动、同伴互动与学生能力发展的关系在两个群组之间也存在显著差异。③

三 社会融合

家庭第一代大学生可以从参与社团活动、社区服务、领导力活动等学生活动中获益，这些经历可以增加他们与教师、同学之间的接触，帮助他们更好融入校园文化，并了解在大学中如何实现个人成功。有研究发现，参与课外活动以及与同龄人的联系对家庭第一代大学生的益处大于非一代大学生。④ 龙永红和汪雅霜（2018）研究也发现，拓展性互动对家庭第一代大学生学习收获的影响远高于非一代大学生，这里的拓展性互动包括"近半年来是否和老师一起做过创新创业课题或其他研究

---

① 龙永红、汪雅霜：《生师互动对学习收获的影响：第一代与非第一代大学生的差异分析》，《高教探索》2018年第12期。
② 熊静：《第一代农村大学生的学习经历分析——基于结构与行动互动的视角》，《教育学术月刊》2016年第5期。
③ 陆根书、胡文静：《师生、同伴互动与大学生能力发展——第一代与非一代大学生的差异分析》，《高等工程教育研究》2015年第5期。
④ Demetriou, C., Meece, J., Eaker-Rich, D. & Powell, C., "The Activities, Roles, and Relationships of Successful First-generation College Students", *Journal of College Student Development*, Vol. 58, No. 1, 2017. Means, D. R. & Pyne, K. B., "Finding My Way: Perceptions of Institutional Support and Belonging in Low-income, First-generation, First-year College Students", *Journal of College Student Development*, Vol. 58, No. 6, 2017.

项目""是否和老师一起参加社会实践或调查"等五个题项。[1]尽管如此，总体来看，家庭第一代大学生的社会融合也明显要低于非一代大学生。家庭第一代大学生参加课外活动的次数较少，社会融合得分较低。[2] Engle 和 Tinto（2008）研究表明，家庭第一代大学生不太可能参与大学的社会体验，不太可能在课外与教师或学生进行社交，不太可能与其他学生建立亲密的友谊，也不太可能参加校园内的课外活动。[3] Nunez 和 Cuccaro-Alamin（1998）使用学生与学校朋友交往、参与俱乐部/组织、课堂外与教师的联系以及参与学生支持服务项目等作为社会融合的测量指标，结果发现，家庭第一代大学生更可能表现出较低的社会融合水平。[4] 另外，有研究发现，家庭第一代大学生倾向于推迟参加课外活动和校园生活的时间，直到他们感到"他们的学术生活在控制之中"[5]。White 和 Canning（2023）的定性研究表明，与非一代大学生相比，家庭第一代大学生在需要帮助时不太可能寻求帮助，当他们确实寻求帮助时，他们更有可能选择被动寻求帮助（如安静地等待帮助），而不是主动寻求帮助（如通过多种方法及时请求帮助）。[6]

家庭第一代大学生的学术和社会融合程度较低与他们的入学特征和大学行为有关。与非一代大学生相比，许多家庭第一代大学生背负着家

---

[1] 龙永红、汪雅霜：《生师互动对学习收获的影响：第一代与非第一代大学生的差异分析》，《高教探索》2018 年第 12 期。

[2] Grayson, J. P., "Cultural Capital and Academic Achievement of First Generation Domestic and International Students in Canadian Universities", *British Educational Research Journal*, Vol. 37, No. 4, 2011.

[3] Engle, J. & Tinto, V., "Moving Beyond Access: College Success for Low-income, First-generation Students", *Pell Institute for the Study of Opportunity in Higher Education*, 2008.

[4] Nunez, A. M. & Cuccaro-Alamin, S., First-Generation Students: Undergraduates Whose Parents Never Enrolled in Postsecondary Education, Statistical Analysis Report, National Center for Education Statistics, 1998.

[5] Terenzini, P. T., Rendon, L. I., Upcraft, M. L., Millar, S. B., Allison, K. A., Gregg, P. L. & Jalomo, R., "The Transition to College: Diverse Students, Diverse stories", *Research in Higher Education*, Vol. 35, 1994.

[6] White, M. & Canning, E. A., "Examining Active Help-seeking Behavior in First-generation College Students", *Social Psychology of Education*, Vol. 26, No. 5, 2023.

庭责任或负担,更可能住在校外而不是学生宿舍,①需要花更多时间陪家人,继续通过各种方式给家里帮忙,或者更需要亲自照顾自己的孩子。②家庭第一代大学生更多面临财务压力,在大学期间,比非一代大学生同龄人更有可能从事全职或兼职工作。③由于他们更可能在校外工作,使得他们除了上课之外,花在校园里的时间很少,几乎没有空闲时间参与校园里的高影响力实践活动,如学习社区、服务学习和出国留学。④而校园是与同龄人进行社会融合的最常见场所,这种缺乏与志同道合的同龄人的社会化,使家庭第一代大学生所经历的孤立感永久化,并抑制了他们与来自不同背景同龄人建立必要联系的能力。在Ricks和Warren(2021)研究中,家庭第一代大学生分享了他们在大一开始时感到孤立和孤独,尽可能待在宿舍里,对建立关系犹豫不决,后来在结识了一些同龄人并建立了友谊之后,学生们开始在新环境中感到更加舒适。⑤

家庭第一代大学生的校园参与度较低也与他们及其父母不知道大学经历的重要性以及如何参与有关。⑥另外,家庭资源劣势也会成为阻碍

---

① Nunez, A. M. & Cuccaro-Alamin, S., First-Generation Students: Undergraduates Whose Parents Never Enrolled in Postsecondary Education, Statistical Analysis Report, National Center for Education Statistics, 1998.

② Jehangir, R. R, Reimagining the University: Theoretical Approaches to Serving First-Generation College Students, In Jehangir, R., *Higher Education and First-Generation Students: Cultivating Community, Voice, and Place for the New Majority*, New York: Palgrave Macmillan, 2010.

③ Martinez, J. A., Sher, K. J., Krull, J. L. & Wood, P. K., "Blue-collar Scholars?: Mediators and Moderators of University Attrition in First-generation College Students", *Journal of College Student Development*, Vol. 50, No. 1, 2009. Jenkins, A. L., Miyazaki, Y. & Janosik, S. M., "Predictors that Distinguish First-generation College Students From Non-first Generation College students", *Journal of Multicultural, Gender and Minority Studies*, Vol. 3, No. 1, 2009.

④ Kuh, G. D., *High-impact Educational Practices: What They are, Who Has Access to Them, and Why They Matter.* Washington, DC: Association of American Colleges & Universities, 2008.

⑤ Ricks, J. R. & Warren, J. M., "Transitioning to College: Experiences of Successful First-Generation College Students", *Journal of Educational Research and Practice*, Vol. 11, No. 1, 2021.

⑥ Pike, G. & Kuh, G., "First- and Second-generation College Students: A Comparison of Their Engagement and Intellectual Development", *Journal of Higher Education*, Vol. 76, No. 3, 2005.

他们参与大学学习生活的障碍，比如国内研究者刘艳（2007）调查发现，80%的贫困生来自不发达的农村地区，大学生活方式、学习方式和文化环境与其生产环境存在显著变化，对这些变化的不适应导致了他们在建立新关系方面的障碍；低收入家庭学生的人际沟通技能低于普通大学生，因为他们更可能被迫放弃经济上负担不起的活动，并节省时间从事兼职工作和学习，这阻碍了他们与同学的社交活动。[①] 王东芳和潘晓宇（2023）基于对家庭第一代大学生的问卷调查发现，家庭第一代大学生参与最多的是思想成长类和社会服务类活动，参与最少的为学术科技类和创新创业类活动，而且家庭背景会在不同程度上影响他们参与活动的类型、参与后变化程度、课外活动资源评估情况、社交程度和地位高低。[②] 研究也发现，家庭第一代大学生在实践类高影响力教育活动上的参与率最高，在扩展性活动中的参与率最低，并且参与扩展性活动的意愿显著低于非一代大学生。[③]

第三节　家庭第一代大学生的高等教育结果

学生发展结果既包括学业成绩的提高，也包括社会交往、自我效能感等非认知能力的发展，以及心理社会特征的成熟；既包括教育成就，也包括他们的就业结果以及劳动力市场表现。这些成就彼此之间存在内在关联，比如学生在大学期间所取得教育成就会直接影响其就业结果及劳动力市场表现。

[①] 刘艳：《贫困大学生人际交往能力状况的研究》，河北师范大学，硕士学位论文，2007年。
[②] 王东芳、潘晓宇：《家庭第一代大学生课外活动的参与现状与影响因素》，《山东高等教育》2023年第5期。
[③] 刘梦颖：《第一代大学生参与高影响力教育活动的实证研究》，南京大学，硕士学位论文，2021年。

一 学业成绩

学业成绩是衡量学生成功最便利的指标之一。许多研究发现，家庭第一代大学生的学业成绩明显低于非一代大学生。① 比如，Redford 和 Mulvaney Hoyer（2017）发现，仅就 GPA 比较而言，只有 33% 的家庭第一代大学生的 GPA 为 3.0 或更高，相比之下，非一代大学生同龄人有 56%。② Katrevich 和 Aruguete（2017）也发现，与同龄人相比，家庭第一代大学生的成绩和批判性思维得分都较低。③ 这可能与他们在上大学时往往准备不足，在大学前评估（如 ACT 和 SAT）中的分数较低，高中 GPA 也较低有关。当然，也有研究发现，不同家庭社会经济地位学生的学业成绩大体相似，④ 没有发现家庭第一代大学生的学业成绩与非一代大学生之间的统计差异，⑤ 甚至发现家庭第一代大学生的成绩更好。⑥

---

① Burger, A. & Naude, L., "Success in Higher Education: Differences Between First- and Continuous-generation Students", *Social Psychology of Education*, Vol. 22, No. 5, 2019. Phillips, L. T., Stephens, N. M., Townsend, S. S. M. & Goudeau, S., "Access is not Enough: Cultural Mismatch Persists to Limit First-generation Student's Opportunities for Achievement Throughout College", *Journal of Personality and Social Psychology*, Vol. 119, No. 5, 2020.

② Redford, J. & Mulvaney Hoyer, K., *First-generation and Continuing-generation College Students: A Comparison of High School and Postsecondary Experiences* (NCES 2018-009), Washington, DC: National Center for Education Statistics, U. S. Department of Education, 2017.

③ Katrevich, A. V. & Aruguete, M. S., "Recognizing Challenges and Predicting Success in First-generation University Students", *Journal of STEM Education: Innovations & Research*, Vol. 18, No. 2, 2017.

④ Pascarella, E. T., Pierson, C. T., Wolniak, G. C. & Terenzini, P. T., "First-generation College students: Additional Evidence on College Experiences and Outcomes", *The Journal of Higher Education*, Vol. 75, No. 3, 2004. Terenzini, P. T., Springer, L., Yaeger, P. M., Pascarella, E. T. & Amaury, N., "First-generation College Students: Characteristics, Experiences, and Cognitive Development", *Research in Higher Education*, Vol. 37, No. 1, 1996.

⑤ House, L. A., Neal, C. & Kolb, J., "Supporting the Mental Health Needs of First Generation College Students", *Journal of College Student Psychotherapy*, Vol. 34, No. 2, 2020. Roksa, J. & Kinsley, P., "The Role of Family Support in Facilitating Academic Success of Low-income Students", *Research in Higher Education*, Vol. 60, No. 4, 2019.

⑥ Hunt, C., Collins, B., Wardrop, A., Hutchings, M., Heaslip, V., & Pritchard, C., "First- and Second-generation Design and Engineering Students: Experience, Attainment and Factors Influencing Them to Attend University", *Higher Education Research and Development*, Vol. 37, No. 1, 2018. 刘进、马永霞、庞海芍：《第一代大学生职业地位获得研究——基于 L 大学（1978—2008 年）毕业生的调查分析》，《教育学术月刊》2016 年第 2 期。

从学分来看，家庭第一代大学生每学期注册的学分更少，① 更可能对自己的学术能力缺乏信心，需要参加补习课程。② Chen 和 Carroll（2005）研究显示，家庭第一代大学生在大学第一年平均获得 18 个学分，而父母至少有一人拥有学士学位的学生平均获得 25 个学分；55% 的家庭第一代大学生在大学期间参加了补习课程，而非一代大学生只有 27%，进一步分析研究结果表明，他们更有可能选修补习数学和阅读课程。③

国内学者郭娇（2020）基于 2019 年"中国本科教与学调查"，从学业表现、能力提升以及态度认同这三个维度对家庭第一代大学生的在校表现进行评价，结果表明，在控制性别、高考分数等背景变量之后，家庭第一代大学生在本科期间的挂科数、专业排名以及奖学金获得情况都与非一代大学生没有显著差异。④ 方士心和陆一（2022）利用"中国高水平大学课程教与学追踪调查"中两所顶尖大学通识课程的调查数据，探究了家庭第一代大学生身份和年级在课程收获、学习困惑、教学方式偏好上的交互效应发现，高年级家庭第一代大学生通识课程收获比低年级更高，且与高年级非一代大学生之间差距缩小甚至反转，在课程收获上呈现出追赶态势，文化价值方面得到的教育塑造更为显著。⑤

---

① Ishitani, T. T., "Time-varying Effects of Academic and Social Integration on Student Persistence for First and Second Years in College: National Data Approach", *Journal of College Student Retention: Research, Theory & Practice*, Vol. 18, No. 3, 2016. Spiegler T. & Bednarek A., "First-generation Students: What We ask, What We Know and What it Means: An International Review of the State of Research", *International Studies in Sociology of Education*, Vol. 23, No. 4, 2013.

② Pratt, I. S., Harwood, H. B., Cavazos, J. T. & Ditzfeld, C. P., "Should I Stay or Should I Go? Retention in First-generation College Students", *Journal of College Student Retention: Research, Theory & Practice*, Vol. 21, No. 1, 2019.

③ Chen, X. & Carroll C. D., "First-Generation Students in Postsecondary Education: A Look at Their College Transcripts (NCES 2005-171)", Washington, DC: US Department of Education, National Center for Education Statistics, 2005.

④ 郭娇：《基于调查数据的家庭第一代大学生在校表现研究》，《中国高教研究》2020 年第 6 期。

⑤ 方士心、陆一：《顶尖大学中家庭第一代大学生的学习与收获——以通识课程为视角》，《国家教育行政学院学报》2022 年第 6 期。

二 大学坚持与学位获得

在大学里坚持下来是获得大学其他成果的前提，然而这对于家庭第一代大学生来说却并不容易。相比非一代大学生，家庭第一代大学生保留率更低，流失风险更高，更有可能在没有学位的情况下辍学。研究表明，家庭第一代大学生很难留住，第一年至第二年流失率高达50%，[1] 甚至有研究发现，家庭第一代大学生在第一年离开大学的可能性比非一代大学生高71%，[2] 提前辍学的可能性是非一代大学生的四倍，完成大学学业的可能性低50%[3]。比如 Cataldi 等人（2018）研究显示，家庭第一代大学生毕业率低于父母受过大学教育的学生，对2003—2004年开始接受美国高等教育的家庭第一代大学生入学三年后的调查显示，相比父母上过大学（26%）和父母获得学士学位（14%）的非一代大学生，没有获得大学文凭而离开学校的家庭第一代大学生相对较多（33%）；六年后，65%的家庭第一代大学生仍在学或已获得学位，而父母已完成大学学业未获学位和父母获得学士学位的同龄人分别为73%和83%。[4] 而且在控制种族背景、性别、高中成绩、家庭收入、学校类型，以及学生的学术和社会融合后，家庭第一代大学生的流失风险

---

[1] Azmitia, M., Sumabat-Estrada, G., Cheong, Y. & Civarrubias, R., "Dropping out is not an Option: How Educationally Resilient First-generation Students See the Future", *New Directions for Child and Adolescent Development*, Vol. 160, 2018. Pascarella, E. T., Pierson, C. T., Wolniak, G. C. & Terenzini, P. T., "First-generation College Students: Additional Evidence on College Experiences and Outcomes", *The Journal of Higher Education*, Vol. 75, No. 3, 2004.

[2] Pratt, I. S., Harwood, H. B., Cavazos, J. T. & Ditzfeld, C. P., "Should I Stay or Should I go? Retention in First-generation College Students", *Journal of College Student Retention: Research, Theory & Practice*, Vol. 21, No. 1, 2019.

[3] Azmitia, M., Sumabat-Estrada, G., Cheong, Y. & Civarrubias, R., "Dropping out is not an Option: How Educationally Resilient First-generation Students See the Future", *New Directions for Child and Adolescent Development*, Vol. 160, 2018.

[4] Cataldi, E. F., Bennett, C. T., Chen, X., & Simone, S. A., *First-generation Students: College Access, Persistence, and Postbachelor's Outcomes*, National Center for Education Statistics, 2018.

仍然较高。①

家庭第一代大学生大学坚持性的劣势直接影响了其学位获得情况。无论是与父母上过大学的学生，还是与父母中至少有一人拥有学士学位的学生相比，家庭第一代大学生获得学士学位的比例都更低。有研究发现，家庭第一代大学生只有27%的人在四年内获得学位，②在六年内完成学士学位的比例仅为56%，而父母至少有一人拥有学士学位的学生的比例则为74%。③ DeAngelo等人（2011）使用加权样本，报告了家庭第一代大学生和非一代大学生之间在四年（27% VS 42%），五年（45% VS 60%）和六年（50% VS 64%）毕业率方面的巨大差距。④

影响学生保留或流失的因素是多方面的。大学入学准备，包括较低的标准化测验（SAT）分数、参加不严格的高中课程等被认为是影响学生保留的重要因素。⑤ 学校的支持也与家庭第一代大学生保留率高度相关。Hopkins等人（2021）发现大学生的课外参与经历，包括工作、居

---

① Choy, S. P., "Students Whose Parents Did Not Go to College: Postsecondary Access, Persistence, and Attainment (NCES 2001 – 126)", Washington, DC: U. S. Department of Education, National Center for Education Statistics, 2001. Ishitani, T., "A Longitudinal Approach to Assessing Attrition Behavior Among First-generation Students: Time-varying Effects of Pre-college Characteristics", *Research in Higher Education*, Vol. 44, 2003.

② Whitley, S. E., Benson, G. & Wesaw, A., "First-generation Student Success: A Landscape Analysis of Programs and Services at Four-year Institutions", Center for First-generation Student Success, NASPA – Student Affairs Administrators in Higher Education, and Entangled Solutions, 2018.

③ Cataldi, E. F., Bennett, C. T., Chen, X. & Simone, S. A., *First-generation Students: College Access, Persistence, and Postbachelor's Outcomes*, National Center for Education Statistics, 2018.

④ DeAngelo, L., Franke, R., Hurtado, S., Pryor, J. H. & Tran, S., *Completing College: Assessing Graduation Rates at Four-year Institutions*, Los Angeles, CA: Higher Education Research at UCLA, 2011.

⑤ Pratt, I. S., Harwood, H. B., Cavazos, J. T. & Ditzfeld, C. P., "Should I Stay or Should I go? Retention in First-generation College Students", *Journal of College Student Retention: Research, Theory & Practice*, Vol. 21, No. 1, 2019. Ishitani, T. T., "Time-varying Effects of Academic and Social Integration on Student Persistence for First and Second Years in College: National Data Approach", *Journal of College Student Retention: Research, Theory & Practice*, Vol. 18, No. 3, 2016.

住校园、体育、俱乐部和组织，以及志愿者工作会影响他们大学坚持性。①也有研究发现，在离家地理位置较近的学校就读的学生毕业的机会较大。② Paulsen 和 John（2002）发现助学金和贷款等经济资助不足是导致低收入学生流失的一个因素。③

三 就业结果与劳动力市场表现

（一）大学生的就业结果及影响因素

大学生就业是青年就业的重要组成部分，也是研究界关注的重点。伴随我国高等教育扩张以及随之而来且持续多年的大学生就业难问题，学者对大学生就业开展了大量研究。就业结果包括就业机会（能不能找到工作）和就业质量（找到什么样的工作）两个方面。当然有研究者认为就业质量在微观层面上包括就业机会的获得。④相比就业机会，就业质量评价指标相对复杂，主要涉及工资待遇、工作单位、工作关系、工作环境、就业满意度、职业发展、保障条件、职业稳定性、专业对口性、就业地域等多方面内容。⑤

大学生就业结果或就业质量的影响因素是多方面的，有学者将其归纳为个体、家庭、学校、社会四个方面的因素，⑥也可分为宏观、中观和微观三个层次。宏观层面因素强调大学生就业质量在很大程度上受到政府、社会和经济发展状况的制约，比如经济增长速度、产业结构、城

---

① Hopkins, S., Workman, J. L. & Truby, W., "The Out-of-Classroom Engagement Experiences of First-Generation College Students That Impact Persistence", *Georgia Journal of College Student Affairs*, Vol. 37, No. 1, 2021.

② DeAngelo, L. & Franke R., "Social Mobility and Reproduction for Whom?: College Readiness and First Year Retention", *American Educational Research Journal*, Vol. 53, No. 6, 2016.

③ Paulsen, M. B. & John, E. P. S., "Social Class and College Costs: Examining the Financial Nexus Between College Choice and Persistence", *The Journal of Higher Education*, Vol. 73, No. 2, 2002.

④ 秦建国：《大学生就业质量评价体系探析》，《中国青年研究》2007年第3期。

⑤ 王海平、姜星海：《我国大学生就业质量研究综述》，《北京教育（高教）》2019年第4期。

⑥ 彭正霞、陆根书、李丽洁：《大学毕业生就业质量的影响因素及路径分析》，《中国高教研究》2020年第1期。

乡结构、信息技术发展、政府出台的教育、就业、劳动立法与社会保障等政策，以及金融危机、疫情等突发事件。比如，刘海滨和常青（2023）研究了在国家大力支持数字经济发展背景下，当前高校毕业生在数字经济相关行业、领域就业的比例、满意度和期望度逐年升高，未来十年，数字经济发展规模增速快、态势稳，将为高校毕业生提供千万级就业岗位需求。① 赖德胜（2001）研究了在劳动力市场存在分割这一特定制度背景下，大学毕业生就业难的相对性，具有转型性和结构性的特点，即在某些大中城市，大学毕业生的供给量是相对过剩的，但在广大农村和西部地区，他们则是绝对不足。② 廖飞和颜敏（2018）研究表明，我国1999年开始的高等教育扩张及高学位人才供给增加并未导致大学工资溢价的明显下降而是存在显著的上升趋势，这是技能偏态型技术进步导致的劳动力需求结构变动的结果。③

中观层面因素涉及用人单位的需求情况和高校的学科设置、人才培养质量和就业指导等，尤其是高校人才培养与社会需求的匹配程度。比如，李彬（2010）从需求与供给的关系不平衡分析了江苏省高校专业结构与大学生就业存在的问题，认为专业结构是影响就业的重要因素。④ 谢维和（2004）认为高等教育制度的层次结构、高等学校的标准化，以及高等教育的证书类型是影响大学生就业的关键。⑤ 李炜和岳昌君（2009）发现学校提供充足的求职信息对于高校毕业生找到满意的工作、获得较高的起薪具有显著的积极作用。⑥

---

① 刘海滨、常青：《数字经济赋能高校毕业生充分高质量就业的现状、趋势与挑战——基于4万名大学生的调查》，《中国大学生就业》2023年第6期。
② 赖德胜：《劳动力市场分割与大学毕业生失业》，《北京师范大学学报（人文社会科学版）》2001年第4期。
③ 廖飞、颜敏：《高等教育扩张与大学工资溢价——基于干预—控制框架的分析》，《财经问题研究》2018年第6期。
④ 李彬：《高校学科专业结构与大学生就业问题研究研究——以江苏省为例》，《清华大学教育研究》2010年第2期。
⑤ 谢维和：《分层、标准化与证书——高等教育内部影响毕业生就业的因素分析》，《中国高等教育》2004年第8期。
⑥ 李炜、岳昌君：《2007年高校毕业生就业影响因素分析》，《清华大学教育研究》2009年第1期。

个人层面因素主要是指毕业生的人力资本、社会资本、家庭背景等各种先赋性和后致性因素，以及求职努力程度。比如基于人力资本理论，一些研究发现，人力资本因素对毕业生的就业质量有显著影响，学历越高、学校层次越高、成绩排名越高的大学毕业生越容易就业，起薪也更高。① 从拥有的社会资本看，大学生参与社团增加了与其他成员交往与接触的机会，从而有助于促进其求职成功；② 使用关系网络找工作的大学毕业生收入更高。③ 一些研究发现人力资本因素对大学毕业生就业机会、收入水平的影响要大于社会资本因素的影响，④ 而且人力资本与社会资本对大学生就业质量存在一定替代作用⑤。家庭背景对毕业生就业结果的影响得到了普遍共识，实际上多数关于大学生社会资本的研究都将家庭背景作为高校毕业生所拥有的最主要的社会资本因素进行分析。⑥

（二）劳动力市场表现

大学学位的好处之一是更可能获得更多就业机会和高薪工作。一些研究发现，对于家庭第一代大学生和他们同龄人来说，收入或就业率没有显著差异。⑦ Cataldi 等人（2018）研究显示，从 2007—2008 年的学

---

① 岳昌君、文东茅、丁小浩：《求职与起薪：高校毕业生就业竞争力的实证分析》，《管理世界》2004 年第 11 期。岳昌君、杨中超：《我国高校毕业生的就业结果及其影响因素研究——基于 2011 年全国高校抽样调查数据的实证分析》，《高等教育研究》2012 年第 4 期。

② 秦建国：《社团参与影响大学生就业的调查分析》，《国家教育行政学院学报》2013 年第 11 期。

③ 胡建国、裴豫：《人力资本、社会资本与大学生就业质量——基于劳动力市场分割理论的探讨》，《当代青年研究》2019 年第 5 期。

④ 孟大虎、苏丽锋、李璐：《人力资本与大学生的就业实现和就业质量——基于问卷数据的实证分析》，《人口与经济》2012 年第 3 期。

⑤ 赖德胜、孟大虎、苏丽锋：《替代还是互补——大学生就业中的人力资本和社会资本联合作用机制研究》，《北京大学教育评论》2012 年第 1 期。

⑥ 祝军、岳昌君：《家庭背景、人力资本对高校毕业生自主创业行为的影响关系研究——基于 2017 年高校毕业生就业状况调查的实证分析》，《中国青年研究》2019 年第 1 期。文东茅：《家庭背景对我国高等教育机会及毕业生就业的影响》，《北京大学教育评论》2005 年第 3 期。

⑦ Pfeffer, F. T. & Hertel, F. R., "How Has Educational Expansion Shaped Social Mobility Trends in the United States?", *Social Forces*, Vol. 94, No. 1, 2015. Torche F., "Is a College Degree Still the Great Equalizer? Intergenerational Mobility Across Levels of Schooling in the United States", *American Journal of Sociology*, Vol. 117, No. 3, 2011.

士学位获得者在完成学位四年后的全职就业率来看,家庭第一代大学生、父母上过大学的学生,以及父母拥有学士学位的学生有全职工作的比例在57%—59%,没有发现在三类群体中存在统计学意义上的显著差异;同时,家庭第一代大学生和他们的非一代大学生同龄人在四年后全日制工作的平均年薪在43000—45500美元之间。① Choy（2001）发现,虽然薪资收入与专业、学业成绩、性别和大学类型有关,但如果把父母的教育水平单独考虑,家庭第一代大学生和非一代大学生群体在大学毕业三年后的薪资水平基本相同。② 另有研究发现,控制学校类型和质量后,家庭第一代大学生和非一代大学生在职业类型和水平上基本相似,可能的解释是家庭第一代大学生在严格、高质量的大学或学院的表现和他们的同龄人一样好。③

尽管如此,另一些研究发现,与非一代大学生同龄人相比,家庭第一代大学生毕业时的收入和就业水平要更低,④ 而且这种差距在若干年后依然存在。比如,Manzoni 和 Streib（2019）研究发现,在大学毕业10年后,家庭第一代大学生和非一代大学生之间存在巨大的工资差距,对于女性来说,当考虑到种族和母亲的地位等个体特征后,两者间工资差距会逐渐缩小,对男性来说,当控制了个人特征时,两者间工资差距不会消失,但当控制了劳动力市场特征时,工资差距会消失,可见,两者间工资差距更多的是由学生所就业行业、职业和工作地点,而不是他

---

① Cataldi, E. F., Bennett, C. T., Chen, X., & Simone, S. A., *First-generation Students: College Access, Persistence, and Postbachelor's Outcomes*, National Center for Education Statistics, 2018.

② Choy, S. P., "Students Whose Parents Did Not Go To College: Postsecondary Access, Persistence, and Attainment" (NCES 2001 – 126). Washington, DC: U. S. Department of Education, National Center for Education Statistics. http://nces.ed.gov/pubs2001/2001126.pdf, 2001.

③ Ford, K. S. & Umbricht, M., "Persisting Gaps: Labor Market Outcomes and Numeracy Skill Levels of First Generation and Multi Generation College Graduates", *Research in Social Stratification and Mobility*, Vol. 56, 2018.

④ Zhou, X., "Equalization or Selection? Reassessing the 'Meritocratic Power' of a College Degree in Intergenerational Income Mobility", *American Sociological Review*, Vol. 84, No. 3, 2019. Witteveen, D. & Attewell, P., "Family Background and Earnings Inequality Among College Graduates", *Social Forces*, Vol. 95, No. 4, 2017.

们所上大学、专业和成就水平决定的。①

虽然高等教育的回报可能因社会背景而异，但没有证据表明，对于家庭社会经济地位较低的人来说，回报会更小。相反，Brand 和 Xie（2010）认为，那些最不可能上大学的人可能从完成学位中获得最多的回报。② 在英国，Adamecz 等人（2024）证明，家庭第一代大学生的毕业工资回报率并不低于非一代大学生，③ 因此，增加弱势学生在高等教育中的比例不仅是改善公平的一种方式，而且也是一项富有成效的社会投资，可以提高社会整体效益。

影响家庭第一代大学生就业成功和早期劳动力市场表现的因素是多方面的，但很大程度上与其大学经历有关。比如，Wendlandt 和 Rochlen（2008）发现，大学期间的兼职工作因为使学生培养了技能并获得了经验，尤其是当这些经验与学生的职业兴趣相关时，有助于为大学生毕业后进入职场做好准备。④ Hu 和 Wolniak（2013）评估了学生参与活动的益处，因为它与早期职业收入有关，并发现有教育目的的活动可以帮助学生在大学毕业后的早期获得更多收入，而且这些活动的影响存在性别差异，男性在参与学术活动时会获得经济利益，而女性的经济利益则来自参与社会活动。⑤ 许多家庭第一代大学生希望大学毕业后找到一份薪水高的好工作，但最终却未能如愿，其中一个关键是无法获得所需的社会资本。作为一名大学生，最被低估的一项潜在资源是通过与教师、学

---

① Manzoni, A. & Streib, J., "The Equalizing Power of a College Degree for First-generation College Students: Disparities Across Institutions, Majors, and Achievement Levels", *Research in Higher Education*, Vol. 60, 2019.

② Brand, J. E. & Xie, Y., "Who Benefits Most From College? Evidence for Negative Selection in Heterogeneous Economic Returns to Higher Education", *American Sociological Review*, Vol. 75, No. 2, 2010.

③ Adamecz-Völgyi, A., Henderson, M. & Shure, N., "Intergenerational Educational Mobility-The Role of Non-cognitive Skills", *Education Economics*, Vol. 32, No. 1, 2024.

④ Wendlandt, N. M. & Rochlen, A. B., "Addressing the College-to-Work Transition: Implications for University Career Counselors", *Journal of Career Development*, Vol. 35, No. 2, 2008.

⑤ Hu, S. & Wolniak, G. C., "College Student Engagement and Early Career Earnings: Differences by Gender, Race/Ethnicity, and Academic Preparation", *The Review of Higher Education*, Vol. 36, No. 2, 2013.

生服务人员和同龄人的交往获得各种社会资本、人力资本和人际关系。"不是你知道什么，而是你认识谁"，与非一代大学生相比，家庭第一代大学生从与学校代理人的非正式关系中获益更大，然而他们却较少接触这些社交网络。①

在我国，大学毕业生的就业结果存在明显的家庭背景差异。国内学者马良等人（2023）研究结果发现，相对于非一代大学生，家庭第一代大学生在劳动力市场上更倾向于选择被雇用，进入自雇市场的概率更低，而且不论是在自雇市场还是在雇佣市场上，他们都存在明显的收入劣势。② 文东茅（2005）研究发现，父亲学历较高的学生起薪较高。③ 实际上，低收入家庭大学生是大学中最脆弱的群体，由于毕业后的不利职业地位，他们在高等教育中面临的风险最大。④ 低收入家庭学生为了确保顺利进入大学，更可能申请竞争性较弱的专业，这会降低他们的就业能力，由于缺乏家庭资源帮助，他们有时不得不选择工资较低、安全性较差的工作，而社会经济地位高的父母在帮助子女就业方面有更多的权力、资源和指导帮助，这使得低收入家庭学生在就业市场上的竞争力进一步降低。

（三）升学情况

在继续深造方面，家庭第一代大学生与非一代大学生同龄人相比也处于劣势。研究表明，获得学士学位的家庭第一代大学生一般不太可能继续攻读研究生，尤其是不太可能进入第一专业（first-professional）和博士学位课程，即使在控制了与研究生入学相关因素后，这些差距仍然

---

① Owens, D., Lacey, K., Rawls, G. & Holbert-Quince, J. A., "First-generation African American Male College Students: Implications for Career Counselors", *The Career Development Quarterly*, Vol. 58, No. 4, 2010.

② 马良、甘崎旭、蔡晓陈：《第一代大学生身份、多维数字鸿沟和劳动力市场劣势》，《黑龙江高教研究》2023年第1期。

③ 文东茅：《家庭背景对我国高等教育机会及毕业生就业的影响》，《北京大学教育评论》2005年第3期。

④ 杨晓霞、吴开俊：《因教致贫：教育成本与收益的失衡》，《江苏高教》2009年第2期。

存在。① Cataldi 等人（2018）研究显示，在2007—2008年的学士学位获得者中，家庭第一代大学毕业生（4%）和父母上过大学的学生（5%）参加博士或专业学位课程的比例都低于父母获得学士学位的学生（10%）。②

这种差异可能与两类群体不同的教育期望有关。Chen 和 Carroll（2005）研究显示，父母至少有一人持有学士学位的人中有95%希望获得学士学位或以上，而在家庭第一代大学生中这一比例为75%，并且差异会随着对学位期望程度的提高（如硕士、博士）而增加。③ 不过也有研究发现，父母传递给学生的人力、文化和社会资本与研究生入学愿望之间的关系很微弱，研究生教育期望因种族/民族和性别而不同，但在家庭第一代和非一代大学生之间没有实质性差别。④

另外，经济困难也会阻碍低社会经济背景的本科生攻读研究生的愿望。比如，Carlton（2015）研究结果表明，即使考虑种族、性别、家庭收入和累积平均绩点等因素，家庭第一代大学生追求更高学位的可能性也显著降低，这表明家庭第一代身份对本科毕业后读研的愿望有显著影响，然而，在控制了自我报告的大学生贷款的影响后，家庭第一代身份的影响不再显著。⑤ Walpole（2003）发现高家庭社会经济地位和大学选

---

① DeAngelo, L. & Franke R., "Social Mobility and Reproduction for Whom?: College Readiness and First Year Retention", *American Educational Research Journal*, Vol. 53, No. 6, 2016. Nunez, A. M. & Cuccaro-Alamin, S., First-Generation Students: Undergraduates Whose Parents Never Enrolled in Postsecondary Education, Statistical Analysis Report, National Center for Education Statistics, 1998.

② Cataldi, E. F., Bennett, C. T., Chen, X. & Simone, S. A., *First-generation Students: College Access, Persistence, and Post Bachelor's Outcomes*, National Center for Education Statistics, 2018.

③ Chen, X. & Carroll C. D., "First-Generation Students in Postsecondary Education: A Look at Their College Transcripts (NCES 2005 – 171)", Washington, DC: US Department of Education, National Center for Education Statistics, 2005.

④ Hayden, M. L., Parental Influence on Graduate School Aspirations Among First Generation and Non-first Generation College Students Attending Highly Selective Institutions, The Virginia Polytechnic Institute and State University Dissertation, 2008.

⑤ Carlton, M. T., "First Generation Students and Post-undergraduate Aspirations", *Sage Open*, Vol. 5, No. 4, 2015.

拔性可以提高研究生入学的可能性。[1] 其他研究者也发现，相对不利的家庭背景降低了家庭第一代大学生的升学意愿和成功升学的可能性，即使顺利读研，他们也比同龄人更有可能在没有获得学位的情况下终止学业。[2]

国内研究者也普遍证实了家庭第一代大学生在继续深造上处于劣势地位。孙冉和梁文艳（2021）发现，在本科毕业后的升学机会获得上，相比非一代大学生，家庭第一代大学生的升学意愿、实际升学和出国升学的可能性均更低。[3] 刘进等人（2016）发现家庭第一代大学生毕业后选择更早投入职业工作，更少攻读研究生学位，而且这种现象在最近十年更为显著，1999—2008年间，被调查学校家庭第一代大学生就读研究生的比例只占非一代大学生的四分之一。[4] 吴愁（2023）认为考研是家庭第一代大学生自主实现继续向上流动的重要途径，但是家庭文化资本、社会资本的不足在家庭第一代大学生考研时仍然有持续影响，如过于功利化的考研动机、欠缺备考过程中的资源支持等，相对于非一代大学生，家庭第一代大学生在大学生活适应及考研准备等方面更依赖所在的院校。[5] 徐伟琴和岑逾豪（2022）基于一所研究型大学硕士毕业生的就学体验数据分析发现，家庭第一代大学生的硕士入学背景（家庭和本科教育背景）较非一代大学生而言存在明显劣势。[6]

---

[1] Walpole, M., "Socioeconomic Status and College: How SES Affects College Experiences and Outcomes", *The Review of Higher Education*, Vol. 27, No. 1, 2003.

[2] Kniffin K. M., "Accessibility to the PhD and Professoriate for First-generation College Graduates: Review and Implications for Students, Faculty, and Campus Policies", *American Academic*, No. 3, 2007. Mullen, A. L., Goyette, K. A. & Soares, J. A., "Who goes to Graduate School? Social and Academic Correlates of Educational Continuation After College", *Sociology of Education*, Vol. 76, No. 2, 2003.

[3] 孙冉、梁文艳：《第一代大学生身份是否会阻碍学生的生涯发展——基于首都大学生成长追踪调查的实证研究》，《中国高教研究》2021年第5期。

[4] 刘进、马永霞、庞海芍：《第一代大学生职业地位获得研究——基于L大学（1978—2008年）毕业生的调查分析》，《教育学术月刊》2016年第2期。

[5] 吴愁：《家庭第一代大学生考研的背景、过程及特点调查分析》，四川师范大学，硕士学位论文，2023年。

[6] 徐伟琴、岑逾豪：《家庭第一代大学生的读研经历研究》，《复旦教育论坛》2022年第1期。

第四节　家庭第一代大学生的社会支持

社会支持对于大学生发展至关重要，尤其是对于家庭第一代大学生更是如此，这有助于他们更容易地过渡到大学，在大学中找到归属感，更好地进行学术融合和社会融合，并最终获得成功。社会支持从支持来源看可包括家庭支持、学校支持和社区支持等。本节重点介绍更受研究者关注的家庭第一代大学生的家庭支持和学校支持方面的相关研究。

一　家庭支持

尽管家庭第一代大学生的家庭通常在大学方面的信息或经验有限，但许多家庭第一代大学生将家庭视为他们过渡到大学和大学期间获得情感性支持（如倾听、鼓励、建议）和工具性支持（有形、物质、财务）的第一来源。[1] 许多研究表明，父母的参与和支持对学生的大学过渡、学业成功、压力水平和整体教育经历有积极或消极的影响。[2] 总体来看，家庭第一代大学生从家人和朋友那里得到的社会支持往往比他们的非一代大学生同龄人少。[3]

家庭第一代大学生通常来自社会经济水平较低的家庭，家庭经济支持，包括学费、食宿费、书本费和生活费用等是帮助其完成大学学业的重要手段。Moschetti 和 Hudley（2015）研究显示，90%的研究参与者

---

[1] LeBouef, S. & Dworkin, J., "First-generation College Students and Family Support: A Critical Review of Empirical Research literature", *Education Sciences*, Vol. 11, No. 6, 2021.

[2] Wilbur, T. G. & Roscigno, V. J., "First-generation Disadvantage and College Enrollment/Completion", *Socius: Sociological Research for a Dynamic World*, Vol. 2, 2016. Irlbeck, E., Adams, S., Akers, C., Burris, S. & Jones, S., "First Generation College Students: Motivations and Support Systems", *Journal of Agricultural Education*, Vol. 55, No. 2, 2014.

[3] Jenkins, S. R., Belanger, A., Connally, M. L., Boals, A. & Durón, K. M., "First-generation Undergraduate Student's Social Support, Depression, and Life Satisfaction", *Journal of College Counseling*, Vol. 16, No. 2, 2013.

获得了作为父母支持的经济帮助。① 也有研究发现，家庭第一代大学生更可能使用学生贷款、工作收入、奖学金/助学金和信用卡来完成他们的教育，而非一代大学生更有可能使用父母和家庭收入，家庭第一代大学生可能会经历更大的经济困难，并对他们对财务的态度和信念产生影响。② 家庭第一代大学生自身和父母往往还缺乏对上大学经济花费等的了解。比如，Byrd 和 MacDonald（2005）发现家庭第一代大学生缺乏对经济资助过程或上大学带来的经济负担的意识，超过三分之二没有大学经历的家长无法估算一年大学生活的费用，而拥有大学学位的家长只有四分之一左右。③

必要的信息支持对于大学生的学业和就业成功都至关重要，尤其是在大学和专业选择、就业选择等关键时间节点方面的信息支持。然而，Sy 等人（2011）研究发现，家庭第一代大学生从父母那里获得的信息支持比非一代大学生要少，这里家长信息支持被定义为家长在大学决策和大学准备方面提供的帮助或指导，采用七个项目进行测量，询问参与者在准备上大学时从父母那里得到了多少帮助，比如了解大学要求、搜索大学和准备大学申请等。④

家庭和父母的情感支持可以帮助学生应对大学生活中的诸多压力，提升幸福感，并对其大学表现产生影响。家庭生活和学校生活的脱节、新环境的文化冲击、社会和文化资本的缺乏等因素可能会增加家庭第一代大学生所经历的压力，Sy 等人（2011）分析发现来自父母的情感支持有助于家庭第一代大学生减轻压力，他们把父母情感支持定义为父母

---

① Moschetti, R. V. & Hudley, C., "Social Capital and Academic Motivation Among First-generation Community College Students", *Community College Journal of Research and Practice*, Vol. 39, No. 3, 2015.

② Rehr, T. I., Regan, E. P., Abukar, Z. & Meshelemiah, J. C. A., "Financial Wellness of First-generation College Students", *College Student Affairs Journal*, Vol. 40, No. 1, 2022.

③ Byrd, K. L. & MacDonald, G., "Defining College Readiness from the Inside out: First-generation College Student Perspectives", *Community College Review*, Vol. 33, No. 1, 2005.

④ Sy, S. R., Fong, K., Carter, R., Boehme, J. & Alpert, A., "Parent Support and Stress Among First-generation and Continuing-generation Female Students During the Transition to College", *Journal of College Student Retention: Research, Theory & Practice*, Vol. 13, No. 3, 2011.

理解孩子大学经历的程度,采用"我的父母理解我在大学里取得成功需要什么"等五个题项来衡量。① Roksa 和 Kinsley(2019)基于对八所四年制大学大一低收入家庭学生的研究表明,家庭情感支持有利于学业成就(成绩、学分和坚持),因为它促进了心理健康,促进了更多的学生参与,这里的家庭情感支持是要求参与者对"自学年开始以来从家庭获得的情感支持程度"进行评分。② 其他研究也发现,从家人那里获得情感支持的大一学生更有可能获得更高的 GPA,这一成绩使他们能够坚持到大学二年级。③ 一些家庭第一代大学生报告说,来自家庭成员和朋友的情感支持是他们不辍学的主要原因之一。④ 另外,父母持续的情感支持有助于缓解家庭第一代大学生所经历的文化不匹配。⑤

父母的认可、鼓励和赞美是情感支持的有效表现形式。许多家庭第一代大学生的父母通过赞扬其子女在大学里的优异表现来激励他们实现教育目标,成为其他年轻家庭成员的榜样。Roksa 等人(2021)探讨了父母支持的一种具体形式——父母的认可与学生的大学经历和学校承诺之间的关系。基于对家庭第一代和低收入家庭学生的调查结果表明,父母的认可与学生的社会和学术参与、归属感和学校承诺有关。⑥ Hossler 等人(1999)发现,无论父母的教育水平如何,父母强烈的鼓励和支持是影响学生是否渴望并进入大学的最重要因素,在这里,父母鼓励被定义为学

---

① Sy, S. R., Fong, K., Carter, R., Boehme, J. & Alpert, A., "Parent Support and Stress Among First-generation and Continuing-generation Female Students During the Transition to College", *Journal of College Student Retention: Research, Theory & Practice*, Vol. 13, No. 3, 2011.

② Roksa, J., & Kinsley, P., "The Role of Family Support in Facilitating Academic Success of Low-income Students", *Research in Higher Education*, Vol. 60, No. 4, 2019.

③ Roksa, J., & Kinsley, P., "The Role of Family Support in Facilitating Academic Success of Low-income Students", *Research in Higher Education*, Vol. 60, No. 4, 2019.

④ Azmitia, M., Sumabat-Estrada, G., Cheong, Y. & Civarrubias, R., "Dropping out is not an Option: How Educationally Resilient First-generation Students See the Future", *New Directions for Child and Adolescent Development*, Vol. 160, 2018.

⑤ Pagenkopf, M. M., Examining the Role of Parental and Family Support in the Experiences of Cultural Mismatching for First-Generation College Students, Utrecht University Disseration, 2023.

⑥ Roksa, J., Deutschlander, D. & Whitley, S. E., "Parental Validation, College Experiences, and Institutional Commitment of First-generation and Low-income Students", *Journal of Student Affairs Research and Practice*, Vol. 58, No. 3, 2021.

生与父母谈论上大学的频率，父母支持是指父母参与上大学过程的程度，包括参加学生经济资助会议、参观大学和建立大学储蓄账户。①

除了父母，兄弟姐妹、祖父母等也是家庭第一代大学生获取家庭支持的可能来源。Warner（2017）的研究结果显示，在学生的大学决策过程中，兄弟姐妹和父母的帮助水平存在显著差异，其中父母的帮助程度显著高于兄弟姐妹，但当学生是家庭第一代大学生时，父母和兄弟姐妹之间的支持差异远没有那么明显。兄弟姐妹对家庭第一代大学生的重要性表明，虽然父母仍然是重要的支持来源，但兄弟姐妹可能是一个关键的补充资源。② Herrington（2012）的质性研究发现，祖父母对家庭第一代大学生的情感支持和教育指导对他们有积极的影响；对于学生不愿意和父母谈论的问题，祖父母往往会充当调解人，他们觉得向祖父母倾诉自己的问题和担忧而不需要建议是一件很舒服的事情。③

家庭第一代大学生缺乏父母支持的原因有很多，一种解释可能是没有上过大学的父母没有文化资本给孩子，而且由于家庭第一代大学生的父母往往来自较低的社会经济地位背景，他们可能工作时间更长，几乎没有时间或精力教育子女上大学并支持他们。④ 同时，家庭第一代大学生的父母更难对教育未来回报进行准确评估，更难意识到上大学的社会和经济效益，可能认为上大学并不重要，有时可能希望他们的孩子在高中毕业后不上大学而是去工作，以便尽早为家庭作出经济贡献。⑤ 当然，家庭第一代大学生的父母没有上大学并不意味着他们不重视大学教育。比

---

① Hossler, D., Schmit, J. & Vesper, N., *Going to College: How Social, Economic, and Educational Factors Influence the Decisions Students Make*, Baltimore: Johns Hopkins University Press, 1999.

② Warner, D. A., Sibling Relationships and College Decision-making: An Exploratory Study of First-generation and Non-first-generation Students, Oregon State University Dissertation, 2017.

③ Herrington, B., "Influence of Grandparents on First-Generation College Students", *Ursidae: The Undergraduate Research Journal at the University of Northern Colorado*, Vol. 2, No. 2, 2012.

④ Bui, K. V. T. & Rush, R. A., "Parental Involvement in Middle School Predicting College Attendance for First-generation Students", *Education*, Vol. 136, No. 4, 2016.

⑤ Hossler, D., Schmit, J. & Vesper, N., *Going to College: How Social, Economic, and Educational Factors Influence the Decisions Students Make*, Baltimore: Johns Hopkins University Press, 1999.

如，Vega（2016）发现，尽管许多家庭第一代大学生的父母自己虽然没有上过大学，但在早期就给子女灌输了强烈的上大学的期望。①

国内研究者也发现了家庭支持对家庭第一代大学生发展的重要性，及其在两类群体之间的差异。包志梅（2022）发现，家庭第一代大学生与非一代大学生在家庭支持上（除家人的期望效应外）均存在显著差异，这里的家庭支持包括困难帮助、沟通方式、支持新活动、关心学习、规划未来、学习期望等。②陈涛等人（2022）研究认为家庭情感支持能够显著影响家庭第一代大学生学习投入；家庭第一代大学生身份能缓解家庭情感支持对学习投入的正向影响。③曾东霞（2019）从家庭视角出发，认为农村贫困家庭贫困背后的希望感、对知识改变命运的信仰、充满爱的家庭氛围、民主温柔的母亲与务实严厉的父亲的身教方式潜移默化地影响了农村贫困家庭青年对学业的追求；从家庭对教育的影响来看，农村贫困家庭第一代大学生的成就是家庭经验与个体理性认知共同作用的结果。④当然也有个别研究表明家庭支持不会影响家庭第一代大学生的成功。比如，Jaeger（2018）发现，家庭第一代大学生和非一代大学生在学业成绩上没有差异，但非一代大学生获得了更多的家长参与，但父母的参与并不能预测学业成绩。这里的父母参与是通过询问受访者父母做以下事情的频率来测量，包括询问你上学的情况、帮助你做作业、询问你成绩、询问你的社交生活、询问你工作和职业计划，以及参观校园。⑤

---

① Vega, D., "'Why Not Me?' College Enrollment and Persistence of High-Achieving First-Generation Latino College Students", *School Psychology Forum: Research in Practice*, Vol. 10, No. 3, 2016.

② 包志梅：《学习支持对家庭第一代大学生专业承诺的影响研究》，《教育发展研究》2022年第Z1期。

③ 陈涛、鞠沁汝、李点石：《纽带与桎梏：家庭情感支持与第一代大学生学习投入的激励路径——基于"大学生心声调查项目"的实证分析》，《河北师范大学学报》（教育科学版）2022年第4期。

④ 曾东霞：《"斗室星空"：农村贫困家庭第一代大学生家庭经验研究》，《中国青年研究》2019年第7期。

⑤ Jaeger, J. A., Parental Involvement And Academic Outcomes Among First Generation College Students, University of North Dakota Dissertations, 2018.

二 学校支持

学校支持对于学生发展有重要影响,但这种影响可能对家庭第一代大学生和非一代大学生并不一致。非一代大学生对于学校支持的依赖性较弱,对于依靠学校支持来缓解学校经历中压力事件的需求也随之减少,相反,家庭第一代大学生因其所处的社会阶层难以获得与高等教育相关的文化资本,学校支持对于他们的学业成就以及主观幸福感水平就显得尤为重要。[1] Garriott 等人(2018)的研究也发现,相较于非一代大学生,家庭第一代大学生的感知压力更多地受到学校支持的影响,具体而言,学校支持的提升能够显著降低家庭第一代大学生知觉到的压力,但并未对非一代大学生的感知压力产生显著影响。[2] 学校支持既体现在面向大学生群体提供高影响力实践活动上,也包括在专门针对家庭第一代大学生群体采取的干预措施,而且有研究发现,高等教育部门的干预可能是提高学生非认知能力的一个有希望的途径。[3]

(一) 高影响力实践

大学为鼓励学生参与,提高其留校率采取的一种方法是实施高影响力实践活动(high-impact practices),包括新生研讨会、共同的智力体验(common intellectual experiences)、学习社区、写作和探究强化课程(writing and inquiry intensive courses)、合作任务和项目、本科生科研、多样性/远程学习/全球学习、服务学习、实习和田野经验、顶尖课程和项目(capstone courses and projects),以及电子档案(e-portfolios)等。[4]

---

[1] Jenkins, S. R., Belanger, A., Connally, M. L., Boals, A. & Durón, K. M., "First-generation Undergraduate Student's Social Support, Depression, and Life Satisfaction", *Journal of College Counseling*, Vol. 16, No. 2, 2013.

[2] Garriott, P. O. & Nisle, S., "Stress, Coping, and Perceived Academic Goal Progress in First-generation College Students: The Role of Institutional Supports", *Journal of Diversity in Higher Education*, Vol. 11, No. 4, 2018.

[3] Kassenboehmer, S. C., Leung, F. & Schurer, S., "University Education and Non-cognitive Skill Development", *Oxford Economic Papers*, Vol. 70, No. 2, 2018.

[4] Kuh, G., O'Donnell, K. & Schneider, C. G., "HIPs at ten", *Change: The Magazine of Higher Learning*, Vol. 49, No. 5, 2017.

这些项目可以促进学生积极学习，提高学生深度参与，① 对促进学生适应、保留、毕业和最终取得成功都发挥着积极作用，而且它们有一个共同点，都是建立在 Tinto 和 Astin 的理论基础上来设计的，特别强调学生参与和整合。②

对于家庭第一代大学生来说，参与高影响力实践活动被描述为"补偿性的"，③ 这意味着参与这些活动可以弥补学术准备、成绩和资本方面的差距。Graesser（2021）发现，家庭第一代大学生在大学一年级参与高影响力实践活动有助于他们发展必要的生活技能和友谊，并为他们取得学业成功做好准备。④ Finley 和 McNair（2013）分析指出，参与高影响力实践活动的家庭第一代大学生在学习的各方面——深度学习、普通教育、实践能力以及个人和社会责任——都比他们的非一代大学生同龄人取得了更高的进步。⑤ 国内学者张华峰等人（2017）发现参与过各项高影响力教育活动的学生在知识、技能和自我认知三方面的收获显著高于没有参与过此类活动的学生。这里的高影响力教育活动包括拓展性学习活动、研究相关性活动和社会实践类活动，其中，拓展性学习活动包括课程要求以外的语言学习、海外学习、辅修第二学位三种；研究相关性活动包括和任课教师一起做研究，向专业学术期刊/学术会议投稿，参加各类学术、专业、创业或设计竞赛三种；社会实践类活动包括实习、社会实践或调查、社区服务或志愿者。⑥

---

① Kuh, G. D., High-impact Educational Practices: What they are, Who has Access to Them, and why they Matter, Washington, DC: Association of American Colleges and Universities, 2008.

② Peabody, M., "A Critical Analysis of the Identification and Treatment of First-generation College Students: A Social Capital approach", *Kentucky Journal of Higher Education Policy and Practice*, Vol. 2, No. 1, 2013.

③ Kuh, G., O'Donnell, K. & Schneider, C. G., "HIPs at ten", *Change: The Magazine of Higher Learning*, Vol. 49, No. 5, 2017.

④ Graesser, A., The Relationship Between High-impact Practices and First-year Experience in First-generation Students, Rowan University Dissertations, 2021.

⑤ Finley, A. & McNair, T., Assessing Underserved Student's Engagement in High-impact Practices, Washington, DC: Association of American Colleges and Universities, 2013.

⑥ 张华峰、郭菲、史静寰：《促进家庭第一代大学生参与高影响力教育活动的研究》，《教育研究》2017 年第 6 期。

生活学习社区。生活学习社区为教师和学生建立一个共同生活和学习的环境，尽管它不是专门针对家庭第一代大学生的，但许多大学发现它对家庭第一代大学生很有帮助。Markle 和 Stelzriede（2020）研究发现，参与生活学习社区的家庭第一代大学生在智力发展、人际发展和多元化参与方面的收益优于非一代大学生，尽管参与生活学习社区的家庭第一代大学生和未参与生活学习社区的家庭第一代大学生，在大学坚持方面没有显著差异。[①] Inkelas 等人（2007）基于 33 所四年制学校的 1335 名家庭第一代大学生的样本考察了生活学习项目（living-learning programs）在促进家庭第一代大学生向大学的学业和社会过渡方面的作用。研究结果表明，与生活在传统宿舍环境中的家庭第一代大学生相比，该项目的家庭第一代大学生向大学的学业和社会转型更为成功。具体地说，与教职员工的互动和使用宿舍资源有助于他们更容易地进行学术过渡，而宿舍的支持氛围与更容易的社会过渡有关。[②]

新生研讨会。为了解决家庭第一代大学生可能缺乏父母支持、对大学新环境陌生不能适应等问题，一种有效的方法是开设新生研讨会或体验课程。这门课程将教会家庭第一代大学生学院或大学可以提供什么，并让他们熟悉教师的期望，帮助他们理解学院或大学的目标、合理规划职业、选择专业、做出有道德的决定、学习时间管理技能等。研究表明，参加新生研讨会或体验课程对家庭第一代大学生的平均成绩带来了显著的积极影响，而且与未参加此类课程的学生相比，这些学生更有可能坚持到第二学期。[③]

---

① Markle, G. & Stelzriede, D. D., "Comparing First-generation Students to Continuing-generation Students and the Impact of a First-generation Learning Community", *Innovative Higher Education*, Vol. 45, No. 4, 2020.

② Inkelas, K. K., Daver, Z. E., Vogt, K. E. & Leonard, J. B., "Living-learning Programs and First-generation College Student's Academic and Social Transition to College", *Research in Higher education*, Vol. 48, 2007.

③ Vaughan, A., Parra, J. & Lalonde, T., "First-generation College Student Achievement and the First-year Seminar: A Quasi-experimental Design", *Journal of the First-Year Experience & Students in Transition*, Vol. 26, No. 2, 2014.

暑期桥项目。暑期桥项目旨在帮助学生过渡到大学环境，通常针对特定的学生群体在校园举行数周活动。一般来说，参加暑期桥项目的学生都是家庭第一代大学生和其他被认为有风险的学生。暑期桥项目通常包含一些与新生项目相同的内容和一些学术建议，鼓励学术和社会融合，为参与者提供机会，建立与同龄人、导师和教师的关系，并建立时间管理、学习学术和社会技能，这些是学生在大学里坚持、成功和发展所必需的。Hutchison（2017）发现，在完成大学预科暑期项目后，与非一代大学生相比，家庭第一代大学生对教师的满意度有了更大的提高，这表明他们正在适应皮埃尔·布迪厄（Pierre Bourdieu）所说的大学"场域"，并获得了文化资本，这对他们与师生互动的轻松程度产生了积极影响。[1] 对暑期桥项目的研究还表明，它们增加了参与者在校园里的归属感。[2] Suzuki 等人（2012）的研究结果显示，暑期桥项目对参与学生有积极影响，特别是增加了学生对校园资源的知识、对大学期望的熟悉程度和归属感，这些都在提高学生的主观幸福感和对大学的坚持方面发挥了作用。[3]

服务学习。服务学习作为一种教育体验，在这种体验中，学生参加有组织的服务活动，满足已确定的社区需求，并允许他们反思活动，从而进一步理解课程内容，更广泛地理解学科，增强公民责任感。[4] Pelco 等人（2014）以某大型城市大学 321 名家庭第一代本科生和 782 名非一代本科生为研究对象，比较服务学习课程对学生成长的影响，这里的学生的成长包括学术和专业技能的发展，结果发现，大多数学生在参加

---

[1] Hutchison, M., "Influence of First Generation Status on Student's Perceptions of Faculty", *College Quarterly*, Vol. 20, No. 1, 2017.

[2] Cabrera, N. L., Miner, D. D. & Milem, J. F., "Can a Summer Bridge Program Impact First-year Persistence and Performance?: A Case Study of the New Start Summer Program", *Research in Higher Education*, Vol. 54, 2013.

[3] Suzuki, A., Amrein-Beardsley, A. & Perry, N., "A Summer Bridge Program for Under-prepared First-year Students: Confidence, Community, and Re-enrollment", *Journal of the First-Year Experience & Students in Transition*, Vol. 24, No. 2, 2012.

[4] Bringle, R. G. & Hatcher, J. A., "Implementing Service Learning in Higher Education", *The Journal of Higher Education*, Vol. 67, No. 2, 1996.

了服务学习课程后，报告了显著的学术和职业发展，来自少数民族和低收入背景的非一代男大学生报告的增长最少，而来自少数民族和低收入背景的家庭第一代男大学生报告的增长最多。[1]

学生支持服务项目。美国联邦政府资助的TRIO计划的目标是根据社会经济地位和种族或少数民族地位，增加弱势学生接受高等教育的机会，其中的学生支持服务项目（Student Support Services），内容包括学术咨询、新生座谈会、学生辅导、学术技能培训和社会支持活动，旨在提高家庭第一大学生的保留率和毕业率，并为其营造一个包容性的环境。学生支持服务项目采用非经济化的项目准入标准和服务内容，强调形成支持性的文化氛围，以促进处境不利群体学生的学业成就，同时由教育部分配项目基金，而具体运作由高校开展，便于为学生提供有针对性的支持服务。[2] Washington（2021）发现参加TRIO学生支持服务的家庭第一代大学生更愿意坚持留在学校。[3] 学生支持服务项目对学生的累计平均绩点、保留率和学位获得率都有积极影响。[4]

（二）面向家庭第一代大学生的帮扶项目

家庭第一代大学生之所以在大学期间经历更多心理行为挑战，这和他们成长过程中形成的文化规范与大学文化规范的不同所导致的适应问题及其相关的并发障碍有关。因此，研究者们尝试通过各种心理行为技术促使家庭第一代大学生挖掘出自身社会阶层文化中可利用的有效资源，减少他们由于文化不匹配造成的心理挑战。研究者们基于文化不匹配理论开发了价值观肯定（values affirmation）和差异教育（difference

---

[1] Pelco, L. E., Ball, C. T. & Lockeman, K., "Student Growth From Service-learning: A Comparison of First-generation and Non-first-generation College Students", *Journal of Higher Education Outreach and Engagement*, Vol. 18, No. 2, 2014.

[2] 邢欢、王文：《如何支持第一代大学生——美国联邦教育项目的理念与实践》，《复旦教育论坛》2022年第1期。

[3] Washington, M. M., The Influence of TRIO Student Support Services on First-Generation College Students: A Mixed Methods Study of Social Capital, Cultural Capital, and Self Efficacy, University of Louisiana at Lafayette Dissertations, 2021.

[4] Engle, J. & Tinto, V., "Moving Beyond Access: College Success for Low-income, First-generation Students", *Pell Institute for the Study of Opportunity in Higher Education*, 2008.

education）等多种干预策略，通过提升社会支持、促进社会化来提高家庭第一代大学生的大学适应与学业成就。[1]

价值观肯定干预。价值观肯定策略是通过肯定个人核心价值观，提高个体自我完整性和自我价值感知的一种干预策略。家庭第一代大学生因为他们自己相互依存的价值观与大学的独立价值观之间缺乏一致性，会经历文化不匹配，因而鼓励学生整合独立和相互依存的价值观可以改善他们在高等教育中的体验或经历。Hecht 等人（2021）在一项实验室研究中测试了价值观肯定干预，鼓励学生确认独立价值观和相互依存价值观，这种干预增加了家庭第一代大学生对文化匹配的认知，并提高了所有学生在数学测试中的平均成绩，增加了其信心，减少了在测试中的分心。[2] Tibbett 等（2016）将包含独立动机和中立观点的价值观集合呈现给大学生，让他们分析这些观点在高等教育中对个人发展的重要性，这种干预方式在避免家庭第一代大学生猜到干预目的的同时达到了对独立价值观的强调。虽然这种干预训练强化的动机类型与家庭第一代大学生的主导自我模式的类型并不一致，但它通过对独立动机的强调，在不改变参与者自身主导自我模式的基础上，使家庭第一代大学生感受到自身属性与大学文化规范有更多相似性。具体地说，在这项干预中，家庭第一代和非一代大学生在生物课上完成了一项写作练习：阅读了一系列价值观（例如，独立性 VS 属于一个社会群体），并选择对他们来说最重要的两三个价值观，或者选择两三个最不重要的价值观，然后，解释为什么这些价值观对他们很重要（在自我肯定条件下），或者为什么这些价值观对其他人很重要（在控制条件下）。结果显示，价值观肯定干预方法提高了家庭第一代大学生在生物课程上的表现，而且这种干预效果在三年后仍然存在，干预条件下的家庭第一代大学生的 GPA 平均比

---

[1] 李豫苏、张锟、毕研玲、张宝山：《家庭第一代大学生的心理挑战及其解析——基于文化不匹配理论的视角》，《心理科学进展》2022 年第 10 期。
[2] Hecht, C. A., Priniski, S. J., Tibbetts, Y. & Harackiewicz, J. M., "Affirming Both Independent and Interdependent Values Improves Achievement for all Students and Mitigates Cultural Mismatch for First-generation College Students", *Journal of Social Issues*, Vol. 77, No. 3, 2021.

控制条件下的家庭第一代大学生高 0.18 分。可见，社会阶层的成就差距可以通过设计价值观肯定干预来解决家庭第一代大学生面临的独特挑战，在价值观肯定干预中关注独立，可以帮助学生利用自己的独立价值观克服文化不匹配带来的社会认同威胁。① Harackiewicz 等人（2016）开展了效用价值（utility value）干预，通过课程论文的形式将家庭第一代大学生的独特动机特征（能够应用自己所掌握的知识和技能帮助他人、回馈社会，即使处于对环境高度不适的状态下，家庭第一代大学生的这种动机依然强烈）与其所学知识联系起来，设计了一套消除文化不匹配消极效应的干预方案。在干预实践中，干预者通过电子邮件的形式将课程作业发送给学生，要求学生将学习过的课程内容与实际生活相联系，并举例解释这些学习过的内容如何对生活和生产实践产生帮助。通过四个学期的干预，研究者发现，不同社会阶层背景学生的学习成绩均有提高，而且在接受这一干预后，家庭第一代大学生获益更大，显著地缩小了他们与其他阶层背景学生的学业成绩差距。②

差异教育干预。差异教育干预策略强调大学生的不同社会阶层背景都有着各自的优势，在正确认识并发挥相关优势的基础上都有着能够成功适应大学环境的潜力。③ 在差异教育干预中，家庭第一代大学生和非一代大学生参加了一个小时的小组活动，听高年级学生在自己真实经历的基础上结合自身社会阶层背景，回答主持人事先准备好的问题，讲述如何过渡到大学学习生活并学习如何成功的故事。④ 这些故事强调了学

---

① Tibbetts, Y., Harackiewicz, J. M., Canning, E. A., Boston, J. S., Priniski, S. J. & Hyde, J. S., "Affirming Independence: Exploring Mechanisms Underlying a Values Affirmation Intervention for First-generation Students", *Journal of Personality and Social Psychology*, Vol. 110, No. 5, 2016.

② Harackiewicz, J. M., Canning, E. A., Tibbetts, Y., Priniski, S. J. & Hyde, J. S., "Closing Achievement Gaps with a Utility-value Intervention: Disentangling Race and Social Class", *Journal of Personality and Social Psychology*, Vol. 111, No. 5, 2016.

③ Stephens, N. M., Brannon, T. N., Markus, H. R., & Nelson, J. E., "Feeling at home in College: Fortifying School-relevant Selves to Reduce Social Class Disparities in Higher Education", *Social Issues and Policy Review*, Vol. 9, No. 1, 2015.

④ Stephens, N. M., Hamedani, M. G., & Destin, M., "Closing the Social-class Achievement Gap: A Difference-education Intervention Improves First-generation Student's Academic Performance and all Atudent's College Transition", *Psychological Science*, Vol. 25, No. 4, 2014.

生不同的社会阶层背景如何影响他们在大学的经历和挑战，以及学生成功所需要的优势和策略。在对照组中，小组成员讲述了类似的大学适应故事，但没有讨论背景的作用。换句话说，接受教育干预项目的参与者了解到，尽管他们的社会阶层背景可能会带来某些障碍或挑战，但他们的背景也可以作为他们大学学习生活的力量来源。Stephens 等人（2015）发现，在大学第一年结束时，差异教育条件下的参与者比控制条件下的参与者更能有效地适应大学生活，例如，他们的社会适应、学术认同和心理健康水平更高。在差异教育条件下的家庭第一代大学生比在控制条件下的家庭第一代大学生表现出更高的学业成绩和更频繁地寻求利用校园资源。在第二年年底进行的一项后续研究中，接受差异教育的参与者在演讲中比对照组参与者更频繁地讨论他们的背景，这表明他们仍然理解他们的背景是如何重要的；差异教育条件下的学生比对照组的学生表现出更强的生理上的应对适应反应，即生理繁荣，这表明他们将工人阶级背景视为一种优势。与参加控制小组的家庭第一代大学生相比，参加差异教育小组的家庭第一代大学生也能更好地应对紧张的学业状况。[①] Townsend 等人（2021）研究也发现，接受差异教育干预的家庭第一代大学生比对照组的学生取得了更高的成绩，更有可能获得荣誉，这表明，向家庭第一代大学生教授一种背景差异理论可以带来长期的学术益处，这种益处一直持续到毕业，而且差异教育可以提高对社会群体差异的适应性，确认自己所属社会阶层的不可替代性，增强自我效能感。[②]

另外，大学里有些教师自身就是家庭第一代大学生，他们的经历分享也有助于帮助家庭第一代大学生克服或处理"冒名顶替现象"。比如，King 等人（2017）使用了一个故事分享项目，地方州立综合大学教职员工向学生分享了他们作为家庭第一代、中下阶层或低收入家庭大学生的经历。这些教职员工可以作为学生的榜样，通过分享他们的故

[①] Stephens, N. M., Townsend, S. S., Hamedani, M. G., Destin, M. & Manzo, V., "A Difference-education Intervention Equips First-generation College Students to Thrive in the Face of Stressful College Situations", *Psychological Science*, Vol. 26, No. 10, 2015.

[②] Townsend, S. S. M., Stephens, N. M. & Hamedani, M. G., "Difference-education Improves First-generation Student's Grades Throughout College and Increases Comfort with Social Group Difference", *Personality and Social Psychology Bulletin*, Vol. 47, No. 10, 2021.

事，可以帮助学生在努力防止文化不匹配的同时建立社会和文化资本，学生参与者也觉得自己的经历得到了验证，他们"并不孤独"。[1] 总之，差异教育干预项目通过帮助家庭第一代大学生更好地了解他们的家庭背景在大学中的重要性，为他们提供了克服大学环境中面临的障碍或挑战所需的有力工具。

第五节　小结

近年来，国际上对家庭第一代大学生群体的研究文献数量呈现上升趋势，并且具有实证为主、赤字导向等特点，[2] 同时，家庭第一代大学生研究也日益引起国内学者的广泛关注。通过对国内外关于家庭第一代大学生相关研究梳理后发现，在研究主要发现、研究理论和研究方法等方面存在一些共同之处。

首先，从研究主要发现看，都强调与非一代大学生相比，家庭第一代大学生在大学入学前特征（家庭背景、学术准备、学校和专业选择等）、大学期间经历（大学过渡与适应、学术参与和社会参与、学业成就、心理社会特征、非认知能力等），以及大学毕业去向与表现（学位获得、升学与就业选择、劳动力市场表现等）等方面普遍存在劣势，而且这种劣势似乎很稳健。

其次，从研究理论视角看，围绕家庭第一代大学生能否获得成功这一争论焦点，现有文献呈现出赤字视角和优势视角两种研究范式。实际上，研究者对这一群体的研究重点更多是赤字导向的，[3] 关注家庭第一

---

[1] King, C. R., Griffith, J. & Murphy, M., "Story Sharing for First-generation College Students Attending a Regional Comprehensive University: Campus Outreach to Validate Students and Develop Forms of Capital", *Teacher-Scholar: The Journal of the State Comprehensive University*, Vol. 8, No. 1, 2017.

[2] 梅伟惠、俞晨欣:《家庭第一代大学生研究热点主题与未来展望——基于WoS数据库的文献计量分析（2001—2020年）》，《浙江大学学报》（人文社会科学版）2022年第3期。

[3] O'Shea, S., "Arriving, Surviving, and Succeeding: First-in-family Women and Their Experiences of Transitioning into the First Year of University", *Journal of College Student Development*, Vol. 56, No. 5, 2015.

代大学生从入学前期到大学过渡，再到调整适应，最后到毕业就业整个大学生涯周期存在的问题，以此论证他们难以获得成功。[①] 优势视角研究认为"家庭第一代大学生作为资源"，他们面临着经济不平等和种族歧视，克服了进入大学的障碍，他们具有很高的动机和解决问题的能力，使他们能够超越来自特权阶层的学生，[②] 但此方面的研究相对偏少。

最后，从研究方法来看，家庭第一代大学生相关研究均不同程度涉及定量和质性研究。定量研究的数据来源包括国外的美国全国学生学习调查（National Study of Student Learning）、大学生学习经验调查（The College Student Experience Questionnaire）等，以及国内的中国大学生学习与发展追踪研究（Chinese College Student Survey）和首都高等教育质量与学生发展状况调查等。质性研究中往往贯穿着家庭第一代大学生的整个生命历程，覆盖的研究主题和内容更为宽泛，弥补了量化研究的不足，传达了家庭第一代大学生群体的内在"声音"。质性研究主要通过扎根理论、深度访谈、焦点小组及口述史等方法，侧重考察家庭第一代大学生的大学经历，尤其是如何抵抗困境，建构身份认同并最终取得成功的。[③]

总体来看，家庭第一代大学生研究涵盖了大学生涯全过程的主要主题，取得了丰硕成果，但是仍然存在如下局限之处，尤其是国内相关研究。第一，国内既有文献对城乡学生高等教育机会差异的研究已经非常丰富，但针对家庭第一代大学生的研究还处于起步阶段。从城乡户籍角度出发来定义家庭第一代大学生，一定程度上窄化了家庭第一代大学生

[①] 田杰、余秀兰：《从赤字视角到优势视角：第一代大学生研究述评》，《重庆高教研究》2021年第5期。

[②] Atherton, M. C., "Academic Preparedness of First-generation College Students: Different Perspectives", *Journal of College Student Development*, Vol. 55, No. 8, 2014. Garrison, N. J. & Gardner, D. G., *Assets First Generation College Students Bring to the Higher Education Setting*, Association for the Study of Higher Education, Las Vegas, NV, United States. https://files.eric.ed.gov/fulltext/ED539775.pdf, 2012.

[③] 王兆鑫：《寒门学子的突围：国内外第一代大学生研究评述》，《中国青年研究》2020年第1期。

的内涵，毕竟随着城市化进程加快和收入差距的拉大，城市家庭第一代大学生群体也需要引起注意。同时，以往对家庭第一代大学生研究相对更多关注他们的学业表现，而相对忽略了其就业表现，这一点因家庭第一代大学生研究在国内起步时间较晚体现得更为明显。

第二，对家庭第一代大学生成长与发展的解释框架多是基于社会学角度的文化资本、社会资本，以及经济学角度的人力资本理论等单一理论进行阐释，而相对忽略了不同资本之间交互作用所产生的影响。尤其是随着新人力资本理论的提出，非认知能力对个体教育和劳动力市场表现的重要性被重新认识，甚至被称为21世纪的核心胜任力，然而对于家庭第一代大学生非认知能力发展的关注并没有引起国内学者足够关注。另外，鉴于我国高等教育内部明显的异质性，对不同高校类型（精英大学、普通高校与高职高专院校）、不同专业领域的家庭第一代大学生在校表现与就业结果差异的关注也需加强，因为从已有文献来看，受不同的学术系统、管理制度、校园文化等因素影响，国内外家庭第一代大学生呈现出不同的学习经历和学习结果。[①]

第三，以往研究将家庭第一代大学生作为责任主体的观点，淡化了大学在缩小学业和毕业差距方面的责任，尽管研究者强调学生参与"第二课堂"对其能力提升与长远发展的重要性，但是更多是从学生角度出发，而缺乏对作为"第二课堂"供给方的学校在相关活动设计与管理状况的调查了解，毕竟好的活动既需要对学生有吸引力又能够切实满足学生相应能力提升的需求。对发达国家较为成熟的家庭第一代大学生服务支持体系进行研究，有利于逐步完善针对我国家庭第一代大学生的支持体系，以便在高等教育普及化阶段更好促进教育公平，帮助困难阶层学生实现向上流动。

最后，研究方法相对单一，国内针对家庭第一代大学生群体的研究很少将定量研究与质性研究相结合。关于家庭第一代大学生的许多研究

---

① 梅伟惠、俞晨欣：《家庭第一代大学生研究热点主题与未来展望——基于WoS数据库的文献计量分析（2001—2020年）》，《浙江大学学报》（人文社会科学版）2022年第3期。

和调查数据都源于北美情境，很多地方并不契合国情，比如与国外大学生经历的文化不匹配不同，中国学校和家庭一样都强调集体主义观念，在某种程度上具有较高的文化一致性，在这种情境下，中国大学生经历的文化不匹配可能更多来自城乡经济差距带来的适应性困难。考虑中国情境，将量化研究和质性研究方法结合既有助于发挥定量研究优势，从宏观角度描绘家庭第一代大学生群体的特征，也有助于更好地从微观层面考察个体与环境之间的互动，呈现出家庭背景如何影响他们的学业表现，以及在面对逆境时做出的积极努力，以便更好地揭示家庭第一代大学生和非一代大学生群体在学业和就业方面存在的异同，进而为开展针对家庭第一代大学生群体的干预项目设计可行的方案。

第二章 理论基础与研究设计

家庭第一代大学生和非一代大学生是对大学生群体的一个特定分类，家庭第一代大学生发展的理论基础既要关注其特殊性，也要强调其作为大学生群体的共性一面。本章分为五节，第一节介绍了普遍意义上的学生发展理论，帮助我们更好理解大学生的个体差异以及他们对教育环境的反应。第二节和第三节重点介绍了针对家庭第一代大学生研究的相关理论，包括赤字研究视角所依托的文化社会资本理论和优势视角所依托的社区文化财富模型和批判文化财富模型等。第四节重点介绍新人力资本理论，尤其是关于非认知能力的主要观点和研究进展，可为理解家庭第一代大学生的发展困境提供新的理论视角。第五节介绍本书的研究设计，包括数据来源、变量选择和计量模型。

第一节 学生发展理论

何谓学生发展？Rodgers（1990）将学生发展定义为"一个学生因进入高等教育机构而成长、进步或提高其发展能力的方式"[1]。学生发展理论主要解决四个问题：大学生身上发生了哪些变化以及这些变化是如何表现出来的、学生发展是如何发生以及什么样的内部和外部过程导致发展、大学环境中的因素是如何促进或抑制学生成长的、我们在大学

---

[1] Rodgers, R. F., Recent Theories and Research Underlying Student Development, In D. G. Creamer (ed.), *College Student Development: Theory and Practice for the 1990's*, Alexandria, VA: American College Personnel Association, 1990.

里应该努力取得什么样的发展成果，每一项都是教学和管理的核心，关系到促进学生学习和积极的个体成长。①

不同研究者对学生发展的理论与模型有不同分类。Pascarella 和 Terenzini（1991，2005）将其分为发展理论和院校影响模型两类，② 其中发展理论涉及个体成长的性质、结构和过程，主要强调学生变化的性质或内容，如身份认同、道德或认知发展等，而院校影响模型关注的则是变化的来源和过程，如不同的学校特征、服务、学生经历以及师生互动等对学生发展的影响。基于此，本节将学生发展理论按照心理学和社会学两个视角作简要介绍。

一　心理学视角下的学生发展理论

根据 Knefelkamp 等人（1978）③ 提出并由 Rodgers（1990）④ 修正的四类结构划分，心理学视角下的学生发展理论包括认知结构理论、心理社会理论、类型学模型和全人发展模型。

（一）认知结构理论

认知结构理论关注学生是如何思考的。该类理论是以瑞士心理学家皮亚杰（Piaget）的研究为基础，致力于描述发展的本质和过程，着重于个人建构的、赋予世界意义的认识论结构，换句话说，聚焦于揭示学生是如何思考问题的，以及推理将发生什么变化。认知结构理论的共同点在于：一方面，一般认为个体在发展过程中会经历一系列阶段，在大

---

① Knefelkamp, L., Widick, C. & Parker, C. A. (Eds.), *Applying Developmental Findings. New Directors For Student Services*, San Francisco: Jossey-Bass, 1978.

② Pascarella, E. T. & Terenzini, P. T., *How College Affects Students: Findings and Insights From Twenty Years of Research*, San Francisco, CA: Jossey-Bass, 1991. Pascarella, E. T. & Terenzini, P. T., *How College Affects Students: A Third Decade of Research*, San Francisco, CA: Jossey-Bass, 2005.

③ Knefelkamp, L., Widick, C. & Parker, C. A. (Eds.), *Applying Developmental Findings. New Directors For Student Services*, San Francisco: Jossey-Bass, 1978.

④ Rodgers, R. F., Recent Theories and Research Underlying Student Development, In D. G. Creamer (Ed.), *College Student Development: Theory and Practice for the 1990's*, Alexandria, VA: American College Personnel Association, 1990.

多数理论中，这些阶段是分等级的，成功地达到一个阶段被认为是进入下一个阶段的先决条件，在大多数理论中，这一过程往往是不可逆的，尽管可能会发生一些向前和向后的运动；另一方面，都假设发展变化涉及一系列刺激和反应，遇到与当前认知结构的有效性相冲突或挑战的新信息或经验时会触发适应性反应，这些反应主要涉及同化或适应（assimilation or accommodation）。同化是个体在知觉上重新排列或重新解释挑战，使之与当前的知识、信仰或价值结构相一致；适应则是个体改变当前的认识论或信仰结构，以承认或与新的经验相一致，这一发展过程被看作是一系列的建构和重构。认知结构理论的典型代表包括 Perry（1970）的智力和道德发展模式、[1] Kitchener 和 King（1981）的反思性判断模型、[2] Kohlberg（1971）的道德发展理论[3]和 Gilligan（1977）的女性道德发展模式[4]等。

（二）心理社会理论

个体在其一生中面临着一些发展挑战，挑战的性质因年龄和发展状况而异，心理社会理论主要关注生命周期中各个阶段可能出现的问题，认为个体发展是一系列"发展任务"的完成。心理社会发展遵循的基本原则包括：心理社会发展是持续的，无论环境如何，伴随着过程而逐渐成熟，但不独立于环境；心理社会发展是累积的，每一个经历或阶段为下一步提供基础；发展从一个简单的状态到一个更复杂的状态，发展的进程是有序的，一个阶段通向下一个阶段；发展的进程取决于发展任务的圆满完成。著名心理社会理论家 Erikson 将发展定义为一种自我认同的形成，这种自我认同"在青春期结束时，个体必须从他/她所有的

---

[1] Perry, W., Jr., *Forms of Intellectual and Ethical Development in the College Years*, New York: Holt, Rinehart & Winston, 1970.

[2] Kitchener, K. S. & King, P. M., "Reflective Judgment: Concepts of Justification and Their Relationship to Age and Education", *Journal of Applied Developmental Psychology*, Vol. 2, No. 2, 1981.

[3] Kohlberg, L., *Stages of Moral Development as a Basis for Moral Education*, Cambridge: Center for Moral Education, Harvard University, 1971, pp. 24 – 84.

[4] Gilligan, C., "In a Different Voice: Woman's Conception of Self and Morality", *Harvard Educational Review*, Vol. 47, 1977.

成年前经历中获得某些全面的收获，以便为成人的任务做好准备"，这些收获往往与身份概念联系在一起，因为它们描述了个体如何组织和解决自我与自身环境之间的冲突。①

认同发展是大学生心理社会变化中的一个突出问题。Erikson认为，身份与身份混淆危机是大学年龄段个体的主要发展任务。心理社会发展理论包括涉及身份整体或具体方面的认同理论，比如Marcia（1980）的身份状态模型、② Josselson（1996）的女性身份认同理论、③ Helms（1990）的有色人种认同理论、④ Phinney和Alipuria（1990）的民族认同发展模式⑤等，以及后来学者们深入研究的多重身份的交叉性问题（Abes & Jones，2004）。⑥ 与大学生发展密切相关的心理社会理论是Chickerings的七向量模型。

大学生发展的七向量模型认为学生在大学期间面临最重要的发展问题是建立同一性，以及围绕同一性发展七个向量。向量的概念与维度、层次、阶段等的界定相似，主要指学生发展的不同面向，同时，强调各部分间的独立发展关系。⑦ 七个向量具体包括：一是发展能力，包括提高智力、体力和手工技能以及与个体和群体人际关系能力；二是管理情绪，是指学会控制诸如愤怒、恐惧、焦虑、抑郁、内疚、羞耻和性或浪漫吸引力失调等强烈的、潜在的破坏性情绪并作出恰当反应，以及增加

---

① Erikson, E. H., *Identity and the Life Cycle*, WW Norton & Company, 1994. Jones, S. R. & Abes, E. S., *Identity Development of College Students: Advancing Frameworks for Multiple Dimensions of Identity*, San Francisco, CA: Jossey-Bass, 2013.

② Marcia, J. E., *Identity in Adolescence*, Handbook of Adolescent Psychology, Hoboken, NJ: John Wiley & Sons, 1980

③ Josselson, R., *Ethics and Process in the Narrative Study of Lives*, Vol. 4, CA: Sage, 1996.

④ Helms, J. E., *Black and White Racial Identity: Theory, Research, and Practice*, Greenwood Press, 1990.

⑤ Phinney, J. S. & Alipuria, L. L., "Ethnic Identity in College Students From Four Ethnic Groups", *Journal of Adolescence*, Vol. 13, No. 2, 1990.

⑥ Abes, E. S. & Jones, S. R., "Meaning-making Capacity and the Dynamics of Lesbian College Student's Multiple Dimensions of Identity", *Journal of College Student Development*, Vol. 45, No. 6, 2004.

⑦ 王文静、陈方舟、蒋凯：《解码高校学生发展的"黑箱"——齐克林大学生发展七向量理论评析》，《现代大学教育》2022年第5期。

体验惊奇、同情、解脱、关心和乐观等情绪的能力；三是从自主走向相互依存，涉及更多的情感自由，不需要他人的安慰和认可，以及更大的工具独立性，即个人安排自己的事务、解决问题和做出决定的能力，在独立的需要和归属的需要之间做好平衡；四是发展成熟的人际关系，是指对思想、人、背景和价值观差异的认识和开放程度不断提高，尊重不同差异；五是确立同一性，是指形成坚定的自我意识，自尊心和稳定性不断增强；六是明确发展目标，不仅仅知道"我在哪里"，而且知道"我要去哪里"，将职业目标和抱负、人际兴趣和家庭优先事项结合起来；七是养成正直品格（developing integrity），涉及个人价值观和信仰的澄清和重新平衡。

为了更好地促进学生沿着这七个向量发展，他们还确定了高校可以发挥作用的七个影响领域，具体包括：明确的学校目标以及政策、实践和活动的内部一致性；参与机会不受限制或合理的学校规模；在不同环境下频繁的师生交往；内容和过程相结合的课程；灵活的教学，旨在鼓励学生积极参与学习的不同教学风格和模式；友谊和学生社区成为有意义的亚文化，其特点是态度和背景的多样性和重要的人际交流；与教师合作提供的学生发展计划和服务。[1]

（三）类型学模型

认知结构理论和心理社会理论分别侧重于变化的性质和过程，而第三类理论或模型强调个体之间相对稳定的差异，并根据这些独特的特征对个体进行分类。这些"类型学"模型关注个体感知世界或对世界做出反应的方式的差异。"类型学"模型有几个共同特点（Rodgers，1990）:[2] 第一，个体的性格特征和个性特征在他们的生活中发展得比较早，并且随着时间的推移保持相对稳定，尽管不是不变的；第二，个

---

[1] Chickering, A. W. & Reisser, L., *Education and Identity*, Vol. 2, San Francisco, CA: Jossey-Bass, 1993.

[2] Rodgers, R. F., Recent Theories and Research Underlying Student Development, In D. G. Creamer (ed.), *College Student Development: Theory and Practice for the 1990's*, Alexandria, VA: American College Personnel Association, 1990.

体可能表现出分类中其他类型的特征，但倾向于以与显性类型的显著特征或偏好一致的方式思考或行为；第三，类型分类描述了人们有共同偏好或倾向的领域，但它们不能解释特殊的差异；第四，这些模型一般不试图解释学生变化或发展的内容或过程，如果考虑到变化，它对类型学的定义特征来说是微不足道的。尽管如此，类型学模型在理解大学生之间的差异以及解释为什么学生对同一个大学环境或经历会有不同的反应方面还是很有用的。常见的类型学理论包括 Kolb（1981）的学习风格和体验式学习的理论、[1] Holland（1997）的职业偏好理论、[2] Myers 和 Mccaulley（1985）的人格类型理论[3]等。

（四）全人发展模型

最具代表性的是自我主导理论（self-authorship theory）。自我主导的概念最早源于 Kegan（1982）提出的自我进化理论，其核心假设之一是人类的本质在于意义建构，并将自我主导作为一种特定的意义建构方式。[4] 自我主导是存在于个人内部的，能够定义自我信念、自我身份以及社交关系的能力，[5] 它整合了三个发展维度：认知维度（处理认知的方式）、内省维度（处理看待自己的方式）、人际维度（处理看待他人的方式）。根据 Marolda 历时 20 余年的追踪调查结果，个体自我主导性发展可以分为三个阶段：不加批判地遵循外部规则、十字路口的徘徊、自我主导阶段。不同阶段划分的依据是个体在决策时对"外在权威"和"内在声音"的不同处理态度。发展到自我主导阶段的个体，既能够吸收外来信息，又能够坚持自我的价值认定做出合理的决定，行为动

---

[1] Kolb, D. A., "Experiential Learning Theory and the Learning Style Inventory: A Reply to Freedman and Stumpf", *Academy of Management Review*, Vol. 6, No. 2, 1981.

[2] Holland, J. L., *Making Vocational Choices: A Theory of Vocational Personalities and Work Environment* (3rd ed.), Odessa, FL: Psychological Assessment Resources, 1997.

[3] Myers I. B. & McCaulley M. H., *Manual A Guide to the Development and Use of the Myers-Briggs Type Indicator*, Palo Alto: Consulting Psychologists Press, 1985.

[4] Kegan, R., *The Evolving self: Problem and Process in Human Development*, Harvard University Press, 1982.

[5] Magolda, M. B. B., "Three Elements of Self-authorship", *Journal of College Student Development*, Vol. 49, No. 4, 2008.

机来自自我内部，实现自我主导。20—30岁这段时间，尤其是大学教育期间，个体发展主要体现在自我主导性的建立方面，而在30—40岁这段时间，个体发展主要体现在自我主导性的巩固和加强方面。[1] 这一理论模型代表性理论包括Kegan（1982）的自我进化（Self-Evolution）理论和Marolda（2008）的自我主导理论、[2] Torres和Hernandez（2007）的整体发展模式[3]等。

二 社会学视角下的学生发展理论

对大学生发展变化的心理学解释面临着社会学研究者挑战。一方面，许多基于发展理论或模型的研究并不是中立的，当学生的变化没有在预期方向上，甚至发生倒退性变化时，往往被以发展的观点来解释，认为这也是向更高级发展阶段的运动；除了将学生的变化"心理化"的趋势外，发展理论或模型可能还忽视了大学生所经历的各种其他变化。[4] 另一方面，传统理论没有充分考虑到"与环境相关的人类有机体的可塑性、社会环境的结构复杂性和多样性，以及象征性——社会知识（social knowledge）和个体能动性（human intentionality）——作为中介发展的因素的作用"[5]。这些也是社会学视角下学生发展理论试图弥补的地方。

（一）Astin的投入—环境—产出模型和参与理论

Astin（1970，1991）提出的投入—环境—产出模型被认为是最早也是最具持久性和影响力的院校影响模型之一。该理论中的投入包括三

---

[1] Baxter Magolda, M. B. "Self-authorship: The Foundation for Twenty-first-century Education", *New Directions for Teaching and Learning*, No. 109, 2007.

[2] Magolda, M. B. B., "Three Elements of Self-authorship", *Journal of College Student Development*, Vol. 49, No. 4, 2008.

[3] Torres, V. & Hernandez, E., "The Influence of Ethnic Identity on Self-authorship: A Longitudinal Study of Latino/a College students", *Journal of College Student Development*, Vol. 48, No. 5, 2007.

[4] Feldman, K. A., "Some Theoretical Approaches to the Study of Change and Stability of College Students", *Review of Educational Research*, Vol. 42, No. 1, 1972.

[5] Dannefer, D., "Adult Development and Social theory: A Paradigmatic Reappraisal", *American Sociological Review*, Vol. 49, No. 1, 1984.

个方面：学生的个体背景特征，如性别、种族等；学生的家庭背景，如父母亲职业、父母亲文化程度、家庭收入等；学生进入大学之前的学习和社会经历。环境是指大学对学生产生影响的方方面面，包括学校类型、设备资源、制度政策、校园文化、教学活动、同辈学习，以及学生就读期间在校内外的经历。产出是指学生在学校期间获得的知识、技能，取得的成就以及价值观、态度、期望等方面的转变。这些投入除了直接影响学生产出外，也通过学生参与多方面的学校环境的方式对学生产出间接影响。[①]

Astin（1984）的另外一个贡献是学生参与理论。[②] 该理论认为学生发展是学生参与的结果，学生花在有意义活动上的时间越多，付出的努力和精力越多，收获就越大。该理论具体包括五个假设：第一，"参与"是指在各种对象（objects）上投入身体和心理能量，"对象"包括从学生整体经历到特定活动的任何内容；第二，不管"对象"是什么，"参与"都是一个连续的过程。不同的学生会在不同的"对象"上投入不同的能量；第三，"参与"既有数量上的差异，也有质量上的区别，数量表现为投入在一项活动上的时间，质量则是对待该"对象"的认真程度和关注度；第四，学生在一个相关教育项目上学习和发展的程度与他们参与该项目的质量和数量成正比，基本上，学生投入到一项活动中的精力越多，他们累积收益就越多；第五，任何教育政策或实践的有效性直接取决于该政策或实践吸引学生参与的能力。

（二）Tinto 的学生辍学模型

Tinto（1993）的学生辍学模型强调了学生与大学环境的相互作用，

[①] Astin, A. W., "College Influence: A Comprehensive View", *Contemporary Psychology*, Vol. 15, No. 9, 1970. Astin, A. W., *Assessment for Excellence: The Philosophy and Practice of Assessment and Evaluation in Higher Education*, New York: McMillan, 1991.

[②] Astin, A. W., "Student Involvement: A Developmental Theory for Higher Education", *Journal of College Student Personnel*, Vol. 25, No. 4, 1984.

这些经历决定了学生是继续留在学校还是离开学校。① Tinto（1975）假设学生进入大学时具有多样的个体、家庭和学术特征和技能，包括对大学出勤和个体目标的意图与承诺，随后通过个体与学校学术和社会系统的结构与成员之间的一系列互动，这些意图和承诺不断得到修改与重新制定，进而影响学生留在或离开大学的决定。② 该理论非常强调学生在学校的学术和社会融合程度，融合是指个人在多大程度上认同学校同龄人和教职工的规范态度和价值观，并遵守正式和非正式的制度要求，成为其中的一员。学术融合体现在学生在大学期间的学术表现和智力发展中，而社会融合则是通过与同龄人和教师群体的非正式互动发展起来的。值得注意的是，该理论非常重视学生与教师、教职员工以及同辈交流，认为师生互动与生生互动对学生产出具有较大影响。随着学术和社会融合程度的提高，这会加强学生对个体目标和实现这些目标的学校的承诺。反之，消极的互动和体验往往会阻碍个体融入社会，使其远离学校的学术和社会群体，从而减少对目标和学校的承诺，导致个体的边缘化和最终离开。该理论解释了为什么大学生有必要适应大学环境，以及为什么学校需要投资于这一过程。

Tinto 的学生辍学模型被广泛引用于大学生坚持性研究。一些学者认为 Tinto 强调的融入大学生活，对弱势阶层学生，包括家庭第一代大学生是一个固有的劣势。③ 当然，学生辍学模型也是一个不断完善的过程，最初 Tinto 确定了学生辍学的三个原因：学业困难、个人无法解决其教育和职业目标，以及未能融入或保持沉浸在学校的学术和社会生活中，在 2006 年，他修改了模型，将家庭支持纳入其中，从而消除了模型中认为学生需要脱离家庭才能成功的误解。Roksa 和 Kinsley（2019）基于这一理论认为，那些更充分地融入大学并获得更多家庭支持的学生

---

① Tinto, V., *Leaving College: Rethinking the Causes and Cures of Student Attrition* (2nd. ed.), Chicago: The University of Chicago Press, 1993.

② Tinto, V., "Dropout From Higher Education: A Theoretical Synthesis of Recent Research", *Review of Educational Research*, Vo. 45, No. 1, 1975.

③ Braxton, J. M., Doyle, W. R., Hartley Ⅲ, H. V., Hirschy, A. S., Jones, W. A. & McLendon, M. K., *Rethinking College Student Retention*, San Francisco: Jossey-Bass, 2014.

会对他们的教育目标和学校有更强烈的承诺，这些强烈的承诺反过来会增加学生完成学位的愿望。[1]

（三）Pascarella 的学生发展综合模型

Pascarella（1985）认为，学生的学习和认知发展取决于五大因素的直接与间接影响，分别是院校结构和组织特征、学生背景、社会性互动、院校环境，以及学生的努力质量。[2] 院校结构和组织特征包括大学的招生人数、师生比、学生的选拔以及住校生比例等。学生背景包括学生的个体特质、家庭环境以及入学前教育经历。这两大因素互相影响且都对大学的社会性互动和院校环境产生影响。此外，学生背景直接影响到学生的学习和认知发展。社会性互动指的是学生在大学就读期间与其他个体发生的互动，包括课内外的师生互动以及同辈交流，它是影响学生学习和认知发展的直接因素。院校环境包括大学文化、课程、政策等，由院校结构、组织特征以及学生背景决定。院校环境对学生的努力质量产生影响。学生努力质量指的是学生投入到大学学术和社会活动中的时间与精力。学生背景、院校环境、社会性互动决定了学生的努力质量，学生努力质量则直接影响学生发展。该理论认为，学生发展是学生的背景特征、社会性互动以及学生努力质量的函数。院校结构和组织特征被认为对学生发展有间接而非直接的影响，其影响通过院校环境、学生努力质量以及学生与同龄人和教员的互动来调节。虽然该模型最初旨在解释学生学习和认知发展的变化，但它同样适用于研究其他学生发展结果。

（四）Weidman 的社会化模型

Weidman（1984）认为，大学生社会化是指获得社会或涉及个体的重要群体所重视的知识、态度和技能。[3] 该理论认为，具有不同背景和

---

[1] Roksa, J. & Kinsley, P., "The Role of Family Support in Facilitating Academic Success of Low-income Students", *Research in Higher Education*, Vol. 60, No. 4, 2019.

[2] Pascarella, E. T., "Student's Affective Development Within the College Environment", *The Journal of Higher Education*, Vol. 56, No. 6, 1985.

[3] Weidman, J.C., "Impacts of Campus Experiences and Parental Socialization on Undergraduate's Career Choices", *Research in Higher Education*, Vol. 20, 1984.

特征的本科生在进入高校后，与院校内部的结构和规范性环境以及院校外部的父母和同龄人等群体进行互动，并且在规范性压力的作用下逐渐习得院校的学术规范和社交规则，调整融入程度，进而明确其在职业、生活方式和价值观等方面的选择与倾向。[1] 社会化过程会受到学生背景、大学的学术和社会结构、父母社会化程度和大学外群体等因素的综合影响。

该理论认为，学生入学时就具有一系列重要的背景特征，如社会经济地位、才能、职业偏好、抱负和价值观，同时还受到来自父母和其他非大学生参照群体（如同龄人、雇主、社区）的规范性压力。在社会化的过程中，学生为了个体目标的达成，会对各种规范性影响作用进行评估并在各种规范性影响作用间取得平衡。同时，学生在社会化过程中也要对其自身原有的态度、价值观和抱负做出是继续保持还是改变的决定。本科生的社会化过程一般要经历四个阶段，即预期阶段、正式阶段、非正式阶段、个性化阶段。刚进大学时处于预期阶段，随后开始接受大学的正规教育，遵循大学的各项规章制度和行为规则，进入正式阶段；对大学熟悉以后，学生逐渐知道了一些没有明文规定的行为规则，即使没人告知，他们也知道在大学里该做什么和不该做什么，这时就进入了非正式阶段；最后，学生能够完全适应大学生活，很自然地融入大学群体之中，各方面的发展达到大学的社会化水平。

需要说明的是，本节回顾的各种理论和模型，在研究假设、内容结构和推论上都有所不同，正如 Feldman（1972）所指出的，它们既不完全迥异，也不是不相容，重要的是理解任何一个理论模型的制约因素，并牢记仅仅依靠单一理论或模型可能导致对学生变化和成长的错误解释，"每一种理论方法对于研究学生在大学期间的变化和稳定可能都是必要的，但没有一种方法是足够的"[2]。

---

[1] 蒋凯、赵菁菁、王涛利：《高等教育普及化时代本科生成长的理论阐释——魏德曼本科生社会化模型评析》，《现代大学教育》2023 年第 6 期。

[2] Feldman, K. A., "Some Theoretical Approaches to the Study of Change and Stability of College Students", *Review of Educational Research*, Vol. 42, No. 1, 1972.

第二节 文化和社会资本理论

文化和社会资本理论被广泛应用于研究家庭第一代大学生在大学环境中与非一代大学生同龄人相比所面临的各种不平等。在家庭第一代大学生研究中，这些理论一般假定，由于家庭第一代大学生的父母没有上过大学，而且往往来自社会经济地位较低的家庭，因此他们没有准备好上大学，缺乏在大学取得成功所需的各种支持和资源。

一 文化资本理论

（一）文化资本与惯习

文化资本理论是指导家庭第一代大学生研究的主流社会学理论。Bourdieu（1977）认为，"文化模式——说话和行动的方式、行为、穿着、社交、品位、好恶、能力以及区分一个群体和另一个群体的知识形式——共同构成了一个群体的文化资本"。文化资本就像货币和自然资源一样，可以帮助拥有者获得社会和经济回报机会。[1] 人并不是天生就有文化资本的，而是在早期阶段从他们的家庭和所居住社区中获得的。上层家庭，特别是那些父母受教育程度较高的家庭，通过培养行为和习惯，向其子女传授技能，并为其子女提供机会，从而促进其社会和经济的成功，这些行为和习惯随后会受到教育机构的不平等奖励。[2] 文化精英和经济特权阶层掌握着最有价值的文化资本，通过家庭实践来传递文化资本，往往在不知不觉中使每一代人都像上一代人那样，这些至关重要的早期文化再生产也使得文化资本逐步扩展到家庭之外，比如居住的社区以及参加的教育机构。

---

[1] Bourdieu, P., *Outline of a Theory of Practice*, United Kingdom: Cambridge University Press, 1977.

[2] Bourdieu, P., *Outline of a Theory of Practice*, United Kingdom: Cambridge University Press, 1977.

理解文化资本在塑造学生大学经历和学业成绩阶层差异中作用的核心是学生在他们的家庭和社区中形成并被带入大学的阶层倾向或惯习。惯习包括从一个人的经历和阶级地位中产生的基本上无意识和内化的文化风格、品位和信号，是促进或阻碍其在教育机构中成功的关键文化资源。[1] Swartz（1990）认为惯习是一种"文化矩阵，因人们的背景而异，产生自我实现的预言"。Bourdieu 和 Passeron（1990）也强调惯习的预测能力，它根据一个人的历史和经验预测未来的结果，认为由于社会底层学生的惯习与文化精英所定义的教育机构的惯习之间存在差距，导致他们较低的学业成绩。[2]

如果文化资本是像货币一样具有价值的一种资源，那么惯习就是理解如何最好地使用自己所拥有的货币。个人习惯于以一种适合于他们理解的方式行事，这种方式基于从过去经验中获得的反馈，当然这并不排除一个人出现偏离自己预期的行为，但大多数人倾向于以一种基于以往经验的方式作出反应。一个人的惯习是如此强烈地被早期经验塑造和形成，后来的经验在不断塑造惯习的同时，并不具有与早期经验相同的力量。惯习是通过一个人对特定社会群体的文化适应而获得的，如社会阶层、性别、家庭、同龄人群体，甚至国籍。Bourdieu 和 Passeron（1990）将惯习扩展到一个基于阶层的系统中，由于社会、历史和经济条件的相似性，暴露在相同环境中的个体倾向于相同的惯习，虽然同一阶层的两个人不会有完全相同的经历，然而与来自不同阶层的人相比，来自同一阶层的人更有可能彼此有相似的经历。

在描述教育系统时，Bourdieu 和 Champagne（1999）根据他们对法国教育制度的研究认为，对于那些经济和文化背景最为不利的学生来说，几乎不可能进入最有声望的学校，因为这会被那些学校的文凭获得者认为降低了他们文凭的价值。[3] 在《继承人：大学生与文化》中，

---

[1] Bourdieu, P., *Outline of a Theory of Practice*, United Kingdom: Cambridge University Press, 1977.

[2] Bourdieu, P. & Passeron, J. C., *Reproduction in Education, Society and Culture* (2nd ed.), London: Sage, 1990.

[3] Bourdieu, P. & Champagne, P., "Outcasts on the Inside", In Pierre Bourdieu et al., *The Weight of the World: Social Suffering in Contemporary Society*, Stanford, CA: Stanford University Press, 1999.

Bourdieu等人（2021）强化了他们对正规学校机构再生产能力的立场，讨论了特权再生产的微妙之处以及正规学校机构如何成功地完成再生产；通过把特权隐藏在成绩的概念之下，学校和其他机构声称它们提供了平等的机会，然而实际上，那些出生于特权环境中的人依然保持了他们的地位，而那些出生在充满挑战和奋斗环境中的人会遭遇更多障碍。[1] Bourdieu的核心观点之一是学生的学业成绩与父母的文化背景高度相关，这意味着学生继承的文化背景最终会影响其学业成绩，进而影响职业成就，这对社会下层学生尤为不利。Lareau（2003）认为，个人具有不同程度的惯习，这与不同社会阶层的家庭中存在教养方式或实践行为差异有关，中产阶级家长表现出"协作培养"行为，即一种家庭以非常有组织的方式为他们的孩子提供教育的实践计划活动，致力于促进他们孩子的社会和认知技能的发展，相反，工薪阶层或贫困家庭的父母更多采用"自然成长"的方式，寻求满足基本需求，如食物和住所，但在组织孩子的日常生活方面不太正式。[2]

通过教育系统进行社会再生产的概念与惯习直接相关。当惯习与大多数同龄人不同的学生进入大学时，他们面临两个相反的选择：培养新惯习或离开大学。考虑到改变惯习的困难（将一套新的性格和文化规范内化和吸收），许多家庭第一代大学生可能认为离开大学是更好的选择。White等人（2020）发现，少数族裔低收入的家庭第一代大学生来到校园时，缺乏在大学取得成功所需的大学文化资本，更容易导致社会融合方面的困难，进而导致学业失败，使学生面临过早离开大学的风险。[3] 惯习还影响了家庭第一代大学生入学时的专业选择，相比非一代大学生将教育视为自我修养，他们更多将教育视为工作准备，因此，家庭第一代大学生为了获得特定的职业主要选择更实用和应用性的专业，

---

[1] ［法］皮埃尔·布迪厄、［法］J.-C.帕斯隆：《继承人：大学生与文化》，邢克超译，商务印书馆2021年版。
[2] Lareau, A., *Unequal Childhoods: Class, Race, and Family Life*, London: University of California Press, 2003.
[3] White, J. W., Pascale, A. & Aragon, S., "Collegiate Cultural Capital and Integration into the College Community", *College Student Affairs Journal*, Vol. 38, No. 1, 2020.

而非一代大学生选择更趋多元化。

（二）家庭第一代大学生的文化资本

大学生的文化资本是指导航从申请到毕业的大学经历的知识和技能，[1] 具体包括如何申请和选择大学及专业、如何理解课程期望和要求、如何发现和利用大学资源、如何在课堂和办公时间与教师和助教互动、如何在校园交朋友、如何参与校园活动等。[2] 拥有丰富大学文化资本的学生对大学制度、如何驾驭大学经历、需要什么样的资源以及如何获取资源有更好的理解，[3] 更有可能上大学并获得有声望的职业。[4]

家庭第一代大学生的家庭往往没有制度化的文化资本，也没有大学学位和文凭的知识，因此缺乏大学选择和申请的经验，也缺乏对大学经历的了解，更不了解如何驾驭大学系统。[5] 尽管一个人可能有机会通过直接经验学习如何在特定机构中行动，但他们可能永远不会像从出生起就被教授这些技能的人那样产生熟悉感。[6] 与来自下层阶级的学生相比，来自上层阶级家庭的学生具有更高的文化资本水平，因为上层阶级

---

[1] Tan, C. Y., "Examining Cultural Capital and Student Achievement: Results of a Meta-analytic Review", *Alberta Journal of Educational Research*, Vol. 63, No. 2, 2017. Mollegaard, S. & Jaeger, M. M., "The Effect of Grandparent's Economic, Cultural, and Social Capital on Grandchildren's Educational Success", *Research in Social Stratification Mobility*, Vol. 42, 2015.

[2] Dumais, S. A., "Cultural Capital, Gender, and School Success: The Role of Habitus", *Sociology of Education*, Vol. 75, No. 1, 2002. Lareau, A. & Horvat, E. M., "Moments of Social Inclusion and Exclusion Race, Class, and Cultural Capital in Family-school Relationships", *Sociology of Education*, Vol. 72, No. 1, 1999.

[3] White, J. W., Pascale, A. & Aragon, S., "Collegiate Cultural Capital and Integration into the College Community", *College Student Affairs Journal*, Vol. 38, No. 1, 2020.

[4] Ardoin, S., *College Aspiration and Access in Working-class Rural Communities: The Mixed Signals, Challenges, and New Language First-generation Students Encounter*, Lexington Books, 2018.

[5] Ardoin, S., *College Aspiration and Access in Working-class Rural Communities: The Mixed Signals, Challenges, and New Language First-generation Students Encounter*, Lexington Books, 2018. Pascarella, E. T., Pierson, C. T., Wolniak, G. C. & Terenzini, P. T., "First-generation College Students: Additional Evidence on College Experiences and Outcomes", *The Journal of Higher Education*, Vol. 75, No. 3, 2004.

[6] Lamont, M. & Lareau, A., "Cultural Capital: Allusions, Gaps and Glissandos in Recent Theoretical Developments", *Sociological Theory*, Vol. 6, No. 2, 1988.

家庭的学生从出生起就受到父母的文化资本的影响，有大学经历的家长通过更早更好地与孩子分享这些知识，提高了他们在大学环境中的适应能力，所以他们在上学时会觉得更有能力。

随着家庭第一代大学生进入大学，那些缺乏学校所期望的文化资本而进入大学的学生可能会重新意识到社会阶层的存在，这会影响他们的身份认同。Aries 和 Seider（2005）研究了一所精英学院和一所州立学院的白人低收入家庭学生，其中大多数为家庭第一代大学生，结果发现，就读精英学院的低收入家庭学生对社会阶层认识更深刻，他们认识到他们没有优势阶层同龄人所拥有的学院所重视的文化资本，而这些差异在学生阶层背景更具相似性的公立学校不太普遍；低收入家庭学生会在他们的大学前身份和不断发展的新身份之间挣扎于"阶层的不连续性"，在学校里采用新文化风格，包括穿着、言语和行为，但他们认为这会使他们远离于家人和朋友。① 缺乏文化资本不仅使得家庭第一代大学生在适应学校生活时处于劣势，也会影响其学业成就和学术发展。一项定性研究发现与非一代大学生相比，家庭第一代大学生希望导师在讨论课程内容和作业时更详细、更清晰，比如解释写作格式偏好、在课堂上少用术语、解释办公时间的目的等，而不是假设所有学生都已知道，否则，他们无法写出最好的作业。② 这项研究证明了教师期望和学生理解之间的契合度差异如何会导致家庭第一代和非一代大学生因学科基础和学术技能以外的原因而获得不同的大学结果。这也说明对于家庭第一代大学生来说，他们可能缺乏大学知识这方面的文化资本，包括有关高等教育的一般信息和如何有效地承担大学生角色的具体知识等。

国内学者王兆鑫等人（2023）对精英大学农村第一代大学生的研究认为，与基础教育阶段不同的是，精英大学场域中的主导文化是精英型文化，学生的出身以及出身背后习得的"精英型文化资本"的质量

---

① Aries, E. & Seider, M., "The Interactive Relationship Between Class Identity and the College Experience: The Case of Lower Income Students", *Qualitative Sociology*, Vol. 28, 2005.

② Collier, P. J. & Morgan, D. L., "'Is that Paper Really Due Today?': Differences in First-generation and Traditional College Student's Understandings of Faculty Expectations", Higher Education, Vol. 55, 2008.

对个体的影响在该阶段开始凸显，先前"学业文化资本"对个体的功能被削弱，此时文化再生产开始发挥作用，对不具备"精英型文化资本"的农村子女启动排斥机制，导致他们在精英大学中面临多重困境。[①] 尽管如此，也有学者提出了文化资本在不同阶层间并非均质化存在，弱势阶层子女同样拥有自己的"底层文化资本"，即先赋性动力、道德化思维、学校化的心性品质，这是一套底层子弟通往高学业成就的独特性情系，也是 Bourdieu 所言的惯习或身体形态的文化资本。[②]

二 社会资本理论

社会资本的定义有很多，比如有研究者认为是在某些社会情况下提供支持和帮助的关系的价值，[③] 也有研究者认为是促进群体内部或群体之间合作的网络以及共同规范、价值观和理念，作为一种资源，是由个体通过与社会网络中其他人的关系和互动获得。[④] 社会资本被认为是学生向大学过渡的一个有影响力的因素，也被发现在大学环境内的学术和社会整合中发挥了重要作用，[⑤] 因为社会资本是通过社会接触和支持来获取知识，它表明了建立和维持与他人的积极关系的重要性。根据社会资本理论，关系网络可以通过向学生提供相关信息、指导和情感支持，帮助他们应对陌生的环境。

在高等教育情境下，大学生的社会资本包括亲密友谊、师生互动、同伴互动、家庭成员关系等。McCabe（2016）发现，学生的友谊网络

---

① 王兆鑫、陈彬莉、王曦影：《"学业文化资本"的彰显与式微：精英大学农村第一代大学生的求学历程》，《重庆高教研究》2023年第6期。

② 程猛、吕雨欣、杨扬：《"底层文化资本"再审视》，《苏州大学学报》（教育科学版）2018年第4期。

③ Bourdieu, P., *Outline of a Theory of Practice*, United Kingdom: Cambridge University Press, 1977. Lin, N., *Social Capital: A Theory of Social Structure and Action*, Cambridge University Press, 2002.

④ Coleman, J. S., "Social Capital in the Creation of Human Capital", *American Journal of Sociology*, Vol. 94, 1988.

⑤ Moschetti, R. V. & Hudley, C., "Social Capital and Academic Motivation Among First-generation Community College Students", *Community College Journal of Research and Practice*, Vol. 39, No. 3, 2015. Palmer, R. & Gasman, M., "'It Takes a Village to Raise a Child': The Role of Social Capital in Promoting Academic Success for African American Men at a Black College", *Journal of College Student Development*, Vol. 49, No. 1, 2008.

可以扩大或降低家庭背景对他们 GPA 和毕业结果的影响；如果家庭第一代大学生拥有能够提供"学术多元化联系"的友谊网络或者情感支持、工具性帮助和智力参与等三种关系中的两种，那么他们在学术上的表现会更好。[1] Beattie 和 Thiele（2016）研究发现，以在课堂外与教授和同龄人谈论学术问题为表现形式的学术社会资本，有利于提高学生学习成果。[2] 根据 Coleman（1988）的说法，家庭社会资本是指青少年与父母或其他家庭成员之间的关系，以父母与学生相处的时间、对学生愿望的兴趣以及支持学生的努力为代表。尽管父母可能没有必要的大学经验来提供足够或适当的信息来帮助家庭第一代大学生度过大学第一年，但他们可以通过自己的支持形式来提供社会资本，例如励志信息、电话和到访。[3] 在 Gofen（2009）的一项研究中，家庭和第一代大学生的日常参与和互动是打破大学学业未完成的代际循环的关键，这种来自父母的社会资本形式为家庭第一代大学生创造了一个获得大学成功的机会。[4] 当家庭第一代大学生没有得到足够的父母支持时，他们也可能依赖于外部支持网络，如大家庭成员、朋友、校友等。[5]

与文化资本类似，社会资本也经常被用于研究边缘人群的流失和成功，许多研究发现，家庭第一代大学生缺乏在大学取得成功、坚持和发展所必需的社会资本。[6] 比如，实习是大学生获得宝贵工作经验、提高

---

[1] McCabe, B. J., *No Place Like Home: Wealth, Community and the Politics of Homeownership*, New York, NY: Oxford University Press, 2016.

[2] Beattie, I. R. & Thiele, M., "Connecting in Class? College Class Size and Inequality in Academic Social Capital", *The Journal of Higher Education*, Vol. 87, No. 3, 2016.

[3] Kolkhorst, B. B., Yazedjian, A. & Toews, M. L., "Student's Perceptions of Parental Support During The College Years", *College Student Affairs Journal*, Vol. 29, No. 1, 2010.

[4] Gofen, A., "Family Capital: How First-generation Higher Education Students Break the Intergenerational Cycle", *Family Relations*, Vol. 58, No. 1, 2009.

[5] Rios-Aguilar, C. & Deil-Amen, R., "Beyond Getting in and Fitting in: An Examination of Social Networks and Professionally Relevant Social Capital Among Latina/o University Students", *Journal of Hispanic Higher Education*, Vol. 11, No. 2, 2012.

[6] Martin, J. P., Stefl, S. K., Cain, L. W. & Pfirman, A. L., "Understanding First-generation Undergraduate Engineering Student's Entry and Persistence Through Social Capital Theory", *International Journal of STEM Education*, No. 7, 2020. Schwartz, S. E., Kanchewa, S. S., Rhodes, J. E., Gowdy, G., Stark, A. M., Horn, J. P. & Spencer, R., "'I'm Having a Little Struggle with this, Can You Help Me Out?': Examining Impacts and Processes of a Social Capital Intervention for First-generation College Students", *American Journal of Community Psychology*, Vol. 61, No. 1-2, 2018.

就业能力的有效工具，虽然在线申请是一种选择，但进入实习岗位的最佳途径是通过社会资本建立人际关系，遗憾的是关系有限的家庭第一代大学生可能缺乏提供实习联系的社会资本。[1] 家庭第一代大学生较少参与课外活动，如俱乐部和学生组织，不太可能了解他们的教授，也不太愿意在非学术环境中与同龄人互动，[2] 这些都会对他们的社会资本积累产生不利影响。

当家庭第一代大学生毕业进入劳动力市场时，同样面临与社会资本缺乏相关的挑战，比如较低的求职成功率、就业水平、工资和职业发展的不平等。[3] 拥有受过大学教育的家庭成员通常会创造一个职业网络，并在非一代大学生毕业时加以利用，因此尽管家庭第一代大学毕业生的收入水平、职业地位和声望都超过了父辈，但他们仍有可能落后于非一代大学毕业生。值得注意的是，同等条件下，社会资本对家庭第一代大学生相比非一代大学生的边际贡献可能更大。Demetriou 等人（2017）以及 Means 和 Pyne（2017）都发现，参与课外活动和与同龄人的联系对家庭第一代大学生的益处大于非一代大学生；[4] 家庭第一代大学生从大学到职业的过渡，或毕业后的成果，以及他们毕业后的经历方面，相比非一代大学生，可以从丰富的社会资本网络中获益更大。

---

[1] Hayes, A. D., Mobilizing Social Capital: An Exploration into the Use of a Mentorship Intervention to Enhance Social Capital for First-generation College Students, The Johns Hopkins University Dissertation, 2020.

[2] Pascarella, E. T., Pierson, C. T., Wolniak, G. C. & Terenzini, P. T., "First-generation College Students: Additional Evidence on College Experiences and Outcomes", *The Journal of Higher Education*, Vol. 75, No. 3, 2004. Pike, G. & Kuh, G., "First- and Second-generation College Students: A Comparison of Their Engagement and Intellectual Development", *Journal of Higher Education*, Vol. 76, No. 3, 2005.

[3] Gonzalez, J., College to Career Transition-social Capital Network Analysis and Comparison of First-generation and Continuing-generation College Students, Texas Tech University Dissertation, 2020.

[4] Demetriou, C., Meece, J., Eaker-Rich, D. & Powell, C., "The Activities, Roles, and Relationships of Successful First-generation College Students", *Journal of College Student Development*, Vol. 58, No. 1, 2017. Means, D. R. & Pyne, K. B. "Finding My Way: Perceptions of Institutional Support and Belonging in Low-income, First-generation, First-year College Students", *Journal of College Student Development*, Vol. 58, No. 6, 2017.

第三节　反赤字模型

尽管家庭第一代大学生面临各种劣势，但不能忽略的一个事实是，大约四分之三的家庭第一代大学生在大学中取得了成功。[1] 有研究者认为，传统的文化和社会资本理论在解释这一现象上是不全面的，忽略了家庭第一代大学生所具备的积极品质，如"雄心、战胜困难的往绩"[2]和积极主动、足智多谋，并多次寻求成年人的支持来帮助他们应对个人、社会和学术困境。[3] 为此，有研究者将家庭第一代大学生相关研究划分为赤字模型和优势模型（或反赤字模型）两类，其中，赤字模型将家庭第一代大学生描绘为资本匮乏、学业表现不佳、不太可能成功的形象，优势模型注重发掘家庭第一代大学生潜藏的隐性资本和有利条件，凸显他们在对抗逆境过程中做出的努力和贡献，并书写成功故事。[4] 赤字模型忽视了家庭第一代大学生具备的增强韧性和应变能力的文化资本，可以利用家庭支持、学校支持、个人毅力和适应能力等来抵制消极因素的影响完成四年学业并获得成功。[5] 与赤字模型不同，反赤字模型要求研究人员将重点从学生所缺乏的东西转移到强调学生所带来的东西和所拥有的东西，这些东西有助于他们在大学里取得成功，尽管存在许多障碍。与此同时，这种重新构建意味着批判性地审视支持这些学生发展的更大

---

[1] Ishitani, T., "Studying Attrition and Degree Completion Behavior Among First-generation College Students in the United States", *The Journal of Higher Education*, Vol. 77, No. 5, 2006.

[2] Whitley, S. E., Benson, G. & Wesaw, A., "First-generation Student Success: A Landscape Analysis of Programs and Services at Four-year Institutions", Center for First-generation Student Success, NASPA-Student Affairs Administrators in Higher Education, and Entangled Solutions, 2018.

[3] Garrison, N. J. & Gardner, D. G., *Assets First Generation College Students Bring to the Higher Education Setting*, Association for the Study of Higher Education, Las Vegas, NV, United States. https://files.eric.ed.gov/fulltext/ED539775.pdf, 2012.

[4] 田杰、余秀兰：《从赤字视角到优势视角：第一代大学生研究述评》，《重庆高教研究》2021年第5期。

[5] O'Shea, S., "Arriving, Surviving, and Succeeding: First-in-family Women and Their Experiences of Transitioning into the First Year of University", *Journal of College Student Development*, Vol. 56, No. 5, 2015.

的社会力量,认识到更大的社会、经济、教育和结构因素的作用,这些因素可能会阻碍家庭第一代大学生在大学中取得成功。[1] 社区文化财富模型和批判文化财富模型是此方面理论模型的典型代表。

一 社区文化财富模型

Yosso 的社区文化财富(community cultural wealth)模型最初是作为对 Bourdieu 的社会和文化资本批判而发展起来的,他认为,使用文化和社会资本理论解释家庭第一代大学生与非一代大学生同龄人之间的不平等过于简单化,因为它们忽视了高等教育体系中的结构性和系统性问题,[2] 同时,文化和社会资本的一些概念也没有考虑到学生自身的韧性和能动性。Yosso 依托批判性种族理论对 Bourdieu 的文化资本概念在教育研究中的概念化方式进行了批评,他认为,文化资本理论被用来断言一些社区在文化上富有,而另一些社区在文化上贫穷,这种解释是以白人中产阶级文化为标准,非白人和中产阶级的学生被认为在某种程度上天生缺乏能力。批判性种族理论侧重于认识与社会文化背景相关的学生经验和成就的独特特征,认为文化资本理论忽视了种族和阶级边缘化的经历有助于边缘化群体的发展和获得成功的宝贵技能与知识。基于此,Yosso(2005)提出了"谁的文化有资本?"的问题,并开发了社区文化财富模型。

社区文化财富被定义为社会边缘化群体所拥有但往往得不到承认或认可的一系列文化知识、技能、能力和人脉,它们被用来生存和抵抗宏观和微观形式的压迫。[3] 这一理论主要是基于有色人种群体提出的,强调少数族裔家庭不应被视为文化上的弱势群体,而应被视为独特的强大群体,因为他们拥有六种社区文化财富,即抱负资本、语言资本、家族

---

[1] Hernandez, R., Covarrubias, R., Radoff, S., Moya, E. & Mora, Á. J., "An Anti-deficit Investigation of Resilience Among University Students with Adverse Experiences", *Journal of College Student Retention: Research, Theory & Practice*, 2020, Advance Online Publication.

[2] Yosso, T. J., "Whose Culture has Capital? A Critical Race Theory Discussion of Community Cultural Wealth", *Race Ethnicity and Education*, Vol. 8, No. 1, 2005.

[3] Yosso, T. J., "Whose Culture has Capital? A Critical Race Theory Discussion of Community Cultural Wealth", *Race Ethnicity and Education*, Vol. 8, No. 1, 2005.

资本、社会资本、导航资本和抵抗资本。具体地说，抱负资本是指即使面对现实和感知的障碍，也能对未来保持希望和梦想的能力；语言资本是指通过使用多种语言或方言进行交流而获得的智力和社交技能；家族资本是指通过家族（亲属）关系发展起来的，"带有社区意识、历史、记忆和文化直觉"的文化知识；社会资本是指为在社会机构中生存提供工具和情感支持的人际网络和社区资源；导航资本（navigational capital）涉及"在社会机构中穿行的技能"，这些技能不单是为边缘化群体而创建的，比如韧性；抵抗资本（resistant capital）包括个人通过挑战不平等的对立行为培养的技能和知识。

这一理论为边缘群体如何认识他们自身的资本奠定了基础，使得研究者跳出了对边缘群体研究的赤字模式。一些实证研究证实了社区文化财富对家庭第一代大学生在大学环境中发展或成长的优势。Juarez（2020）研究利用社区文化财富模型来更好地了解在大学环境中茁壮成长的家庭第一代大学生的优势，结果表明，边缘群体的文化资本成为影响大学成功的关键因素，其中抱负资本确保学生完成大学学业，语言资本增加其专业价值；家庭可一起经历第一代大学生的经历；朋友群体会鼓励寻求帮助的行为并扩大社交网络；勤工俭学的工作可以增强导航资本；通过抵抗资本，学生们在成长为家庭第一代大学生的过程中，从校园里的文化冲击和异己感转向一种归属感。[①] Okolo（2019）基于美国2002年教育纵向研究的数据，探讨了文化财富资本对家庭第一代大学生学业成绩的影响，结果发现，抱负资本每增加一个标准差，家庭第一代大学生上大学的可能性就增加28.5%，家庭第一代大学生坚持到大学第四学期的可能性要高25.6%，而他们往往最可能在这一时期辍学。[②]

二 批判文化财富模型

批判文化财富模型（critical cultural wealth model）为家庭第一代和

[①] Juarez, M. C., And Still We Rise: Examining the Strengths of First-generation College Students, University of Southern California Dissertations, 2020.

[②] Okolo, Z. N., Capital & Completion: Examining the Influence of Cultural Wealth on First-Generation College Student Outcomes, The George Washington University Dissertations, 2019.

经济边缘化学生的经历提供了一个量身定制的理论视角,旨在挑战传统研究将家庭第一代和经济边缘化、有色人种学生等学生群体定位为与同龄人相比缺乏大学成功所需的资产、实力和资本的群体,并通过分析制度和结构因素、家庭第一代和经济边缘化学生的文化财富和社会情感经验来进一步理解他们在整个大学经历中的学术和职业发展。[1]

该理论通过四个方面内容,即结构和制度条件、社会情感十字路口、职业自我主导和文化财富,来探索家庭第一代和经济边缘化学生的复杂身份认同和经历。第一,结构和制度条件是指导致剥削、边缘化、无力感、文化帝国主义和暴力等五种形式压迫的制度化政策和实践。[2] 具体地说,剥削是指家庭第一代和经济边缘化学生的时间和努力被他人利用的程度,比如必须通过长时间低工资的校外工作或勤工俭学来补充学费等;边缘化反映了校园活动和资源的排斥以及基于身份的歧视,比如因其社会阶层地位而成为同学和教师负面评价的对象,或者由于成本或其他家庭义务而无法参加社会活动等。[3] 无力感是指一个人感知到的权威、地位和自我意识,反映了一个人做出有影响力决定的能力和从他人那里获得尊重的感觉,[4] 比如他们主观社会地位较低,感觉被学术机构低估,在教育经历中缺乏发言权、[5] 因教育成本上升带来大学选择和

---

[1] Garriott P. O., "A Critical Cultural Wealth Model of First-generation and Economically Marginalized College Student's Academic and Career Development", *Journal of Career Development*, Vol. 47, No. 1, 2020.

[2] Young I. M., "Five Faces of Oppression", In Adams M. (ed.), *Readings for Diversity and Social Justice*, New York, NY: Routledge, 2013.

[3] Langhout R. D., Rosselli F. & Feinstein J., "What's Class got to do with it? Assessing Classism in Academic Settings", *The Review of Higher Education*, Vol. 30, 2007.

[4] Young I. M., Five Faces of Oppression, In Adams M. (ed.), *Readings for Diversity and Social Justice*, New York, NY: Routledge, 2013.

[5] Allan B. A., Garriott P. O. & Keene C. N., "Outcomes of Social Class and Classism in First- and Continuing-generation College Students", *Journal of Counseling Psychology*, Vol. 63, No. 4, 2016.

专业选择受限。① 文化帝国主义是指将高等教育的主流规范（如个人主义和资本主义）强加给家庭第一代和经济边缘化学生。② 暴力是指基于个人身份的实际经历和对暴力的恐惧，可能包括身体暴力以及"以侮辱、羞辱或污名化群体成员为目的的骚扰、恐吓或嘲笑"③。

第二，社会—情感十字路口（social-emotional crossroads）旨在捕捉家庭第一代和经济边缘化学生在进入高等教育机构时所普遍经历的紧张感。由于他们必须经常穿梭于学校和他们的家庭、家族和社区这两个世界，从而为他们带来了独特的社会情感体验，包含三个维度：校园文化契合度、规范资本和学校—家庭融合。校园文化契合度是指在大学中融入、受欢迎和归属的程度。规范资本（normative capital）是指这一群体对其获得资源和知识与其所在大学的规范资本一致性程度的主观评估。大学里的规范资本，也被称为"大学知识"或"隐藏课程"，比如知道在校园里去哪里寻求学术帮助、了解如何使用教师办公时间、知道教师的课堂参与期望等。④ 学校与家庭的融合指的是学生上大学期间感到的来自家庭的联系和支持，比如既可能会感受到家庭成员支持他们上大学，同时感受到这种令家人感到自豪背后的巨大压力，甚至经历家庭成就内疚感，即因为超过家庭成员的成就而感到内疚等。⑤

---

① Davis J., *The First-generation Student Experience: Implications for Campus Practice, and Strategies for Improving Persistence and Success*, New York: Routledge, 2010.

② Stephens, N. M., Fryberg, S. A., Markus, H. R., Johnson, C. S. & Covarrubias, R., "Unseen Disadvantage: How American Universitie's Focus on Independence Undermines the Academic Performance of First-generation College Students", *Journal of Personality and Social Psychology*, Vol. 102, No. 6, 2012.

③ Young I. M., Five Faces of Oppression, In Adams M. (ed.), *Readings for Diversity and Social Justice*, New York, NY: Routledge, 2013.

④ Engle J., Bermeo A. & O'Brien C., Straight from the Source: What Works for First-generation College Students, Washington, DC: Pell Institute for the Study of Opportunity in Higher Education, 2006.

⑤ Covarrubias, R. & Fryberg, S. A., "Movin' on up (to college): First-generation College students' Experiences with Family Achievement Guilt", *Cultural Diversity and Ethnic Minority Psychology*, Vol. 21, No. 3, 2015.

第三，职业自我主导是指做出职业决定的能力，这些决定是自我反思的，考虑到环境，并结合个人在面对挑战时的能动性和解决问题的能力，[1] 包含工作意志和职业适应性两个方面。具体而言，工作意志指的是一个人对自己在结构限制下做出职业选择的能力的感知。[2] 职业适应性包括对个人职业发展的关注，对职业决策的控制，对自己工作适应能力的好奇心，以及对自己执行学术和职业选择能力的信心。[3]

第四，文化财富被定义为与学术和职业成果相关的个人背景因素，主要包括家庭和社区资本、批判意识和韧性。具体地说，家庭和社区资本可能包括追求高等教育或特定职业道路所获得的情感支持和鼓励，以及在大学中代表其家庭和社区的自豪感、意义和动力。批判意识是指对自己如何受到权力、特权和压迫的影响以及采取行动改善不平等的感知能力的认识。韧性指的是在面对压力源时普遍感知的适应和茁壮成长的能力。[4]

第四节　新人力资本理论

20世纪60年代，以舒尔茨（Schultz）、贝克尔（Becker）等为代表的经济学家提出了人力资本理论。人力资本是相对于物理资本而存在的一种资本形态，表现为人所拥有的知识、技能、经验和健康等。人力资本理论的核心观点之一是人力资本可以促进经济增长，使个体收入与社会分配的趋于平等，这是因为通过教育可以提高人的知识和技能，提

---

[1] Garriott P. O., "A Critical Cultural Wealth Model of First-generation and Economically Marginalized College Student's Academic and Career Development", *Journal of Career Development*, Vol. 47, No. 1, 2020.

[2] Duffy R. D., Diemer M. A. & Jadidian, A., "The Development and Initial Validation of the Work Volition Scale-student Version", *The Counseling Psychologist*, Vol. 40, No. 2, 2012.

[3] Savickas M. L., The Theory and Practice of Career Construction, In Brown S. D., Lent R. W. (Eds.), *Career Development and Counseling: Putting Theory and Research to Work*, Hoboken, NJ: Wiley, 2005.

[4] Luthar S. S., Cicchette D. & Becker B., "The Construct of Resilience: A Critical Evaluation and Guidelines for Future Work", *Child Development*, Vol. 71, No. 3, 2000.

高生产能力，从而增加个体收入。但是，人力资本理论强调教育的功能和作用，把受教育年限作为能力的代理变量，仅仅是认知能力，而相对忽略了毅力、责任心和团队精神等非认知能力。越来越多的文献表明，即使在控制了认知能力的个体差异之后，毅力、自控力或社会能力等非认知能力对个体的教育、就业和健康等也发挥着重要作用，[1] 甚至比认知能力更重要。[2] 鉴于传统人力资本理论的解释能力下降，诺贝尔经济学奖得主 Heckman 等人（2006）提出了建立新人力资本理论的构想，他们认为，应该以能力为核心来构建个体的人力资本框架，能力可以分为认知能力和非认知能力，并且着重强调了非认知能独立于认知能力的影响机制。[3] 国内学者李晓曼和曾湘泉（2012）也建议应该克服以往以教育为核心的人力资本理论观，把能力（包含认知能力和非认知能力）作为新人力资本的核心概念进行构建。[4]

非认知能力在文献中有很多不同的名称，包括软技能、[5] 社会情感技能[6]等。Kautz 等人（2014）将非认知能力定义为"在劳动力市场、

---

[1] Mc Gue, M., Willoughby, E. A., Rustichini, A., Johnson, W., Iacono, W. G. & Lee, J. J., "The Contribution of Cognitive and Noncognitive Skills to Intergenerational Social Mobility", *Psychological Science*, Vol. 31, No. 7, 2020. Smithers, L. G., Sawyer, A. C. P., Chittleborough, C. R., Davies, N. M., Smith, G. D. & Lynch, J. W., "A Systematic Review and Meta-analysis of Effects of Early life Non-cognitive Skills on Academic, Psychosocial, Cognitive and Health Outcomes", *Nature Human Behaviour*, Vol. 2, No. 11, 2018.

[2] Bütikofer, A. & Peri, G., "How Cognitive Ability and Personality Traits Affect Geographic Mobility", *Journal of Labor Economics*, Vol. 39, No. 2, 2021. Lindqvist, E. & Roine V., "The Labor Market Returns to Cognitive and Noncognitive Ability: Evidence from the Swedish Enlistment", *American Economic Journal: Applied Economics*, Vol. 3, No. 1, 2011. Heckman, J. J., Stixrud, J. & Urzua, S., "The Effects of Cognitive and Noncognitive Abilities on Labor Market Outcomes and Social Behavior", *Journal of Labor economics*, Vol. 24, No. 3, 2006.

[3] Heckman, J. J., Stixrud, J. & Urzua, S., "The Effects of Cognitive and Noncognitive Abilities on Labor Market Outcomes and Social Behavior", *Journal of Labor Economics*, Vol. 24, No. 3, 2006.

[4] 李晓曼、曾湘泉：《新人力资本理论——基于能力的人力资本理论研究动态》，《经济学动态》2012 年第 11 期。

[5] Heckman, J. J. & Kautz, T., "Hard Evidence on Soft Skills", *Labour Economics*, Vol. 19, No. 4, 2012.

[6] Elias, M., Zins, J. E., Weissberg, R. P. et al., *Promoting Social and Emotional Learning: Guidelines for Educators*, Association for Supervision and Curriculum Development, 1997.

学校和许多其他领域中受到重视的性格特征、目标、动机和偏好"[1]。黄超（2018）认为非认知能力是一个多维度的概念，包含各种与认知能力相关但又不同的社会态度、行动和行为习惯，如领导能力和毅力、自尊和内外控制点等心理因素、教育期望以及与学校有关的态度和行为等。[2] 将非认知能力视为一种人力资本有以下几点理由：一是非认知能力可以提高任务绩效，提高劳动生产率，有助于取得积极的经济成果；二是非认知能力是可以培养的，而且非认知能力的敏感期晚于认知能力，认知能力在一定年龄后可能不那么具有可塑性，而非认知能力可能在整个青少年时期和以后都保持可塑性，直到成年后期才达到顶峰；三是非认知能力是教育过程的重要结果。Bowles 和 Gintis（1976）在对美国教育系统的经典研究中，声称"雇主看重的属性"包括毅力和守时，都是学校教育的重要产物。[3] 大学对学生非认知能力发展的积极影响也被一些研究证实。比如，Kassenboehmer 等人（2018）研究表明，大学有助于培养学生的社交能力（外向性）和合作倾向（友好性），完成高等教育的青少年的外向性水平明显更高，而且这种影响不因性别、大学类型或专业领域而异。[4]

一 非认知能力的教育回报

非认知能力是教育成就的重要预测因素。比如，在一项元分析中，Robbins 等人（2004）肯定了非认知能力对大学成绩和大学坚持的影

---

[1] Kautz, T., Heckman, J. J., Diris, R., Ter Weel, B. & Borghans, L., Fostering and Measuring Skills: Improving Cognitive and Non-cognitive Skills to Promote Lifetime Success, National Bereau of Economic Research, *NBER Working Paper*, No. 20749, 2014.

[2] 黄超：《家长教养方式的阶层差异及其对子女非认知能力的影响》，《社会》2018年第6期。

[3] Bowles, S. & Gintis, H., *Schooling in Capitalist America: Educational Reform and the Contradictions of Economic Life*, Basic Books, Inc, 1976.

[4] Kassenboehmer, S. C., Leung, F. & Schurer, S., "University Education and Non-cognitive Skill Development", *Oxford Economic Papers*, Vol. 70, No. 2, 2018.

响，而且非认知能力对大学成绩和大学坚持的预测能力高于包括社会经济地位、标准化成绩和高中成绩在内的常规指标。[1] 基于大五人格的研究发现，大五人格特质的组合可以解释14%的平均成绩差异。[2] 在塑造教育成果方面，有些特质比其他特质更重要，比如尽责性作为大五人格特征之一，经常被认为是一种最重要的特质，[3] 对大学的学业成绩都有很高的预测力，[4] 甚至有研究发现在预测平均成绩方面，尽责性比智力更有力。[5] 这可能与尽责性带来的高学习投入有关，比如Delaney等人（2013）发现，尽责性可以预测本科生的学习行为，包括课堂出勤率和额外学习时间。[6] 除了大五人格外，研究者常采用的非认知能力指标，还有自尊、自我效能感、韧性、毅力等。

自尊是指个体对自己价值的主观评价。经济学研究中常将自尊作为非认知能力的测量指标，将其视为个体对自身能力的感知。自尊是一种直接影响收入的生产技能，因为能力和努力是相辅相成的，在个人对自身能力高低不确定的前提下，更高的自尊会带来更高的努力和收入。[7] 一

---

[1] Robbins, S. B., Lauver, K., Le, H., Davis, D., Langley, R. & Carlstrom, A., "Do Psychosocial and Study Skill Factors Predict College Outcomes? A Meta-analysis", *Psychological Bulletin*, Vol. 130, No. 2, 2004.

[2] Komarraju, M., Karau, S. J., Schmeck, R. R. & Avdic, A., "The Big Five Personality Traits, Learning Styles, and Academic Achievement", *Personality and Individual Differences*, Vol. 51, No. 4, 2011.

[3] Roberts, B. W., Lejuez, C., Krueger, R. F., Richards, J. M. & Hill, P. L., "What is Conscientiousness and how can it be Assessed?", *Developmental Psychology*, Vol. 50, No. 5, 2014.

[4] Trapmann, S., Hell, B., Hirn, J. O. W. & Schuler, H., "Meta-analysis of the Relationship Between the Big Five and Academic Success at University", *Journal of Psychology*, Vol. 215, No. 2, 2007.

[5] Chamorro-Premuzic, T., & Furnham, A., "Personality Predicts Academic Performance: Evidence from Two Longitudinal University Samples", *Journal of Research in Personality*, Vol. 37, No. 4, 2003. Kappe, R. & Van Der Flier, H., "Predicting Academic Success in Higher Education: What's More Important than Being Smart?", *European Journal of Psychology of Education*, Vol. 27, 2012.

[6] Delaney, L., Harmon, C. & Ryan, M., "The Role of Noncognitive Traits in Undergraduate Study Behaviours", *Economics of Education Review*, Vol. 32, 2013.

[7] Bénabou, R. & Tirole, J., "Self-confidence and Personal Motivation", *The Quarterly Journal of Economics*, Vol. 117, No. 3, 2002.

些实证研究发现，即使在控制了认知测验分数和人口统计学特征后，自尊也会对个体工资收入产生积极影响。① 自尊也是学生心理健康和大学适应性的重要预测因子，Aspelmeier 等人（2012）发现，家庭第一代大学生有较低的自尊，而且这会影响他们对大学环境的适应。② 不过也有研究发现，家庭第一代大学生与非一代大学生之间的自尊水平差异不显著。③

自我效能感是指"一个人相信自己有能力组织和实施行动，以产生预期的成就和结果"④。学业自我效能感是对一个人在学业上表现良好并对学业挑战做出有效反应的能力的信念。⑤ 现有文献已经证明了学业自我效能、学业自我概念和大学学业成绩之间的联系。⑥ 学业自我效能不仅能预测家庭第一代和非一代大学生的学业成绩，⑦ 还可以预测学生的大学学业完成情况，尤其是大学第一年的坚持意愿。⑧ Adamecz 等人

---

① Goldsmith, A. H., Veum, J. R. & Darity Jr, W., "The Impact of Psychological and Human Capital on Wages", *Economic Inquiry*, Vol. 35, No. 4, 1997.

② Aspelmeier, J. E., Love, M. M., McGill, L. A., Elliott, A. N. & Pierce, T. W., "Self-esteem, Locus of Control, College Adjustment, and GPA Among First-and Continuing-generation Students: A Moderator Model of Generational Status", *Research in Higher Education*, Vol. 53, 2012.

③ Wang, C. C. D. & Castañeda-Sound, C., "The Role of Generational Status, Self-esteem, Academic Self-efficacy, and Perceived Social Support in College Student's Psychological Well-being", *Journal of College Counseling*, Vol. 11, No. 2, 2008.

④ Bandura, A. & Wessels, S., *Self-efficacy*, Cambridge: Cambridge University Press, 1997.

⑤ Chemers, M. M., Hu, L. T. & Garcia, B. F., "Academic Self-efficacy and First Year College Student Performance and Adjustment", *Journal of Educational Psychology*, Vol. 93, No. 1, 2001.

⑥ Drago, A., Rheinheimer, D. C. & Detweiler, T. N., "Effects of Locus of Control, Academic Self-efficacy, and Tutoring on Academic Performance", *Journal of College Student Retention: Research, Theory & Practice*, Vol. 19, No. 4, 2018. Hansen, K. & Henderson, M., "Does Academic Self-concept Drive Academic Achievement?", *Oxford Review of Education*, Vol. 45, No. 5, 2019.

⑦ Krumrei-Mancuso, E. J., Newton, F. B., Kim, E. & Wilcox, D., "Psychosocial Factors Predicting First-year College Student Success", *Journal of College Student Development*, Vol. 54, No. 3, 2013.

⑧ Thompson, K. V. & Verdino, J., "An Exploratory Study of Self-efficacy in Community College Students", *Community College Journal of Research and Practice*, Vol. 43, No. 6, 2019. Baier, S. T., Markman, B. S. & Pernice-Duca, F. M., "Intent to Persist in College Freshmen: The Role of Self-efficacy and Mentorship", *Journal of College Student Development*, Vol. 57, No. 5, 2016.

（2024）的研究结果表明，非认知能力，尤其是学业自我概念，是代际教育流动的重要促进因素，并建议如果社会和大学想要改善其大学群体的多样性，促进代际教育流动，那么应该优先考虑针对这些关键技能发展的干预措施，尤其在大学申请和关键入学考试之前。①

家庭第一代大学生可以从更多的自我效能中受益，因为自我效能感增强了其动力和自主性，帮助他们取得完成大学学业所需的成绩，增加坚持到毕业的机会。遗憾的是，家庭第一代大学生的自我效能感普遍低于非一代大学生。比如 Wang 和 Castañeda-Sound（2008）基于一所大型公立大学学生数据研究了自我效能等非学术因素对他们学习成绩的影响，在控制了种族和族裔的影响后发现，家庭第一代大学生的学业自我效能感得分明显低于非一代大学生。② 早前研究发现高自我效能感会带来更好的大学适应性，但他们同样发现，家庭第一代大学生的自我效能感显著低于非一代大学生。③ 当然，也有研究发现，与非一代大学生相比，家庭第一代大学生比非一代大学生具有更高的自我效能感，而且在学业上表现同样出色。④

韧性被定义为增强个体适应能力的积极性格特征，⑤ 或是成功应对日常生活中的压力。⑥ Smith 等人（2008）则将韧性定义为"从压力中

---

① Adamecz, A., Henderson, M. & Shure, N., "Intergenerational Educational Mobility-The Role of Non-cognitive Skills", *Education Economics*, Vol. 32, No. 1, 2024.

② Wang, C. C. D. & Castañeda-Sound, C., "The Role of Generational Status, Self-esteem, Academic Self-efficacy, and Perceived Social Support in College Student's Psychological Well-being", *Journal of College Counseling*, Vol. 57, No. 2, 2008.

③ Ramos-Sánchez, L. & Nichols, L., "Self-efficacy of First-generation and Non-first-generation College Students: The Relationship with Academic Performance and College Adjustment", *Journal of College Counseling*, Vol. 10, No. 1, 2007.

④ Rodriguez, R. R., Self-Efficacy and Academic Performance in First-Generation College Students, Grand Canyon University Dissertations, 2023.

⑤ Ahern, N. R., Kiehl, E. M., Lou Sole, M. & Byers, J., "A Review of Instruments Measuring Resilience", *Lssues in Comprehensive Pediatric Nursing*, Vol. 29, No. 2, 2006.

⑥ Wolchik, S. A. & Sandler, I. N., *Handbook of Children's Coping: Linking Theory and Intervention*, Plenum Press, 1997.

反弹或恢复的能力"[1]。可见，韧性本质上是一种心理资本，可以帮助弱势群体在困难中获得积极结果。韧性重点关注的是个体如何应对压力、挑战和挫折。当应用到教育中，韧性描述的是学生的一种品质，无论面临何种经济、文化、家庭或其他社会障碍，他们仍然取得很大成功。[2] 有研究者认为，教育者的一个重要任务就是要探寻挖掘和培养学生的教育韧性的方法，以促进他们的成功。[3]

家庭第一代大学生是研究心理韧性的理想人群。[4] 来自不利家庭背景的大学生，包括许多家庭第一代大学生在进入大学之前，通常已经在其不利生长环境中培养了强大的技能、抱负、与经验相关的能力、策略和韧性，可以帮助他们在具有挑战性的大学环境中克服挑战和逆境并取得成功。Alvarado 等人（2017）分析了家庭第一代大学生和非一代大学生的韧性和情商差异，认为家庭第一代大学生的情商水平较低，但他们的韧性水平明显高于非一代大学生；虽然韧性确实有助于学业成功，但与 GPA 没有显著关系，这可能是因为家庭第一代大学生发现了如何防止他们的生活逆境影响他们的学习成绩的方式。[5] 国内研究者孙冉和梁文艳（2021）认为经历层层教育选拔的家庭第一代大学生，其自身已经具备了独立性、抗逆力和环境适应性等精神品质。[6]

---

[1] Smith, B. W., Dalen, J., Wiggins, K., Tooley, E., Christopher, P. & Bernard, J., "The Brief Resilience Scale: Assessing the Ability to Bounce Back", *International Journal of Behavioral Medicine*, Vol. 15, No. 3, 2008.

[2] Cabrera, N. L. & Padilla, A. M., "Entering and Succeeding in the 'Culture of College': The Story of Two Mexican Heritage Students", *Hispanic Journal of Behavioral Sciences*, Vol. 26, No. 2, 2004.

[3] Cassidy, S., "Resilience Building in Students: The Role of Academic Self-efficacy", *Frontiers in Psychology*, Vol. 6, 2015.

[4] Benson, A. C. G., An Exploration of Factors Influencing First-Generation College Student's Ability to Graduate College: A Delphi Study, Antioch University Dissertation, 2020.

[5] Alvarado, A., Spatariu, A. & Woodbury, C., "Resilience & Emotional Intelligence Between First Generation College Students and Non-first Generation College Students", *FOCUS on Colleges, Universities and Schools*, Vol. 11, No. 1, 2017.

[6] 孙冉、梁文艳：《第一代大学生身份是否会阻碍学生的生涯发展——基于首都大学生成长追踪调查的实证研究》，《中国高教研究》2021 年第 5 期。

毅力被定义为"对需要数月甚至更长时间才能完成的项目保持努力和兴趣的能力"[①]。Duckworth等人（2007）发现，毅力平均可解释成功结果差异的4%，包括两个成年人样本的受教育程度、常春藤盟校本科生的平均绩点、西点军校两个班学员的留校率以及全国拼字比赛的排名，而且它与智商并没有正相关，但与大五人格中的责任心高度相关，同时，它对成功指标的预测效度却高于智商和责任心。[②] 当然，也有研究发现毅力与家庭第一代大学生的GPA没有关系。[③]

二 非认知能力的劳动力市场回报

非认知能力的劳动力市场价值被广泛证实，其中Heckman等人（2013）关于佩里学前计划（Perry Preschool Program，PPP）对收入和就业影响的因果推断研究产生了很大的影响。该项目于20世纪60年代早期在密歇根州伊普西兰蒂市实施，为随机选择的12组3—4岁的低智商和低收入黑人儿童提供了两年的优质学前教育。研究发现，PPP对月收入（27岁时测量）和就业（40岁时测量）的长期影响中，20%以上可归因于受治疗组的非认知能力改善；尽管最终不可能排除PPP的长期影响来自其他渠道，如改善父母关系或社交网络（两者都可能与非认知能力相关），但是，PPP的全部证据有力地支持非认知能力与劳动力市场结果之间的因果关系。[④]

许多研究表明个体的非认知能力，包括同理心、注意力、想象力、

[①] Duckworth, A. L. & Quinn, P. D., "Development and Validation of the Short Grit Scale (GRIT-S)", *Journal of Personality Assessment*, Vol. 91, No. 2, 2009.

[②] Duckworth, A. L., Peterson, C., Matthews, M. D. & Kelly, D. R., "Grit: Perseverance and Passion for Long-term Goals", *Journal of Personality and Social Psychology*, Vol. 92, No. 6, 2007.

[③] Gordon, K., The Relationship Between Non-cognitive Skills and The Academic Achievement of African American Males in Community Colleges, Kansas State University Dissertation, 2021.

[④] Heckman, J., Pinto, R. & Savelyev, P., "Understanding the Mechanisms Through which an Influential Early Childhood Program Boosted Adult Outcomes", *American Economic Review*, Vol. 103, No. 6, 2013.

社交技能和开放性等,可能在广泛的个体经济结果中发挥重要作用。[1] 比如,Heckman 等人(2006)研究已发现,在预测男性学生能否获得学士学位时,其非认知能力与认知能力同样重要,在这项研究中,非认知能力测量包括个人对自己生活的控制程度(控制点)和自我报告的自尊水平。[2] 早期研究 Andrisani 和 Nestel (1976) 以及 Andrisani(1977)都发现,在教育程度不变的情况下,更高水平的内部控制点与更高的工资和年收入、更高的职业成就和更高的工作满意度相关。[3] Edwards (1976) 分析了 455 名(大多数是政府)工人的样本数据,结果支持了 Bowles 和 Gintis (1976) 提出的假设,即雇主奖励某些属性,如遵守规则的意愿、可靠性和企业价值观的内在化,通过对每个工人在这三个维度上的同行评分发现,这些非认知能力中的每一项都与较高的工资相关。[4] 国内学者程虹和李唐(2017)研究也发现,开放性人格特征对于工资收入的促进效应均显著,而以员工冒险精神、风险偏好指数作为开放性人格特征的替代变量也得到了相似的估计结果。[5] 当然,也有研究认为非认知能力对工资收入没有直接影响。[6]

---

[1] Akay, A. & Yilmaz, L., "Non-cognitive Skills and Labour Market Performance of Immigrants", *Plos one*, Vol. 18, No. 5, 2023. Almlund, M., Duckworth, A. L., Heckman, J. & Kautz, T., "Personality Psychology and Economics", *Handbook of the Economics of Education*, Vol. 4, 2011.

[2] Heckman, J. J., Stixrud, J. & Urzua, S., "The Effects of Cognitive and Noncognitive Abilities on Labor Market Outcomes and Social Behavior", *Journal of Labor Economics*, Vol. 24, No. 3, 2006.

[3] Andrisani, P. J. & Nestel, G., "Internal-external Control as Contributor to and Outcome of Work Experience", *Journal of Applied Psychology*, Vol. 61, No. 2, 1976. Andrisani, P. J., "Internal-external Attitudes, Personal Initiative, and the Labor Market Experience of Black and White Men", *Journal of Human Resources*, Vol. 12, No. 3, 1977.

[4] Edwards, R. C., "Individual Traits and Organizational Incentives: What Makes a 'Good' Worker?", *Journal of Human Resources*, Vol. 11, No. 1, 1976.

[5] 程虹、李唐:《人格特征对于劳动力工资的影响效应——基于中国企业—员工匹配调查(CEES)的实证研究》,《经济研究》2017 年第 2 期。

[6] Blanden, J., Gregg, P. & Macmillan, L., "Accounting for Intergenerational Income Persistence: Noncognitive Skills, Ability and Education", *The Economic Journal*, Vol. 117, 2007.

在决定就业结果方面，非认知能力甚至比认知能力更重要。比如，Lindqvist 和 Vesman（2011）使用瑞典军事登记处超过 14000 名男性应征者的认知能力和非认知能力的评估数据分析发现，认知能力（非认知能力）增加一个标准差，大约工资增长 5%（8%）、失业可能性降低 2%（3%）以及年收入增长 10%（11%），因此，这两种能力对劳动力市场成功的所有三个维度都很重要。值得注意的是，在收入分布的第 10 个百分位，非认知能力增加一个标准差与年收入增加几乎 40% 有关，而认知能力在这个水平上的增加仅与收入增加 11% 有关，其中一个原因是，非认知能力较弱的男性比认知能力较弱的男性更容易失业，而且一旦失业，非认知能力较弱的男性会经历更长的失业期。

越来越多证据表明非认知能力随着时间推移在劳动力市场上变得越来越重要。Deming（2017）研究了 1980—2012 年美国劳动力市场中社会技能的重要性如何变化，结果发现，需要高水平社交的工作在美国劳动力中所占比例增加了 12 个百分点，而数学密集型和需要低水平社交的就业则减少了 3.3 个百分点，而且在 2000 年之后，社交技能的回报率显著提高。[1] Edin 等人（2022）对瑞典的研究发现，从 1992 年到 2013 年，中年男性在劳动力市场的非认知能力回报率增加了 6—7 个百分点，而认知能力的回报率同期下降了 1—2 个百分点。[2] 同时，有研究认为在未来人工智能时代，那些需要人际交往技能的工作最不可能被软件取代，也是最不可能被人工智能技术取代的工作之一。[3] 对此，Autor（2014）提出了非认知能力在自动化时代相对更有价值的原因，他认为，由于计算机技术主要完成由显性规则控制的算法过程，因此技术替代是有范围限制

---

[1] Deming, D. J., "The Growing Importance of Social Skills in the Labor Market", *The Quarterly Journal of Economics*, Vol. 132, No. 4, 2017.

[2] Edin, P. A., Fredriksson, P., Nybom, M. & Öckert, B., "The Rising Return to Noncognitive Skill", *American Economic Journal: Applied Economics*, Vol. 14, No. 2, 2022.

[3] Webb, M., "The Impact of Artificial Intelligence on the Labor Market", Available at *SSRN 3482150*, 2019.

的，然而人类拥有许多几乎无法描述的能力，这些能力只能默会，无法编码，这限制了计算机技术替代人力的程度，这种可替代性约束被研究者称为"波兰尼悖论"，即"我们知道的比我们能说的更多"，需要注意的是，显性技能（如编码、计算和统计）往往是认知能力，而隐性技能或默会能力（如创造力、情商和社交技能）往往是非认知能力。[1]

三 非认知能力的调节作用

在预测地位获得方面，社会经济地位和能力可能相互补充或替代。[2] 根据资源替代假设（resource substitution hypothesis），低社会经济地位学生可能通过依赖高非认知能力或认知能力来克服其背景劣势，而能力可能对高社会经济地位学生的地位获得预测力较弱，因为他们可以用高资源来替代。具体地说，一方面，有研究发现，与高社会经济地位学生相比，认知能力，比如GPA[3]和数学、言语和空间能力测试[4]更能预测低社会经济地位学生的教育和地位获得。比如Damian等人（2015）在控制认知能力（数学、言语和空间能力得分）后发现，父母社会经济地位和非认知能力之间的交互作用变得微不足道，但和认知能力之间仍保持稳定，因此，在低社会经济地位个体中，认知能力比非认知能力更能弥补社会经济资源的不足。类似的，Hsin和Xie（2012）也

---

[1] Autor, D., "Polanyi's Paradox and the Shape of Employment Growth", Technical Report, National Bureau of Economic Research Cambridge, 2014.

[2] Damian, R. I., Su, R., Shanahan, M., Trautwein, U. & Roberts, B. W., "Can Personality Traits and Intelligence Compensate for Background Disadvantage? Predicting Status Attainment in Adulthood", *Journal of Personality and Social Psychology*, Vol. 109, No. 3, 2015.

[3] Holm, A., Hjorth-Trolle, A. & Jager, M. M., "Signals, Educational Decision-making, and Inequality", *European Sociological Review*, Vol. 35, No. 4, 2019. Bernardi, F. & Triventi, M., "Compensatory Advantage in Educational Transitions: Trivial or Substantial? A Simulated Scenario Analysis", *Acta Sociologica*, Vol. 63, No. 1, 2020.

[4] Damian, R. I., Su, R., Shanahan, M., Trautwein, U. & Roberts, B. W., "Can Personality Traits and Intelligence Compensate for Background Disadvantage? Predicting Status Attainment in Adulthood", *Journal of Personality and Social Psychology*, Vol. 109, No. 3, 2015.

认为认知能力比非认知能力更能中介家庭社会经济地位对子女未来成就的影响,这既是因为非认知能力对未来成就的预测能力较弱,也是因为它们较少受到家庭社会经济地位的影响,但同时也认为,非认知能力的中介作用随着时间的推移而增长,因为家庭社会经济地位对非认知能力的影响在孩子的一生中显著增加。①

类似地,补偿优势假说(compensatory advantage hypothesis)也预测,学术技能对高社会经济地位学生的教育成就的预测能力较弱,② 教育转换(如升学)的家庭背景差异在低认知能力群体中更明显。补偿优势是不平等的一般机制,认为与不利阶层出身的个体相比,特权背景出身个体的人生轨迹较少依赖于先前的负面结果或某些不利的特质或事件。在低表现学生中,不同家庭背景出身的学生在获得上大学机会上的不平等现象不成比例地存在,③ 一种解释是,富裕家庭因害怕社会降级,会避免让子女向下流动,特别有动机调动他们的广泛资源,以防止他们的孩子跌落社会阶梯,这也是理性行动理论的基本观点;④ 另一种解释是高家庭社会经济地位出身的学生特别能够通过高(回报)非认知能力替代低认知能力——技能替代假设(skill substitution hypothesis),从而表明他们在教育中取得进步的决心。⑤

另一方面,也有研究认为,与高社会经济地位学生相比,非认知能

---

① Hsin, A. & Xie, Y., Hard Skills, Soft Skills: The Relative Roles of Cognitive and Non-cognitive Skills in Intergenerational Social Mobility, Report 12-775, Population Studies Center, 2012.

② Bernardi, F. & Cebolla-Boado, H., "Previous School Results and Social Background: Compensation and Imperfect Information in Educational Transitions", European Sociological Review, Vol. 30, No. 2, 2014.

③ Bernardi, F. & Triventi, M., "Compensatory Advantage in Educational Transitions: Trivial or Substantial? A Simulated Scenario Analysis", Acta Sociológica, Vol. 63, No. 1, 2020.

④ Breen, R. & Goldthorpe, J. H., "Explaining Educational Differentials: Towards a Formal Rational Action Theory", Rationality and Society, Vol. 9, No. 3, 1997.

⑤ Gil-Hernández, C. J., "The (unequal) Interplay Between Cognitive and Noncognitive Skills in Early Educational Attainment", American Behavioral Scientist, Vol. 65, No. 11, 2021.

力，如自我控制和人际交往技能的方法、[①] 雄心、毅力和纪律、[②] 大五人格，[③] 更能预测低社会经济地位学生的教育和地位获得。比如，Shanahan 等人（2014）研究发现，低社会经济地位个体的非认知技能低于高社会经济地位个体，但前者通过人格特质（即尽责、随和、情绪稳定和开放性）的更高回报来替代他们在教育、工资和职业方面的资源匮乏。Esping-Andersen 和 Cimentada（2018）发现，社会技能（成就导向和主动性）对社会地位低下的儿子向上流动起着重要作用，强大的社交能力对他们来说确实是一种补偿，使其获得显著的向上流动红利。Edwards 等人（2021）研究了澳大利亚一所大学 1000 多名新生非认知能力在大学准备和家庭第一代大学生表现中的作用后发现，非认知能力（尽责性、外向性）对学习成绩的预测很强，低尽责性与家庭第一代大学生和非一代大学生的 GPA 较低有关，但家庭第一代大学生从低尽责性中受到的惩罚要大得多，换句话说，高水平的尽责性弥补了社会出身造成的学术惩罚，虽然也为非一代大学生带来了高 GPA 回报。[④] Adamecz 等人（2024）分析了英国潜在"家庭第一代"学生能否成为家庭第一代大学生的原因，结果发现，以早期教育成就为条件，拥有更高的非认知技能，特别是控制点、学业自我概念、职业道德和自尊，有助于潜在的家庭第一代大学生弥补其相对劣势，并在上大学方面击败对手，而这些技能对男孩尤为重要，非认知能力对大学参与的重要性高于早期教育水平以及个人特征和社会背景的各种衡量标准，凸显了非认知能力在促进代际教育流动方

[①] Liu, A., "Can Non-cognitive Skills Compensate for Background Disadvantage? The Moderation of Non-cognitive Skills on Family Socioeconomic Status and Achievement During Early Childhood and Early Adolescence", *Social Science Research*, Vol. 83, 2019.

[②] Esping-Andersen, G. & Cimentada, J., "Ability and Mobility: The Relative Influence of Skills and Social Origin on Social Mobility", *Social Science Research*, Vol. 75, 2018.

[③] Shanahan, M., Bauldry, S., Roberts, B. W., Macmillan, R. & Russo, R, "Personality and the Reproduction of Social Class", *Social Forces*, Vol. 93, No. 1, 2014.

[④] Edwards, R., Gibson, R., Harmon, C. & Schurer, S., "First-in-their-family Students at University: Can Non-cognitive Skills Compensate for Social Origin?", Working Paper 2021-015, The University of Chicago, 2021.

面的重要作用。① 根据许多多（2017）对北京54所公立大学2000名毕业生的就业数据的分析，大学毕业生的就业差异主要由内隐人格特质造成，非认知能力是决定毕业生在劳动力市场上竞争力和收入的更重要因素，而非家庭背景，因此，非认知能力可以帮助处境不利的学生克服家庭出身的劣势，从而缩小他们与来自富裕家庭背景的同龄人在个人能力和职业成果方面的差距，促进其社会流动。②

第五节 研究设计

为了解我国高校家庭第一代大学生的学业和就业现状，研究者对包括家庭第一代大学生在内的国内高校本科毕业生群体开展了问卷调查和访谈，拟通过实证研究的方式探究现状，分析机制，并提出对策。本节主要介绍定量研究的数据来源、变量选择和计量模型。

一 数据来源

本书数据来源于全国大学生发展与就业调查课题组于2022年7—8月对全国高校本科应届毕业生开展的问卷调查。本调查基于我国高等学校的地区结构和学校类型结构进行分层抽样，涵盖了我国东中西部地区22个省份的38所高等学校。具体而言，样本包括6所原"985"高校、7所原"211"高校、25所普通本科院校。每所高校根据毕业生所在学科按比例发放问卷。调查共发放问卷13000份，回收问卷11013份，其中有效问卷10990份，从毕业生的学科结构来看具有较好的代表性。

二 变量选择

问卷调查内容涵盖了大学生的基本信息、接受高等教育情况和就业

---

① Adamecz, A., Henderson, M. & Shure, N., "Intergenerational Educational Mobility The Role of Non-cognitive Skills", *Education Economics*, Vol. 32, No. 1, 2024.
② 许多多：《大学如何改变寒门学子命运：家庭贫困、非认知能力和初职收入》，《社会》2017年第4期。

情况。按照学生发展的投入产出关系,研究变量被划分为结果变量、过程变量和背景变量。具体地说,结果变量包括就业和学业两个层面,就业层面变量包括毕业生的毕业去向、毕业意向、起薪、工作满意度、就业地、就业单位性质、就业岗位类型、就业行业和学用相对匹配等;学业层面变量包括学习成绩班内排名、获得过奖学金、大五人格得分、自尊感得分和韧性得分等。分析时将大五人格、自尊和韧性作为非认知能力的测量变量,其中大五人格使用 Gosling 等人(2003)简明大五人格量表测量,共 10 个题项;[1] 自尊是指个体对自己价值的主观评价,使用 Rosenberg(1965)自尊量表测量,共 10 个题项;[2] 韧性是指从压力中反弹或恢复的能力,使用 Smith 等人(2008)简明韧性量表测量,共 6 个题项,并根据试测情况,删掉 1 个题项。[3] 这三个变量得分均为所含各题项得分之和。

过程变量包括学校选拔性、专业领域、学习投入、同伴互动、生师互动、拓展性学习活动参与、研究性相关活动参与、社会实践类活动参与、是否担任学生干部、是否中共党员、学校归属感和家庭成就内疚感等。家庭成就内疚感是指当个体比家庭成员受教育程度更高时的内疚感,许多家庭第一代大学生在为自己的学业成绩感到自豪与因自己的缺席对家庭的影响感到内疚之间存在矛盾,这种经历会使得学生抑郁程度提高,自尊感降低。[4] 借鉴 Covarrubias 等人(2020)研究,这里测量指标包括三个维度六个题项,比如"无法帮助家庭"包括"当不能帮家

---

[1] Gosling S. D., Rentfrow P. J. & Swann Jr W. B., "A Very Brief Measure of the Big-Five Personality Domains", *Journal of Research in Personality*, Vol. 37, No. 6, 2003.

[2] Rosenberg M., "Rosenberg Self-esteem Scale (RSE): Acceptance and Commitment Therapy", *Measures Package*, Vol. 61, 1965.

[3] Smith, B. W., Dalen, J., Wiggins, K., Tooley, E., Christopher, P. & Bernard, J., "The Brief Resilience Scale: Assessing the Ability to Bounce Back", *International Journal of Behavioral Medicine*, Vol. 15, No. 3, 2008.

[4] Covarrubias, R. & Fryberg, S. A., "Movin' on up (to College): First-generation College Students' Experiences with Family Achievement Guilt", *Cultural Diversity and Ethnic Minority Psychology*, Vol. 21, No. 3, 2015.

里应对困难时，我感到难过"等两个题项，"享有特权"包括"自己在大学里过得很好，而家人却很辛苦，让我感到不舒服"等两个题项，"经受家庭压力"包括"我担心自己不能实现家人期望，在大学取得成功"等两个题项。①

背景变量包括是否为家庭第一代大学生、家庭年收入、父亲职业类型、母亲职业类型、家庭社会关系、家庭藏书量、性别、是否为独生子女、户口类型、高中学习成绩班内排名和高中是否担任过学生干部等。家庭第一代大学生是指父母双方都没有接受过大专及以上教育的大学生。

表2-1　　　　　　　　　　研究变量表

变量名称	测量说明
结果变量：就业层面	
毕业去向	分为已确定单位、国内读研、国外读研、其他出国/出境、灵活就业（包括自由职业等）、自主创业、待就业、不就业拟继续考研、其他暂不就业，分析时合并为单位就业（已确定单位；参照组）、灵活就业（包括自主创业、自由职业等）、继续深造（国内读研和国外读研）和未落实（待就业、不就业拟继续考研，其他暂不就业）四类
是否成功就业	包括成功就业（已确定单位、灵活就业（包括自由职业等）、自主创业）和待就业（参照组）两类
是否成功升学	包括成功升学（国内读研、国外读研）和不就业拟继续考研（参照组）两类
是否打算升学	调查问卷询问了毕业生打算获得的最高学历，包括本科、硕士和博士研究生，分析时将后两项视为打算升学群体
起薪	问卷询问了被访者所找到工作的平均税前月收入，分析时取对数
工作满意度	分为很满意、比较满意、一般、比较不满意、很不满意五类；分析时前两项合并为相对满意，后三项合并为相对不满意（参照组）
就业地	分为直辖市或省会城市、地级市、县级市或县城、乡镇农村，分析时作适当合并处理
就业单位性质	分为政府机关及其事业单位（参照组）、国有企业、私营企业（包括民营、个体等）、三资企业、其他企业、科研单位或高校、中小学校、医疗卫生单位、参军、自主创业、自由职业或其他灵活就业、其他

---

① Covarrubias, R., Landa, I. & Gallimore, R., "Developing a Family Achievement Guilt Scale Grounded in First-generation College Student Voices", Personality and Social Psychology Bulletin, Vol. 46, No. 11, 2020.

续表

变量名称	测量说明
就业岗位类型	包括国家机关/党群组织/事业单位管理人员（参照组）、企业管理人员、专业技术人员、办事人员和有关人员、商业和服务人员、农林牧渔水利业生产人员、生产/运输设备操作人员及有关人员、军人、其他
就业行业	包括农林牧渔业、金融业、采矿业、公共管理与社会组织、水利环境公共设施管理业、建筑业、房地产业、电力煤气和水的生产和供应业、信息传输计算机服务软件业、教育（参照组）、卫生社会保障与福利、文化体育和娱乐业、科学研究技术服务地质勘查、住宿餐饮、制造业、批发零售业、交通运输仓储和邮政、租赁和商务服务业、居民服务
学用相对匹配	包括非常低、有点低、一般、比较高和非常高五类，分析时将前三项合并为学用相对不匹配（参照组），后两项合并为学用相对匹配
结果变量：学业层面	
学习成绩班内排名	分前5%、前5%—20%、中间20%—50%、后50%（参照组）
获得过奖学金	问卷问了被调查者大学期间是否获得过奖学金，以未获得过奖学金为参照组
大五人格得分	包括外向性、宜人性、尽责性、情绪稳定性、开放性；问卷询问了被访者对如下个人特征的描绘，"我认为自己是_____人"，其中外向性包括"外向的，精力充沛"和"内向的，安静的"；宜人性包括"招人喜爱的，友善的"和"爱批评人的，爱争吵的"；尽责性包括"可信赖的，自律的"和"条理性差的，粗心的"；情绪稳定性包括"冷静的，情绪稳定的"和"忧虑的，易心烦的"；开放性包括"易接受新事物，常有新想法的"和"遵循常规的，不爱创新的"；分为非常不同意、不同意、有点不同意、有点同意、同意和非常同意六类，分析时按连续变量处理
自尊感得分	包括"我认为自己是个有价值的人，至少与别人不相上下""我觉得我有许多优点""总的来说，我倾向于认为自己是一个失败者""我能像大多数人一样把事情做好""我感到自己值得自豪的地方不多""我对自己持肯定态度""整体而言，我对自己是满意的""我希望我能为自己赢得更多尊重""有时我的确感到自己毫无用处""有时我觉得自己一无是处"，分为很不符合、不符合、符合、很符合四类，分析时按连续变量处理
韧性得分	包括"经历困难时期后，我往往很快恢复过来""倒霉事件发生后，我很难重新振作起来""我通常能轻松度过困难时期""我不会因为失败就容易气馁"和"我常常要花很长时间才能克服学习、生活中遇到的挫折"，分为很不符合、不符合、符合、很符合四类，分析时按连续变量处理

第二章 理论基础与研究设计

续表

变量名称	测量说明
过程变量	
学校选拔性	包括原"985"高校、原"211"高校、普通高校（参照组）、民办高校、独立学院，分析时将前两项合并为重点高校，将后两项合并为民办高校/独立学院
专业领域	包括哲学、经济学、法学、教育学、文学、历史学、理学、工学、农学、医学、管理学、军事学和艺术学等十三大学科门类，分析时作适当合并处理
学习投入	问卷调查了被访者大学期间进行如下活动的频率，包括"上课时主动提问或积极参与讨论""在课堂上做汇报""将其他课程所学知识融入讨论"和"去图书馆/自习室学习"，采用四点量表计分，分为从不、不太经常、比较经常和很经常，分析时按连续变量处理
同伴互动	问卷调查了被访者大学期间进行如下活动的频率，包括"帮助同学理解课程内容或资料""课下和同学一起讨论作业/实验"和"结识非本班/专业的同学"，采用四点量表计分，分为从不、不太经常、比较经常和很经常，分析时按连续变量处理
生师互动	问卷调查了被访者大学期间进行如下活动的频率，包括"和任课老师讨论分数或作业""和任课老师讨论自己的职业规划或人生观价值观等问题""和辅导员/班主任讨论自己的职业规划或人生观价值观等问题"和"和任课老师一起参与课程以外的工作（如社团活动、聚餐等）"，采用四点量表计分，分为从不、不太经常、比较经常和很经常，分析时按连续变量处理
拓展性学习活动参与	问卷调查了被访者大学期间是否参加下述活动，包括辅修第二学位、参加国际化活动（如国际项目/比赛/课程/海外短期或长期交流等）、参加课程要求以外的语言学习（如修二外、考雅思/托福），参加计为1，未参加计为0
研究性相关活动参与	问卷调查了被访者大学期间是否参加下述活动，包括向专业学术期刊/学术会议等投稿、参加各类学术、专业、创业或设计竞赛、参与老师的科研课题和项目，参加计为1，未参加计为0
社会实践类活动参与	问卷调查了被访者大学期间是否参加下述活动，包括参加勤工助学活动、实习、社会实践或田野调查，参加计为1，未参加计为0
感知的学校支持	被访者对学校对学生发展提供支持的总体水平的评价，分为非常低、低、有点低、有点高、高和非常高，分析时按连续变量处理 被访者认为学校对学科专业教学（第一课堂）和课外活动（第二、第三课堂，包括学生组织、社团、实习、社会实践等）的重视程度，分为非常不重视、不重视、有点不重视、有点重视、重视和非常重视，分析时按连续变量处理
担任学生干部	包括校级干部、院系级干部、班级干部和未担任过（参照组）四类，分析时将前三项合并为担任学生干部
中共党员	以非中共党员为参照组

续表

变量名称	测量说明
过程变量	
学校归属感	包括"我对学校有一种归属感""如果重新选择,我仍然会选择这所学校",分为非常不同意、不同意、有点不同意、有点同意、同意、非常同意六类,分析时按连续变量处理
家庭成就内疚感	包括无法帮助家庭、享有特权、经受家庭压力三个维度,具体测量指标依次为:无法帮助家庭包括"当不能帮家里应对困难时,我感到难过""想到家人为我上大学做了很多牺牲,我感到不舒服";享有特权包括"想到我的家人(如兄弟姐妹)没有上大学,我感到难过""自己在大学里过得很好,而家人却很辛苦,让我感到不舒服";经受家庭压力,包括"我担心自己不能实现家人期望,在大学取得成功""为了不让家人失望,我不得不做好""我担心无法偿还家人对自己的付出(如长时间工作、教育投入)";分为完全不符合、不符合、有点不符合、有点符合、符合和完全符合六类,分析时按连续变量处理
背景变量	
家庭年收入	分为2万元以下(参照组)、20001—5万元、50001—10万元、100001—20万元和20万元以上五类
父亲职业类型	包括机关/企事业单位中高层管理者、中高级专业技术人员、一般办事人员或初级技术人员、技术工人、个体商户/私营企业主、一般工人或商业服务人员、农民工、农林牧渔业生产人员、其他人员(自由职业者、军人等)、离退休、无业或失业,分析时将前两项合并为管理技术类,其他几项合并为非管理技术类(参照组)
母亲职业类型	包括机关/企事业单位中高层管理者、中高级专业技术人员、一般办事人员或初级技术人员、技术工人、个体商户/私营企业主、一般工人或商业服务人员、农民工、农林牧渔业生产人员、其他人员(自由职业者、军人等)、离退休、无业或失业,分析时将前两项合并为管理技术类,其他几项合并为非管理技术类(参照组)
家庭社会关系	分为很少、较少、一般、广泛和很广泛五类,分析时将前三项合并为非广泛(参照组),后两项合并为广泛
家庭藏书量	分为20本以下(参照组)、20—49本、50—99本、100—299本、300本及以上五类
家庭第一代大学生	以非一代大学生为参照组
男生	以女生为参照组
独生子女	以非独生子女为参照组

续表

背景变量	
非农户口	以农业户口为参照组
高中学校层次	分为全国重点中学、省级重点中学、地市级重点中学、县级重点中学、普通中学、职业学校、其他等，分析时被整合为省级及以上重点中学、地市级重点中学、县级普通中学（参照组）和其他
高中学习成绩班内排名	分为前5%、前5%—20%、中间20%—50%、后50%（参照组）
高中担任过学生干部	分析时以未担任过为参照组

三 计量模型

（一）学业成绩和非认知能力表现影响因素模型

当因变量为连续变量时，回归方程的形式为：

$$Ln(Y) = \alpha + \sum \beta_j X_j + \varepsilon$$

采用普通最小二乘法（OLS）进行回归。以因变量为毕业生的韧性得分为例，解释变量 X_j 为韧性表现的影响因素；系数 β_j 表示解释变量对韧性得分的边际影响，正的系数表示该解释变量对韧性表现有正的影响。ε 是随机扰动项

（二）毕业去向和意向模型

当因变量毕业去向为多分类变量时，采用 Mlogit 模型分析毕业去向的影响因素，具体回归方程形式为：

$$logit(P_{j/1}) = ln\left(\frac{P(Y_i = j | X_i)}{P(Y_i = 1 | X_i)}\right) = \alpha_j + \sum \beta_{jk} X_{ik} + \varepsilon_{ij}$$

其中，因变量表示学生 i 的毕业去向，包括单位就业、灵活就业、继续深造和未落实四类，以单位就业（$j = 1$）作为基准组。X_{ik} 的含义为毕业去向的影响因素；ε_{ij} 是随机扰动项。

当因变量毕业去向或毕业意向为二分变量，采用逻辑斯蒂（Logistic）回归模型。模型如下：

$$ln\left(\frac{P_i}{1-P_i}\right) = \beta_0 + \beta_1 X_1 + \beta_2 X_2 + \beta_3 X_1{}^* X_2 + \beta_4 X_3 + \mu$$

以因变量为是否打算升学为例,其中,P_i 表示毕业生 i 打算升学的概率,$P_i/(1-P_i)$ 是毕业生 i 打算升学与不打算升学两者之间概率的优势比(Odds Ratio),定义为打算升学的机会比率。$\ln(P)$ 为机会比率的对数。各个系数 β_j 表示解释变量对升学意向的边际影响,β_3 表示两个解释变量间的交互作用;β_0 是截距;μ 是随机扰动项。

(三)起薪模型

由于本科生毕业后通常面临直接工作还是继续读研的选择,这一选择过程可能会使得单纯以参加工作的毕业生样本估计起薪回归结果有偏误。比如,家庭第一代大学生可能出于经济压力和家庭责任更有可能毕业后直接参加工作,而更多优秀(比如认知和非认知能力更高)的非一代大学生由于没有这一现实压力而选择继续读研,那么,实际进入劳动力市场的家庭第一代大学生和非一代大学生的能力差距就会变得不明显。为了纠正这一样本选择偏差,本书使用 Heckman 两阶段模型分析毕业生就业起薪的影响因素。具体地说,在建立起薪方程之前,首先建立毕业去向选择方程,估计毕业生选择直接参加工作的概率,具体模型为:

$$I_i^* = Z_i \gamma + \varepsilon_i$$

其中,Z_i 为影响毕业生选择是否直接参加工作的变量;γ 为系数;ε_i 为随机扰动项。如果 $I_i^* > 0$,毕业生选择直接参加工作,否则选择继续深造。相应的起薪方程为:

$$\ln W_{ig} = X_{ig} \beta_g + \mu_{ig}, \text{ 如果 } Z_i \gamma > -\varepsilon_i;$$
$$\ln W_{is} = X_{is} \beta_s + \mu_{is}, \text{ 如果 } Z_i \gamma \leq -\varepsilon_i;$$

其中,$\ln W_i$ 表示起薪的对数,X_i 代表个人特征向量,β 为相应的系数,μ_i 为随机误差项,下标 g、s 分别表示选择工作和选择升学。对含有毕业去向选择的起薪方程进行估计,可以采用两步法:首先估计毕业去向选择方程,以求得选择方差修正项;然后将选择方差修正项代入上述起薪方程,修正可能存在的选择偏差。加入选择偏差修正项后的起薪方程如下：

$$\ln W_{ij} = X_{ij}\beta_j + \sigma_{j\in}\lambda_j + v_{ij}\ ;\ j = g,s, \lambda_g = \frac{\varphi(Z_i\gamma)}{\Phi(Z_i\gamma)}, \lambda_s = \frac{\varphi(Z_i\gamma)}{1-\Phi(Z_i\gamma)}$$

其中，λ_j 为第 j 个毕业去向选择的逆米尔斯比（inverse Mill's ratio），$\sigma_{j\in}$ 为 μ_j 与 $\in$ 的协方差，v_{ij} 是条件均值为 0 的新残差项。

（四）工作满意度模型

考虑到因变量为二分变量，本书采用逻辑斯蒂回归模型。模型如下：

$$ln\left(\frac{P_i}{1-P_i}\right) = \alpha_j + \sum \beta_k X_{ik} + \varepsilon_i$$

其中，P 表示毕业生对工作相对满意的概率，$P_i/(1-P_i)$ 是毕业生 i 对工作相对满意与相对不满意概率的优势比，即工作满意的机会比率。X_{ik} 为影响工作满意度的各类因素，包括家庭背景、认知能力与非认知能力等。ε_{ij} 是随机扰动项。

第三章　家庭第一代大学生的学业表现

家庭第一代大学生的学业表现直接影响着其教育获得和地位获得。虽然经过高考，在刚入学时家庭第一代大学生与同龄人学业表现可能基本相当，但是由于家庭文化资本缺乏等多种因素的影响，家庭第一代大学生可能会经历不同于非一代大学生的大学过程，进而产生不同的学业表现。本章主要分析我国高校家庭第一代大学生的基本情况、学业表现及其影响因素。

第一节　家庭第一代大学生的基本情况

本节主要基于调查数据，介绍家庭第一代大学生的人口统计学特征、学业表现及其所获得的社会支持情况。

一　基本特征

调查样本显示，家庭第一代大学生占比为74.9%，这与清华大学课题组之前的调查发现基本一致，即2011—2018年全国本科高校中家庭第一代大学生比例始终在70%以上。从人口统计学特征来看，与非一代大学生相比，家庭第一代大学生中女生、非独生子女和农业户口的比例都要更高。从家庭背景来看，家庭第一代大学生相比非一代大学生普遍更差，具体地说，家庭第一代大学生更可能来自低收入家庭，父母更可能从事非管理技术类职业，找工作时可利用的家庭社会关系更少。

家庭第一代大学生和非一代大学生在接受高等教育方面存在显著差

异。一方面，从学校选拔性来看，家庭第一代大学生在高选拔性学校（原"985"或原"211"高校）就读的比例更低，而更多在普通高校或民办高校/独立学院；另一方面，从专业领域来看，家庭第一代大学生就读经济学或管理学、教育学或法学专业的比例相对较低，而就读理工农医类学科的比例相对较高。实际上，这种差异在高考志愿填报时就已经存在了，问卷调查了被访者的高考志愿填报情况，结果显示，在非一代大学生群体中，大学和专业均非第一志愿的学生占比20.7%，而这一比例在家庭第一代大学生群体中则为26.7%，这在一定程度上表明，由于父母难以提供高考志愿填报方面的专业指导，家庭第一代大学生在高等教育起点上可能就已经处于不平等状态。

表3-1　　　　　　　　样本描述结果　　　　　　　（单位:%）

	家庭第一代大学生	非一代大学生	卡方检验值（自由度）
男生	46.65	51.92	23.03（1）***
独生子女	29.27	57.17	696.11（1）***
非农户口	27.85	75.94	1993.07（1）***
家庭年收入			
20000元以下	21.24	7.32	
20001—50000元	31.00	12.36	
50001—100000元	27.12	24.35	1513.08（4）***
100001—200000元	16.05	34.46	
200000元以上	4.60	21.52	
父亲职业类型			
管理技术类	9.15	45.11	1796.70（1）***
非管理技术类	90.85	54.89	
母亲职业类型			
管理技术类	5.37	30.87	1293.67（1）***
非管理技术类	86.88	46.20	
家庭社会关系广泛程度			
广泛	7.12	24.45	611.55（1）***
非广泛	92.89	75.55	

续表

	家庭第一代大学生	非一代大学生	卡方检验值（自由度）
学校选拔性			
原"985"和原"211"高校	26.84	46.30	
普通高校	64.03	46.45	362.41（2）***
民办高校或独立学院	9.13	7.25	
专业领域			
文史哲艺术学	11.50	10.84	
经济学管理学	23.25	28.48	
教育学法学	12.46	14.45	57.21（4）***
理学工学	39.24	36.34	
农学医学	13.45	9.75	

注：显著性水平依次为 $^*p<0.1$，$^{**}p<0.05$，$^{***}p<0.01$，下同。

二 学业表现

从学生发展结果性指标来看，无论是认知能力还是非认知能力，家庭第一代大学生都相对落后于非一代大学生，而且达到统计意义上的显著性标准。具体地说，他们的学业成绩相对较差，获得过奖学金的比例更低，大五人格、韧性和自尊感得分都相对较低。

从各项具体能力增值的角度来看，一方面，家庭第一代大学生和非一代大学生在分析与批判思维能力、组织领导能力、口头表达能力、团队合作能力的发展上存在显著差异，家庭第一代大学生这几项能力的增值幅度要显著高于非一代大学生，这可能意味着相比非一代大学生，家庭第一代大学生从高等教育中获益更大；另一方面，在自我控制与管理能力、量化分析能力和问题解决能力的发展方面，两类群体之间不存在显著差异。值得引起注意的是，家庭第一代大学生毕业时的自我控制与管理能力、量化分析能力只是刚刚达到了非一代大学生入校时的水平。

第三章　家庭第一代大学生的学业表现

表3-2　　　　　　　　学生能力发展结果　　　　　　（单位:%）

	家庭第一代大学生	非一代大学生	卡方检验值（自由度）
获得过奖学金（%）	59.67	69.49	84.73（1）***
大五人格	19.37	20.18	-10.84（4153）***
自尊感得分	27.32	28.23	-10.18（4291）***
韧性得分	13.81	14.16	-8.35（4363）***
分析与批判思维能力增值	0.50	0.41	3.95（10988）***
组织领导能力增值	0.55	0.48	3.18（10988）***
口头表达能力增值	0.56	0.47	1.11（10988）***
团队合作能力增值	0.55	0.48	3.48（10988）***
自我控制与管理能力增值	0.34	0.31	1.33（10988）
量化分析能力增值	0.35	0.35	-0.20（10988）
问题解决能力增值	0.57	0.53	1.67（10988）

注：除特别注明外，其余统计值为均值，下同。

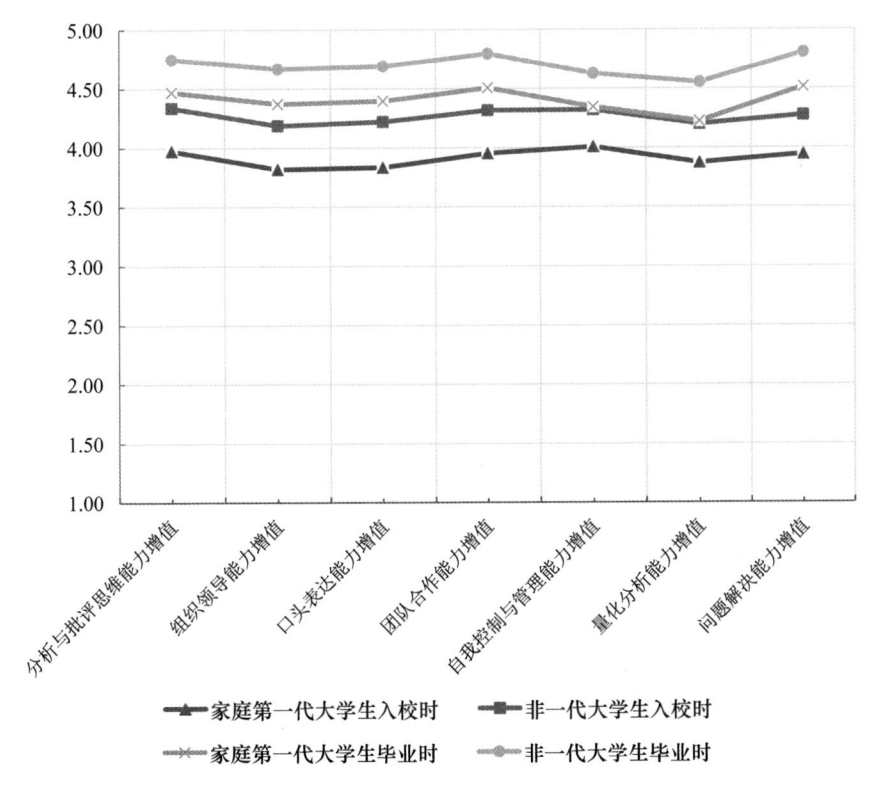

图3-1　学生入学和毕业时的能力表现

本书以户口类型将大学生群体进一步细分为农村第一代大学生（89.9%）、城市第一代大学生（52.2%）、农村非一代大学生（10.1%）和城市非一代大学生（47.8%）四类群体后，分析发现，城市非一代大学生在认知能力和非认知能力上表现最好，最差的是农村第一代大学生；但从各项具体能力的增值角度来看，从接受高等教育中获益最大的是农村第一代大学生。

表3-3　　　　　　　**分城乡群体的学生能力发展结果**

	农村第一代大学生	城市第一代大学生	农村非一代大学生	城市非一代大学生
获得过奖学金（%）	57.76	64.62	68.67	69.75
大五人格	19.31	19.53	19.72	20.33
自尊感得分	27.23	27.58	27.58	28.43
韧性得分	13.78	13.86	13.96	14.22
分析与批评思维能力增值	0.52	0.43	0.34	0.43
组织领导能力增值	0.57	0.51	0.45	0.49
口头表达能力增值	0.60	0.47	0.39	0.50
团队合作能力增值	0.58	0.49	0.39	0.51
自我控制与管理能力增值	0.36	0.28	0.25	0.33
量化分析能力增值	0.37	0.29	0.31	0.37
问题解决能力增值	0.60	0.49	0.44	0.56

从学生发展过程性指标来看，家庭第一代大学生入学或大一期间的大学适应性水平要显著低于非一代大学生；担任过学生干部或具备中共党员政治面貌身份的比例相对更低；学习投入、同伴互动和生师互动水平同样显著低于非一代大学生。在课外活动参与方面，虽然家庭第一代大学生在拓展性学习活动和研究性相关活动参与方面低于非一代大学生，但在参加社会实践类活动方面高于非一代大学生。遗憾的是，更多的社会实践类活动参与对学生发展并不一定是好事，后面的分析也证明了这点。

第三章　家庭第一代大学生的学业表现

表3-4　　　　　　　　　　学生发展的过程性指标

	家庭第一代大学生	非一代大学生	卡方检验值（自由度）
学校适应性	3.99	4.07	-3.80 (4492) ***
担任学生干部（%）	61.52	72.79	114.45 (1) ***
中共党员（%）	35.35	47.50	129.07 (1) ***
学习投入	2.72	2.95	-15.83 (4547) ***
同伴互动	2.80	3.01	-14.83 (10988) ***
生师互动	2.39	2.67	-14.35 (4390) ***
拓展性学习活动	0.35	0.71	-19.88 (3897) ***
研究性相关活动	2.75	3.18	-15.64 (4468) ***
社会实践类活动	0.95	0.82	7.27 (4687) ***

数据表明，城市非一代大学生的学校适应性最好，农村非一代大学生和农村第一代大学生都比较差；在担任学生干部方面，城市非一代大学生优势明显，最差的是农村第一代大学生；非一代大学生中中共党员比例更高，而在家庭第一代大学生中，农村第一代大学生要低于城市第一代大学生。在学习投入、同伴互动和生师互动方面，农村第一代大学生都是表现最差的；这种劣势在拓展性学习活动、研究性学习活动的参与方面表现得更加明显，不过他们在社会实践类活动的参与上是最多的。

表3-5　　　　　　　分城乡群体学生发展的过程性指标

	农村第一代大学生	城市第一代大学生	农村非一代大学生	城市非一代大学生
学校适应性	3.99	4.00	3.95	4.11
担任学生干部（%）	58.84	68.46	70.48	73.52
中共党员（%）	33.63	39.79	48.95	47.04
学习投入	2.67	2.83	2.93	2.95
同伴互动	2.76	2.90	3.00	3.01
生师互动	2.34	2.54	2.71	2.65
拓展性学习活动	0.29	0.51	0.73	0.70
研究性相关活动	2.67	2.94	3.21	3.17
社会实践类活动	1.00	0.82	0.76	0.83

三 社会支持

本书主要从家庭支持和学校支持两个方面考察家庭第一代大学生获得的社会支持情况，其中，家庭支持主要包括经济支持、情感支持、学业支持、校园生活和职业规划指导、志愿填报指导等内容。分析发现，家庭第一代大学生所获得的家庭支持普遍低于非一代大学生，最大的差距体现在学业方面、高考志愿填报方面的指导与帮助；其次是职业规划、校园生活方面的指导与帮助；最后是经济支持和情感支持。值得注意的是，相比非一代大学生，家庭第一代大学生体验了更强的家庭成就内疚感，包括无法帮助家庭、因享有特权带来的负罪感、经受家庭压力等。

从学校支持来看，家庭第一代大学生感知到的所就读学校对学生发展提供支持的总体水平，以及学校对学科专业教学（第一课堂）和课外活动（第二、第三课堂，包括学生组织、社团、实习、社会实践等）的重视程度都要低于非一代大学生。学校归属感在一定程度上也可反映学生对学校支持的评价。结果显示，家庭第一代大学生的学校归属感要显著低于非一代大学生。

表3-6 学生获得的社会支持情况

	家庭第一代大学生	非一代大学生	卡方检验值（自由度）
家庭支持			
学费和住宿费	4.29	4.40	-6.57（5126）***
生活费	4.25	4.34	-5.29（4898）***
家庭情感支持	3.86	4.09	-10.76（4947）***
学业方面的指导与帮助	3.11	3.61	-18.73（10988）***
校园生活方面（社团参与、人际关系等）的指导与帮助	3.41	3.75	-14.39（4965）***
职业规划方面的指导与帮助	3.37	3.80	-18.83（5104）***
高考志愿填报时的大学和专业选择	3.51	4.00	-22.32（5354）***
家庭成就内疚感	4.21	4.10	4.00（4098）***

续表

	家庭第一代大学生	非一代大学生	卡方检验值（自由度）
无法帮助家庭	4.34	4.25	3.00 (4104)***
享有特权	3.88	3.69	5.51 (4168)***
经受家庭压力	4.35	4.28	2.34 (4162)***
感知学校支持	3.93	4.17	-9.60 (4600)***
学校对专业教学重视程度	4.86	5.04	-7.90 (4810)***
学校对课外活动重视程度	4.56	4.71	-6.13 (10988)***
学校归属感	4.57	4.80	-9.43 (10988)***

进一步分析发现，农村第一代大学生获得的家庭支持普遍较低，不仅远低于城市非一代大学生，甚至几乎所有指标也要低于城市第一代大学生，同时，他们相比其他两类群体经历了更高的家庭成就内疚感，感知到的学校支持和学校归属感也最低。

表3-7　　分城乡群体学生获得的社会支持情况

	农村第一代大学生	城市第一代大学生	农村非一代大学生	城市非一代大学生
家庭支持				
学费和住宿费	4.25	4.25	4.20	4.38
生活费	3.82	3.97	3.98	4.13
家庭情感支持	3.03	3.31	3.60	3.61
学业方面的指导与帮助	3.33	3.61	3.76	3.75
校园生活方面（社团参与、人际关系等）的指导与帮助	3.30	3.56	3.76	3.82
职业规划方面的指导与帮助	3.43	3.72	3.94	4.03
高考志愿填报时的大学和专业选择	4.22	4.17	4.35	4.03
家庭成就内疚感	4.35	4.30	4.46	4.19
无法帮助家庭	3.90	3.82	4.12	3.55
享有特权	4.36	4.32	4.43	4.24
经受家庭压力	3.92	3.95	4.04	4.22
感知学校支持	4.85	4.90	4.93	5.07
学校对专业教学重视程度	4.55	4.60	4.68	4.72
学校对课外活动重视程度	4.41	4.50	4.73	4.68

总体而言，家庭第一代大学生的学业表现要显著低于非一代大学生，而且这种差异在家庭第一代大学生内部存在异质性，相比城市第一代大学生，农村第一代大学生的学业表现要更差，这可能与其学校学术和社会参与程度相对较低，以及获得的家庭和学校支持相对较少有关。尽管如此，相比非一代大学生，家庭第一代大学生，尤其是农村第一代大学生，通过接受大学教育获得的能力增值却是最大的，可能成为高等教育的最大获益群体，可见上大学对于弱势群体而言依然是有利可图的。

第二节 学业表现的影响因素

虽然家庭第一代大学生和非一代大学生在学业表现上具有显著差异，但这些差异是由其代际身份等先赋性因素决定的，还是来自个体努力等自致性因素，仍不得而知。为此，本节重点分析大学生的学业表现，主要是其认知能力和非认知能力的影响因素。

一 认知能力和非认知能力的影响因素分析

因变量包括学生的认知能力和非认知能力，其中，认知能力以学业成绩班内排名为测量变量，分为班内排名前20%和班内排名非前20%（参照组），非认知能力以自尊感得分和韧性得分为测量变量。自变量借鉴相关研究，包括学习投入、同伴互动、生师互动、担任学生干部、参与拓展性学习活动、研究性相关活动、社会实践类活动、家庭支持、家庭成就内疚感、自我教育期望、学校归属感、学校支持等。控制变量包括专业领域、学校选拔性、男生、独生子女、高中学校层次、高中成绩班内排名、高中担任过班干部。其中，家庭支持包括经济支持（提供学费、住宿费和生活费）、情感支持、学业支持和校园生活方面指导与帮助等。

表3-8是毕业生非认知能力和认知能力影响因素的回归分析结果。第一，控制其他变量后，家庭第一代大学生与非一代大学生在学业成绩

上不存在显著性差异，但在非认知能力表现上差异显著。具体地说，家庭第一代大学生自尊感和韧性水平都要显著低于非一代大学生。

第二，更多的学习投入、同伴互动和更高的教育期望都会促进学生的认知和非认知能力发展。但数据显示，生师互动并非越多越好，这可能与这一测量指标更多强调学习外的互动交流有关。

第三，不同类型课外活动对学生能力发展的影响不尽一致。具体地说，参与研究性相关活动对于学生的认知能力（学业成绩）和非认知能力（自尊）的正向影响具有一致性，但拓展性学习活动和社会实践类活动对于认知能力（学业成绩）和非认知能力（自尊）的影响并不一致，具体地说，参与拓展性学习活动有助于学业成绩提高，但对自尊会有负向影响，而参与更多社会实践类活动有助于自尊和韧性水平提升，但却带来了学业成绩的下降。

第四，更高的学校支持可以显著提升学生的非认知能力发展水平，但是对认知能力的作用不显著。数据表明，学校对专业教学重视程度越高带来的是学生更高的自尊感和韧性水平；更高的学校归属感也会带来更高的大学生非认知能力发展水平，尽管可能对学业成绩产生负向影响。

第五，家庭支持会显著影响学生的非认知能力发展。具体地说，更多的家庭经济支持和情感支持会显著提升学生自尊或韧性水平，但更多的学业方面支持反而会不利于学生自尊和韧性发展，这可能是因为父母过于强调子女学业的重要性时，就容易相对忽视子女参与课外活动，发展非认知能力的重要性。

第六，家庭成就内疚感对于大学生的非认知能力表现有显著负向预测作用。当大学生经受更多家庭压力，感到"享有特权"时会产生更高的内疚感或负罪感，这会显著阻碍其自尊和韧性水平的提升。

另外，大学生的非认知和认知能力发展也存在专业领域差异，理工专业表现相对优于非理工专业；女生的学业成绩一般优于男生，但两者在非认知能力表现上不存在显著差异；大学生学业成绩表现与高中学业成绩显著正相关；高中学业成绩和担任班干部的经历也会显著预测大学生的非认知能力表现。

表3-8　非认知能力和认知能力影响因素的回归分析结果

	认知能力：学业成绩班内排名前20%	非认知能力：自尊感得分	非认知能力：韧性得分
家庭第一代大学生	0.01（0.06）	-0.20*（0.08）	-0.09*（0.04）
学习投入	0.67***（0.06）	0.86***（0.09）	0.19***（0.05）
同伴互动	0.18***（0.06）	0.56***（0.09）	0.36***（0.04）
生师互动	-0.16***（0.05）	-0.20**（0.07）	-0.02（0.04）
担任学生干部	0.52***（0.05）	0.13（0.08）	-0.01（0.04）
拓展性学习活动	0.11**（0.04）	-0.12*（0.05）	-0.03（0.03）
研究性相关活动	0.22***（0.02）	0.19***（0.04）	0.03（0.02）
社会实践类活动	-0.13***（0.03）	0.32***（0.04）	0.13***（0.02）
家庭支持			
经济支持（学费住宿费）	-0.06（0.04）	0.00（0.06）	0.08**（0.03）
经济支持（生活费）	-0.07（0.04）	0.08（0.06）	0.02（0.03）
情感支持	0.02（0.03）	0.48***（0.04）	0.22***（0.02）
学业指导	0.02（0.02）	-0.30***（0.04）	-0.12***（0.02）
校园生活	-0.02（0.03）	0.04（0.04）	-0.01（0.02）
家庭成就内疚感			
无法帮助家庭	0.02（0.03）	-0.07（0.04）	0.00（0.02）
享有特权	-0.04（0.02）	-0.39***（0.04）	-0.11***（0.02）
经受家庭压力	-0.03（0.03）	-0.63***（0.04）	-0.17***（0.02）
自我教育期望			
硕士	0.24***（0.05）	0.19*（0.08）	0.04（0.04）
博士	0.73***（0.06）	0.44***（0.09）	0.11*（0.05）
学校归属感	-0.06*（0.02）	0.60***（0.04）	0.30***（0.02）
学校支持			
学校对专业教学重视程度	0.04（0.03）	0.24***（0.05）	0.17***（0.02）
学校对课外活动重视程度	-0.05（0.03）	0.08（0.04）	0.03（0.02）
学校选拔性			
重点高校	-0.25***（0.05）	-0.06（0.08）	-0.05（0.04）

续表

	认知能力：学业成绩班内排名前20%	非认知能力：自尊感得分	非认知能力：韧性得分
民办高校或独立学院	0.30*** (0.08)	0.14 (0.12)	0.02 (0.06)
专业领域			
文史哲艺术学	-0.15* (0.07)	-0.46*** (0.11)	-0.20*** (0.06)
经济学管理学	-0.20*** (0.06)	-0.07 (0.09)	-0.04 (0.04)
教育学法学	-0.21** (0.07)	-0.31** (0.11)	-0.11* (0.05)
农学医学	-0.50*** (0.07)	-0.32** (0.11)	-0.13* (0.05)
男生	-0.50*** (0.05)	-0.12 (0.07)	0.03 (0.03)
独生子女	-0.05 (0.05)	0.05 (0.07)	0.09** (0.04)
非农户口	-0.12* (0.05)	0.12 (0.08)	-0.03 (0.04)
高中学校层次			
省级及以上重点中学	0.17** (0.06)	0.03 (0.09)	-0.01 (0.04)
地市级重点中学	0.01 (0.06)	0.14 (0.09)	0.05 (0.04)
其他学校	0.37* (0.14)	-0.27 (0.22)	0.04 (0.11)
高中学业成绩班内排名			
高中成绩班内前5%	0.75*** (0.07)	0.22* (0.11)	0.09 (0.05)
高中成绩班内前5%—20%	0.67*** (0.06)	0.26** (0.1)	0.10* (0.05)
高中成绩班内前20%—50%	-0.15* (0.07)	0.22* (0.1)	0.08 (0.05)
高中担任过班干部	—	0.21** (0.07)	0.09** (0.03)
截距	-2.08*** (0.19)	21.84*** (0.28)	10.08*** (0.14)
R^2/伪R^2	0.22	0.25	0.19
调整后的R^2	—	0.24	0.19

注：括号内为标准误；下同。

二 代际身份的调节作用

上述分析表明，学生学术和社会参与、家庭支持，以及家庭成就内疚感等都是学生学业表现的重要影响因素。为了探究这些影响因素对于家庭第一代大学生和非一代大学生之间是否具有一致性，笔者在上述模型的基础上加入了相关变量与家庭第一代大学生变量的交互项。结果发现（表3-9），一方面，学生的学术和社会参与，以及家庭支持对其认知和非认知能力表现的影响在家庭第一代大学生和非一代大学生之间不存在显著性差异。考虑到家庭第一代大学生相比非一代大学生较低的学术和社会参与程度，以及较低的家庭支持，显然这会使得他们在学业表现的竞争中处于不利位置。

另一方面，学生经历的家庭成就内疚感和学校归属感对其认知和非认知能力表现的影响在家庭第一代大学生和非一代大学生之间存在显著性差异，家庭第一代大学生遭受了更大的家庭成就内疚感和低学校归属感的负面影响。与非一代大学生相比，"享有特权"的内疚感对自尊，以及学校归属感对韧性的影响在家庭第一代大学生中都更突出。值得注意的是，前面描述分析也发现，相比非一代大学生，家庭第一代大学生的家庭成就内疚感更突出，这提醒我们促进家庭第一代大学生发展既要重视其学业表现，也要关注其心理健康，因为他们独特的心理压力体验可能会对其能力发展产生不利影响。

表3-9 非认知能力和认知能力影响因素的回归分析结果（加入交互项）

	认知能力：学业成绩班内排名前20%	非认知能力：自尊感得分	非认知能力：韧性得分
家庭第一代大学生×同伴互动	0.01 (0.1)	0.27 (0.16)	0.02 (0.06)
家庭第一代大学生×生师互动		-0.15 (0.16)	
家庭第一代大学生×担任学生干部	-0.15 (0.12)		
家庭第一代大学生×拓展性学习活动	-0.03 (0.07)	-0.16 (0.11)	
家庭第一代大学生×研究性相关活动	-0.01 (0.05)	-0.04 (0.08)	
家庭第一代大学生×社会实践类活动	0.05 (0.06)	0.12 (0.1)	-0.04 (0.05)

续表

	认知能力：学业成绩班内排名前20%	非认知能力：自尊感得分	非认知能力：韧性得分
家庭第一代大学生 × 家庭经济支持（学费住宿费）			-0.06（0.05）
家庭第一代大学生 × 家庭情感支持		0.08（0.09）	0.08（0.05）
家庭第一代大学生 × 家庭支持学业指导	-0.02（0.05）	0.12（0.09）	0.01（0.04）
家庭第一代大学生 × 家庭支持校园生活		-0.08（0.1）	
家庭第一代大学生 × 享有特权		0.22***（0.07）	0.05（0.03）
家庭第一代大学生 × 经受家庭压力	0.03（0.04）	-0.02（0.08）	0.01（0.04）
家庭第一代大学生 × 学校归属感		-0.08（0.08）	-0.11**（0.04）
截距	-2.10***（0.29）	22.66***（0.46）	9.98***（0.25）
R^2/伪R^2	0.22	0.25	0.19
调整后的R^2		0.25	0.19

注：限于篇幅，本表只呈现了交互项的回归分析结果，除交互项外，解释变量与表3-8相同。

第三节 小结与讨论

本章基于调查数据，描绘了家庭第一代大学生的基本特征、学业表现及其影响因素。第一，家庭第一代大学生占据我国高校大学生群体的绝大多数，比例达到近四分之三。相比非一代大学生群体，家庭第一代大学生群体中女生、非独生子女和农业户口的比例都要更高，家庭背景相对更差；在高选拔性学校就读的比例更低，更可能就读理工农医类学科。

第二，与非一代大学生相比，家庭第一代大学生的非认知能力相对较差，但他们可能从接受高等教育中获益更大。一方面，家庭第一代大学生的非认知能力和认知能力表现显著低于非一代大学生，但是控制其他变量后，两类群体在学业成绩为代表的认知能力表现上的差异不再显著，但是自尊和韧性表现的劣势表现出稳健性；另一方面，家庭第一代大学生的分析与批判思维能力、组织领导能力、口头表达能力、团队合作能力等能力增值幅度要显著高于非一代大学生，可见，他们相比非一代大学生同龄人从接受高等教育中获益更大。

第三，家庭第一代大学生所获得的家庭支持普遍低于非一代大学生。家庭支持方面最大的差距体现在学业方面、高考志愿填报方面的指导与帮助。原因可能在于，一方面，家庭第一代大学生由于其父母没有大学经历，缺乏相应的文化资本，因此在子女学业和职业发展的重要节点难以提供有效指导，这彰显了他们无能为力的一面；另一方面，由于受传统文化影响，中国家庭普遍对子女教育高度重视，父母普遍期望"望子成龙、望女成凤"，并为此不吝经济资源投入和情感关怀，这往往是许多家庭第一代大学生父母们为数不多的可为的一面。

第四，学生学业表现受到学生参与、家庭支持和学校支持等多种因素的影响。一方面，总体看，相比非一代大学生，家庭第一代大学生担任过学生干部比例、学习投入、同伴互动、生师互动、拓展性学习活动和研究性相关活动参与，以及自我教育期望都要显著更低，这一发现与国内外许多研究发现[1]是一致的；另一方面，更多的同伴互动、社会实践活动、家庭情感支持、更低的家庭成就内疚感和更高的学校归属感都会显著增强大学生的非认知能力。这一研究结论支持了 Kassenboehmer 等人（2018）的研究发现，大学教育对学生非认知能力的影响可能是通过体验大学生活经历，比如鼓励参与社团活动、社会活动，以及与同学和教师持续交流，而不是通过大学特定的教学风格或质量，或学科特

---

[1] 季月、杜瑞军：《第一代和非第一代大学生师生、同伴互动的差异分析——基于 CCSEQ 调查数据（2009—2018 年）的解析》，《北京教育（高教）》2021 年第 8 期。Soria, K. M. & Stebleton, M. J., "First-generation Student's Academic Engagement and Retention", *Teaching in Higher Education*, Vol. 17, No. 6, 2012.

定内容。① 但是社会实践活动需要适度，因为它还可能会对学业成就产生负面影响。

进一步对两类群体非认知能力显著差距的内在机制分析发现，相比非一代大学生，家庭第一代大学生遭受了更大的家庭成就内疚感和低学校归属感的负面影响。这也提醒我们关注大学生心理健康，尤其是关注家庭第一代大学生成长心路历程的重要性，因为它会影响学生非认知能力的发展，这可能是当前大学教育中的一个薄弱环节（数据也表明，家庭第一代大学生感知到的学校支持要显著低于非一代大学生），针对家庭第一代大学生的心理干预可能会取得事半功倍的效果。

第五，家庭第一代大学生内部存在异质性，相比城市第一代大学生，农村第一代大学生认知能力和非认知能力表现更差，学生学术和社会参与程度更低，获得家庭支持以及感知到的学校支持也更低，同样他们的能力增值幅度也更大，成为上大学学生中的最大获益者。实际上，国内外相关研究发现农村家庭第一代大学生的经历具有特殊性。② 因此，关注家庭第一代大学生发展可能要更加细致地对这一群体进行区分，在中国情境下，因城乡二元分割结构带来的农村第一代大学生和城市第一代大学生之间存在差异可能更加不容忽视。

---

① Kassenboehmer, S. C., Leung, F. & Schurer, S., "University Education and Non-cognitive Skill Development", *Oxford Economic Papers*, Vol. 70, No. 2, 2018.
② Stough-Hunter, A. & Lekies, K. S., "Effectively Engaging First-Generation Rural Students in Higher Education: New Opportunities for Sociology", *Teaching Sociology*, Vol. 51, No. 3, 2023. 王燕敏：《农村家庭第一代大学生在校学习经历的叙事研究》，浙江师范大学，硕士学位论文，2022年。

第四章　家庭第一代大学生的毕业意向和去向

我国高等教育由于短期内从精英化、大众化迈入普及化阶段，使得接受高等教育的群体构成与国外相比存在较大差异，其中一个鲜明特征是家庭第一代大学生占据很大比例。尽管许多家庭第一代大学生与父母相比实现了向上流动，但与非一代大学生同龄人相比可能仍然面临不利处境，正因为他们的父母没有接受高等教育，很难提供如何更好地度过大学学习生活和就业方面的指导与帮助，因此与非一代大学生相比，他们可能学术和社会参与更少、GPA 更低、学习时间更少、工作时间更长、继续深造愿望更低，以及大学毕业时的收入和就业水平更低。[1]

家庭第一代大学生的就业情况直接关系着教育打破代际传递、促进社会流动功能的实现，而且在当前大学生就业形势依然严峻背景下，作为大学生就业工作的重中之重，在一定意义上，家庭第一代大学生的毕业情况直接影响大学生整体毕业落实情况。相比非一代大学生，虽然研究者普遍发现家庭第一代大学生在升学选择和就业质量方面处于劣势地位，但是这些研究更多是关注国外，国内相关研究仍不多见。基于全国

---

[1] 徐伟琴、岑逾豪：《家庭第一代大学生的读研经历研究》，《复旦教育论坛》2022 年第 1 期。郭娇：《基于调查数据的家庭第一代大学生在校表现研究》，《中国高教研究》2020 年第 6 期。Cataldi, E. F., Bennett, C. T., Chen, X., & Simone, S. A., *First-generation Students: College Access, Persistence, and Postbachelor's Outcomes*, National Center for Education Statistics, 2018. Mullen, A. L., Goyette, K. A. & Soares, J. A., "Who Goes to Graduate School? Social and Academic Correlates of Educational Continuation After College", *Sociology of Education*, Vol. 76, No. 2, 2003.

高校本科毕业生调查数据，本章试图分析家庭第一代大学生的毕业意向与去向情况，以及家庭第一代大学生身份是否以及如何影响大学生的毕业意向和去向等问题。

第一节 相关研究与研究假设

经典地位获得模型主要关注家庭背景或社会出身、教育和社会地位之间的关系，家庭背景除了直接影响社会地位获得外，还通过教育间接影响社会地位获得，换句话说，教育是家庭背景对地位获得影响的中介因素。除此之外，教育也可能会调节家庭背景对地位获得的影响。这一模型同样可以用于解释大学生的毕业意向和去向。实际上，家庭第一代大学生定义主要取决于父母教育程度，从这个意义上讲，它反映的是学生的家庭背景差异。

一 家庭背景作用很小甚至消失

在毕业意向方面，主要指大学毕业生是选择继续升学还是直接就业。一些教育分层研究认为家庭背景对大学生升学意向影响作用很小甚至消失，比如早期研究发现，进入研究生院的过程没有受到家庭背景的影响，并得出结论："对于大学毕业生来说，社会出身对他们决定继续深造的影响几乎为零。"[1] 按照该研究者提出的教育转换理论观点，在每一段的升学过程中，家庭背景的作用都在弱化，经过多次筛选，无论是来自社会上层还是下层的大学生在学习成绩、个人抱负和能力等方面都具有较强的同质性。

在就业结果方面，有研究发现，在大学毕业生中，家庭背景并不能预测收入或职业声望，四年制大学学位被视作"伟大的均衡器"。[2] 家

---

[1] Mare, R. D., "Social Background and School Continuation Decisions", *Journal of the American Statistical Association*, Vol. 75, 1980.

[2] Torche F., "Is a College Degree Still the Great Equalizer? Intergenerational Mobility Across Levels of Schooling in the United States", *American Journal of Sociology*, Vol. 117, No. 3, 2011.

庭第一代和非一代大学毕业生的职业类型和水平是一样的，虽然有研究者认为可能是因为没有控制学校类型和质量。[1] 国内研究也发现，虽然自致性因素对于大学生地位获得影响的解释力强于先赋性因素，但是家庭第一代大学生对于职业地位获得影响不显著，接受高等教育、增加人力资本、实现弱势阶层代际流动路径是畅通的。[2] 这也是社会学中现代化理论的观点，即个人社会地位的获得将越来越取决于个体的教育和资质等，先赋性因素如性别、家庭背景等作用会逐渐消失。[3] 据此，本章提出研究假设1：家庭第一代大学生经过逐阶段筛选进入高等教育，与非一代大学生相比，在毕业意向和去向方面不存在显著性差异。

二 家庭背景作用依然存在，甚至变强

也有观点认为家庭背景会持续影响大学毕业生的升学意向，比如有研究者发现，与常规职业出身学生相比，管理和专业技术家庭出身的学生从学士学位读到硕士学位的可能性要高1.4倍，读到博士学位的可能性要高2.3倍，而对学术成就的控制可以解释部分差异但不是全部差异。[4] 家庭第一代大学生与同龄人相比在研究生入学可能性和实际结果方面都处于劣势。一项跨国分析也显示，与父母获得高中文凭或上过大学但没有获得学位的大学的孩子相比，父母拥有大学学位的孩子更有可能获得更高的教育水平，处于月收入顶端的五分之一。[5] 即使考虑种

---

[1] Ford, K. S. & Umbricht, M., "Persisting Gaps: Labor Market Outcomes and Numeracy Skill Levels of First Generation and Multi Generation College Graduates", *Research in Social Stratification and Mobility*, Vol. 56, 2018.

[2] 刘进、马永霞、庞海芍：《第一代大学生职业地位获得研究——基于L大学（1978—2008年）毕业生的调查分析》，《教育学术月刊》2016年第2期。

[3] Treiman D. J., Yip, K. B., Education and Occupational Attainment in 21 Countries, In Melvin L. Kohn (ed.), *Cross-National Research in Sociology*, Beverly Hills, Calif.: Sage, 1989.

[4] Wakeling, P., Hampden-Thompson, G. & Hancock, S., "Is Undergraduate Debt an Impediment to Postgraduate Enrolment in England?", *British Educational Research Journal*, Vol. 43, No. 6, 2017.

[5] OECD, *Education at a Glance* 2016: *OECD Indicators*, Paris: OECD Publishing, 2016.

族、性别、家庭收入和累积平均绩点等因素,家庭第一代学生追求更高学位的可能性也显著降低,这表明家庭第一代大学生身份对本科后升学愿望有显著影响。然而,在控制了自我报告的大学生贷款的影响后,这种影响不再显著。[1] 实际上,家庭第一代大学毕业生(4%)和父母上过大学但没有获得学位的学生(5%)参加博士或专业学位课程的比例都低于父母获得学士学位的学生(10%)。[2] 国内研究者闵尊涛等人(2018)基于10年历史数据的研究结果表明,对毕业生升学意向的影响因素中,家庭背景主导作用和学业表现微弱作用均保持相对稳定。[3] 相比非一代大学生,家庭第一代大学生的升学意愿、实际升学和出国升学的可能性均更低,不利的家庭出身对家庭第一代大学生生涯发展的阻碍主要体现为可能限制其对更高层级和更高质量教育机会的追求。[4]

在就业结果方面同样存在明显的家庭背景差异。家庭背景越好的毕业生通常拥有更加丰富的社会资源,因而更有助于通过丰富的社会网络关系获得更多的就业机会或更高的劳动力市场回报。[5] 不同家庭经济条件的学生就业质量具有显著的差异,家庭背景对毕业生在何种类型单位就业起到关键作用,拥有更好的家庭背景的毕业生选择出国、体制内就业的可能性越大。[6] 基于以上分析,本章提出研究假设2:家庭第一代大学生和非一代大学生在毕业意向和去向方面存在显著差异,相比非一

---

[1] Carlton, M. T., "First Generation Students and Post-undergraduate Aspirations", *Sage Open*, Vol. 5, No. 4, 2015.

[2] Cataldi, E. F., Bennett, C. T., Chen, X., & Simone, S. A., *First-generation Students: College Access, Persistence, and Postbachelor's Outcomes*, National Center for Education Statistics, 2018.

[3] 闵尊涛、陈云松、王修晓:《大学生毕业意向的影响机制及变迁趋势:基于十年历时调查数据的实证考察》,《社会》2018年第5期。

[4] 孙冉、梁文艳:《第一代大学生身份是否会阻碍学生的生涯发展——基于首都大学生成长追踪调查的实证研究》,《中国高教研究》2021年第5期。

[5] 岳昌君、邱文琪:《疫情防控常态化背景下高等学校毕业生就业状况及影响因素》,《教育研究》2022年第6期。

[6] 邓淑娟、戴家武、辛贤:《家庭背景对大学生毕业去向的影响》,《中国农业大学学报》(社会科学版)2012年第3期。

代大学生，家庭第一代大学生更倾向于选择就业而非升学。

三 教育对家庭背景效应的影响

考察教育在家庭背景对地位获得影响的中介和调节作用时，教育不仅指垂直层面的受教育程度，还包括水平层面的专业领域、学校选拔性，以及其表现指标认知能力与非认知能力等。有研究总结道，家庭背景会通过资源投入、父母期望、学习成绩、专业选择、职业价值观等间接影响大学生的研究生教育期望。[1] 攻读研究生学位的社会经济不平等仍然存在，但这些不平等受到教育的调节，社会经济条件优越的学生更有可能获得较高的学位，并在本科阶段进入精英机构，进而更有可能获得精英研究生教育机会。[2] 有研究证实了社会背景如何影响大学生参与专业、校园活动，并最终影响大学后的劳动力市场机会。[3] 国内学者赵锦山（2015）的定量研究结果发现城市学生在就业率、首份工作平均月收入以及职业满意度上都明显好于农村学生，但引入学校层次这个中介变量后，这些差异基本消失。[4]

认知能力、非认知能力对大学生毕业意向和去向的影响也被证实，而且有研究发现，在决定毕业生在劳动力市场上的竞争力和收入方面，非认知能力比家庭背景更重要。[5] 考虑到家庭在塑造儿童的认知能力和非认知能力方面发挥着重要作用，[6] 有理由相信，认知能力和非认知能

---

[1] Mullen, A. L., Goyette, K. A. & Soares, J. A., "Who goes to Graduate School? Social and Academic Correlates of Educational Continuation After College", *Sociology of Education*, Vol. 76, No. 2, 2003.

[2] Mateos-González, J. L. & Wakeling, P., "Exploring Socioeconomic Inequalities and Access to Elite Postgraduate Education Among English Graduates", *Higher Education*, Vol. 83, No. 3, 2022.

[3] Armstrong, E. A. & Hamilton, L. T., *Paying for the Party: How College Maintains Inequality*, Harvard University Press, 2013.

[4] 赵锦山：《城乡生源地、高校层次与大学生职业获得研究——基于17所高校2768名大学毕业生的实证》，《广西师范大学学报》（哲学社会科学版）2015年第5期。

[5] 许多多：《大学如何改变寒门学子命运：家庭贫困、非认知能力和初职收入》，《社会》2017年第4期。

[6] Lareau, A., *Unequal Childhoods: Class, Race, and Family Life*, London: University of California Press, 2003.

力可能是家庭背景影响大学生毕业意向和去向的中介因素。不仅如此，根据资源替代假设（resource substitution hypothesis），不利家庭背景出身的学生甚至可能通过依赖更高的非认知与认知能力来克服其家庭背景劣势。① 据此，本章提出研究假设 3：家庭第一代大学生身份会通过非认知能力和认知能力对大学生的毕业意向和去向产生影响。

尽管在我国，家庭背景是影响个体地位获得的一个不可忽视的重要因素，但实际上家庭背景是个复杂且多元的概念，包括家庭的经济状况、父母的教育程度、家庭成员的职业和社会地位等。研究家庭第一代大学生的毕业意向和去向，可以从一个侧面更好地了解家庭背景，尤其是文化资本对个体地位获得的影响程度及其内在机制，上大学究竟是意味着家庭第一代大学生已经上升到与同龄人相似的水平，还是家庭背景依然影响着他们的大学经历以及大学后的升学和职业选择。

第二节 结果分析

本节基于调查数据，重点分析了大学生的毕业去向和意向及其影响因素。其中，毕业意向是指毕业生是否打算升学。调查问卷询问了毕业生打算获得的最高学历，包括本科、硕士和博士研究生，将后两项视为打算升学群体。毕业去向是指截至问卷调查时毕业生的就业情况，包括已确定单位、国内读研、国外读研、自主创业、灵活就业（包括自由职业等）、待就业、不就业拟继续考研和其他暂不就业等，分析时重点关注是否成功升学和就业群体。

一 毕业去向和意向的差异分析

调查样本显示，家庭第一代大学生（68.25%）打算升学的比例要低于非一代大学生群体（76.16%）。进一步细分群体后分析显示，城

---

① Holm, A., Hjorth-Trolle, A. & Jæger, M. M., "Signals, Educational Decision-making, and Inequality", *European Sociological Review*, Vol. 35, No. 4, 2019.

市非一代大学生升学意向最高,最低的是城市第一代大学生和农村第一代大学生。从毕业去向落实情况来看,家庭第一代大学生(14.25%)待就业的比例要高于非一代大学生(9.53%),而且家庭第一代大学生(28.26%)成功升学(包括国内读研和国外读研)的比例都要低于非一代大学生(35.91%)。进一步细分群体后分析发现,在成功升学方面,城市非一代大学生比例最高,最低的是农村第一代大学生,同时值得注意的是,农村第一代大学生选择"二战"考研(不就业拟继续考研)的比例在四类群体中最高,这可能与前一章描述统计揭示的农村第一代大学生群体获得的职业规划与指导方面的家庭支持最少有关;在成功就业方面,城市第一代大学生已确定单位的比例要高于农村第一代大学生。卡方检验结果表明,家庭第一代大学生和非一代大学生的毕业意向和去向存在显著性差异。

表4-1　　　　　　　毕业去向和意向分析结果　　　　　　(单位:%)

	家庭第一代大学生	非一代大学生	卡方检验值(自由度)	农村第一代大学生	城市第一代大学生	农村非一代大学生	城市非一代大学生
打算获得最高学历							
本科	31.75	23.84	87.95(2)**	30.95	33.81	26.66	22.95
硕士	47.90	48.95		48.47	46.42	48.34	49.14
博士	20.35	27.21		20.58	19.76	25.00	27.91
毕业去向							
已确定单位	37.25	35.22	112.81(7)***	36.9	38.2	37.7	34.4
国内读研	26.16	31.49		25.9	26.8	28.0	32.6
国外读研	2.10	4.42		1.20	4.40	2.90	4.90
自主创业	2.44	2.79		0.40	0.60	1.20	1.60
灵活就业(包括自由职业等)	5.89	5.00		2.30	2.90	3.60	2.50
待就业	14.25	9.53		6.00	5.70	6.80	4.40
不就业拟继续考研	8.54	8.15		15.30	11.50	11.90	8.80
其他暂不就业	2.93	1.92		8.80	8.00	5.90	8.90

二 毕业意向和去向的影响因素

表 4-2 中模型 1—3 分别是因变量为毕业生是否打算升学、是否成功就业,以及是否成功升学的影响因素回归分析结果。Hosmer-Lemeshow 拟合度检验结果显示,p 值均大于 0.05,表明模型拟合优度较好。数据表明,第一,家庭第一代大学生和非一代大学生在毕业意向上存在显著差异,相比非一代大学生,家庭第一代大学生更倾向于选择就业而非升学;两类大学生群体在毕业去向落实上存在显著差异,但这种差异主要体现在成功就业上,在成功升学方面不存在显著差异。这一发现部分支持了研究假设 2,从而拒绝了研究假设 1。

第二,学校选拔性和专业领域是影响大学生毕业意向和去向的重要因素,越是来自高选拔性学校的学生升学意向越高,而且也更可能成功就业或升学。在毕业意向方面,相比理工科毕业生,人文社科类专业(文史哲、艺术学、经济学、管理学、教育学、法学等)毕业生更倾向于直接工作,而农学医学专业毕业生更倾向于选择继续深造。从毕业去向来看,人文类专业毕业生无论是成功就业还是成功升学的可能性都要低于理工类专业;教育学和法学专业毕业生在就业落实方面不如理工科专业,但在成功升学方面却显著优于理工科专业;农学和医学专业毕业生与理工科毕业生相比,在就业落实方面不存在显著差异,但升学成功可能性更高。

第三,认知能力和非认知能力会显著影响大学生的毕业意向和去向。在认知能力方面,更好的学业成绩、获得过奖学金等都提高了学生继续读研的意愿和成功升学的机会。不仅如此,获得过奖学金也会增加毕业生成功就业的可能性。在非认知能力方面,自尊对毕业意向和去向的正向影响具有一致性,高自尊的毕业生更倾向于选择继续深造,而且他们无论是就业还是升学,成功的可能性都更高。高韧性的毕业生成功就业的可能性更高。

第四,大学生的毕业意向和去向存在显著的家庭背景差异。家庭收入越高的大学生更倾向于继续深造,如果选择进入劳动力市场,成功就业的可能性更高,但对能否成功升学的影响并没有那么突出。父亲从事管理技术类职业会显著提高学生毕业后直接进入劳动力市场的倾向,以及最终能够成功找到工作的可能性。家庭社会关系广泛的大学生更倾向于直接进入劳动力市场而非升学，而且他们成功就业的可能性也更高。值得注意的是，大学生毕业意向受到家庭成就内疚感的影响，高家庭成就内疚感的毕业生更倾向于直接工作而非继续升学。

第五，政治面貌、性别既会影响大学生的毕业意向也会影响毕业去向；担任学生干部对于学生升学意向，以及能否成功就业都有正向影响；女生更倾向于升学，而且从最终落实情况看，女生比男生成功升学的概率更高，但在成功就业方面不如男生；相比农村户口毕业生，非农户口毕业生更倾向于就业而非升学，两类群体在毕业落实情况上不存在显著差异。

表 4-2　　　　　毕业意向和去向影响因素的回归分析结果

	模型 1 是否打算升学	模型 2 是否成功就业	模型 3 是否成功升学
家庭第一代大学生	-0.39*** (0.06)	0.26*** (0.09)	0.09 (0.11)
专业领域			
文史哲艺术学	-0.45*** (0.07)	-0.34*** (0.10)	-0.33** (0.15)
经济学管理学	-0.47*** (0.06)	0.03 (0.09)	-0.04 (0.11)
教育学法学	-0.37*** (0.07)	-0.21** (0.10)	0.51*** (0.15)
农学医学	0.58*** (0.08)	-0.12 (0.11)	0.37*** (0.12)
担任学生干部	0.19*** (0.05)	0.22*** (0.07)	-0.01 (0.09)
中共党员	0.09* (0.05)	0.28*** (0.08)	0.32*** (0.10)
男生	-0.17*** (0.05)	0.41*** (0.07)	0.50*** (0.09)
独生子女	-0.07 (0.05)	0.11 (0.08)	0.03 (0.09)
非农户口	-0.09* (0.05)	-0.01 (0.08)	-0.03 (0.10)
高选拔性大学	0.63*** (0.05)	0.82*** (0.10)	1.06*** (0.10)
家庭年收入			
20001—50000 元	0.14** (0.07)	0.24*** (0.09)	-0.03 (0.12)
50001—100000 元	0.22*** (0.07)	0.51*** (0.09)	0.07 (0.13)
100001—200000 元	0.04 (0.07)	0.52*** (0.11)	0.31** (0.14)
200000 元以上	0.36*** (0.10)	0.57*** (0.17)	0.15 (0.19)
父亲职业为管理技术类	-0.16** (0.07)	0.31** (0.12)	0.21 (0.13)
母亲职业为管理技术类	-0.08 (0.08)	-0.02 (0.14)	0.12 (0.16)
家庭社会关系广泛	-0.34*** (0.07)	0.46*** (0.13)	0.14 (0.15)

续表

	模型1 是否打算升学	模型2 是否成功就业	模型3 是否成功升学
班内成绩排名			
前5%	0.33*** (0.08)	-0.06 (0.13)	1.11*** (0.15)
前5%—20%	0.20*** (0.07)	-0.10 (0.09)	1.24*** (0.13)
20%—50%	0.09 (0.06)	0.01 (0.09)	0.58*** (0.11)
获得过奖学金	0.33*** (0.05)	0.33*** (0.07)	0.53*** (0.10)
大五人格	0.00 (0.01)	-0.01 (0.01)	-0.02 (0.02)
自尊感得分	0.03*** (0.01)	0.06*** (0.01)	0.04*** (0.01)
韧性得分	0.02 (0.02)	0.06*** (0.02)	-0.02 (0.03)
家庭成就内疚感	-0.12*** (0.02)		
常数项	0.21 (0.24)	-2.28*** (0.31)	-1.19*** (0.41)
样本量	10696	6375	4321
伪 R^2	0.085	0.090	0.135

三 非认知能力与认知能力的中介作用

分析中介作用时，本书采用了国内学者开发的中介效应检验方法。[①] 一般而言，单中介的检验模型包括如下三个具体模型：$Y = cX + e_1$；$M = aX + e_2$；$Y = c'X + bM + e_3$，其中，a 代表自变量 X 作用于中介变量 M 的效应，b 表示中介变量 M 作用于因变量 Y 的效应，c' 代表考虑或控制中介变量 M 后，自变量 X 作用于因变量 Y 的效应。一般而言，在系数 c 显著的情况下，如果系数 a 和 b 都显著，则必然存在中介效应，如果至少有一个不显著，则需进一步检验。借鉴这一做法，本章继续构建模型4—13，检验认知能力与非认知能力对家庭背景效应的中介作用。

表4-3是认知能力与非认知能力在家庭第一代大学生身份对毕业意向影响的中介作用检验结果。结果发现，认知能力的两个测量变量，无论是学业成绩班内排名，还是获得过奖学金，均没有通过中介效应

[①] 温忠麟、叶宝娟：《中介效应分析：方法和模型发展》，《心理科学进展》2014年第5期。

表 4-3 认知能力与非认知能力的中介作用检验（因变量为是否打算升学）

	模型 4-1	模型 4-2	模型 4-3	模型 5-1	模型 5-2	模型 6-1	模型 6-2	模型 7-1	模型 7-2	模型 8-1	模型 8-2
	因变量：是否打算升学	中介变量：学业成绩班内排名	因变量：是否打算升学	中介变量：获得过奖学金	因变量：是否打算升学	中介变量：大五人格	因变量：是否打算升学	中介变量：自尊得分	因变量：是否打算升学	中介变量：韧性得分	因变量：是否打算升学
	c	a	$C'+b$	a	$C'+b$	a	$C'+b$	a	$C'+b$	a	$C'+b$
家庭第一代大学生	-0.38*** (0.06)	0.01 (0.03)	-0.38*** (0.06)	0.08 (0.06)	-0.39*** (0.06)	-0.38*** (0.08)	-0.39*** (0.06)	-0.36*** (0.10)	-0.39*** (0.06)	-0.17*** (0.05)	-0.39*** (0.06)
大五人格							0.03*** (0.01)				
自尊感得分									0.03*** (0.01)		
韧性得分											0.05*** (0.01)
学业成就班内排名			-0.16*** (0.02)								
获得过奖学金					0.41*** (0.05)						
控制变量	控制	控制	控制	控制	控制	控制	控制	控制	控制	控制	控制
常数项	-0.46** (0.23)	3.97*** (0.10)	0.42* (0.24)	-2.73*** (0.25)	-0.48** (0.23)	19.84*** (0.19)	-0.23 (0.19)	28.67*** (0.23)	-0.93*** (0.21)	13.67*** (0.11)	-0.71*** (0.21)
样本量	10696	10990	10696	10990	10696	10990	10696	10990	10696	10990	10696
伪 R^2 或 R^2	0.072	0.156	0.080	0.167	0.081	0.074	0.084	0.101	0.082	0.036	0.082

第四章 家庭第一代大学生的毕业意向和去向

检验，换句话说，家庭第一代大学生身份和认知能力对大学生毕业意向的影响彼此独立，不存在家庭背景通过学生认知能力间接作用于大学生毕业意向的影响路径。但是，在非认知能力变量中，大五人格、自尊和韧性的中介作用都具有统计学意义上的显著性，回归结果显示，家庭第一代大学生身份不仅直接作用于大学生的毕业意向，而且会通过影响其人格特征、自尊感和韧性水平对其产生间接影响。然而，家庭第一代大学生往往具有较低的非认知能力，这可能使其难以从非认知能力的高回报中获益。

表4-4是认知能力与非认知能力在家庭第一代大学生身份对是否成功就业影响的中介作用检验结果。结果同样发现，认知能力的中介作用不显著，但非认知能力的中介作用被证实。数据表明，家庭第一代大学生身份会通过影响大学生的大五人格、自尊感和韧性水平间接影响其就业落实情况。但是这种中介作用在家庭第一代大学生身份对是否成功升学的影响上并不存在。这一发现部分支持了研究假设3。

由于数据限制，本书无法直接检验学校选拔性、专业领域在家庭第一代大学生身份对大学生毕业意向和去向影响过程中是否存在中介作用，但考虑到描述统计中两类大学生群体在学校选拔性和专业领域方面存在的显著差异，加之学校选拔性和专业领域对大学生毕业意向和去向的显著影响，有理由相信学校选拔性和专业领域可能是家庭第一代大学生身份对大学生毕业意向和去向影响的中介因素。

同时，本书检验了学校选拔性、专业领域对家庭背景效应的调节作用，在前面模型的基础上，模型14至模型16中逐项加入了上述变量与家庭第一代大学生变量的交互项。结果发现，一方面，两类大学生群体的毕业意向在不同选拔性高校之间不存在显著差异，换句话说，没有证据表明，高选拔性学校会弱化家庭第一代大学生群体在升学意向方面面临的不利处境。值得注意的是，两类群体虽然在是否成功就业方面存在显著差异，但这种差异在不同选拔性学校之间具有一致性。另一方面，专业领域可以调节两类大学生群体之间的就业落实差异，但是作用微弱，只有教育学或法学专业相比理工学科毕业生，两类群体成功就业的差异显著更小。

表4-4 认知能力与非认知能力的中介作用检验（因变量为是否成功就业）

	模型9-1 因变量:是否成功就业 c	模型9-2 中介变量:学业成绩班内排名 a	模型9-3 因变量:是否成功就业 C'+b	模型10-1 中介变量:获得过奖学金 a	模型10-2 因变量:是否成功就业 C'+b	模型11-1 中介变量:大五人格 a	模型11-2 因变量:是否成功就业 C'+b	模型12-1 中介变量:自尊得分 a	模型12-2 因变量:是否成功就业 C'+b	模型13-1 中介变量:韧性得分 a	模型13-2 因变量:是否成功就业 C'+b
家庭第一代大学生	0.26*** (0.09)	0.02 (0.03)	0.26*** (0.09)	0.11 (0.08)	0.26*** (0.09)	−0.53*** (0.11)	0.25*** (0.09)	−0.36*** (0.10)	0.25*** (0.09)	−0.20*** (0.06)	0.25*** (0.09)
大五人格							0.05*** (0.01)				
自尊得分									0.07*** (0.01)		
韧性得分											0.12*** (0.02)
学业成绩班内排名			−0.03 (0.03)								
获得过奖学金					0.30*** (0.07)						
控制变量	控制	控制	控制	控制	控制	控制	控制	控制	控制	控制	控制
常数项	−2.67*** (0.35)	4.06*** (0.13)	−2.55*** (0.38)	−2.91*** (0.31)	−2.64*** (0.35)	19.60*** (0.25)	−1.27*** (0.29)	28.67*** (0.23)	−2.35*** (0.32)	13.42*** (0.15)	−1.86*** (0.31)
样本量	6375	6375	6375	6375	6375	6375	6375	10990	6375	6375	6375
伪R^2或R^2	0.087	0.176	0.087	0.174	0.089	0.078	0.082	0.101	0.089	0.036	0.085

表 4-5　　　　　　　　　　回归分析结果（含交互项）

	模型 14	模型 15	模型 16
	是否打算升学	是否成功就业	是否成功升学
家庭第一代大学生×高选拔性大学	0.10 (0.11)	-0.25 (0.22)	-0.07 (0.20)
家庭第一代大学生×文史哲艺术学	-0.10 (0.17)	-0.10 (0.25)	-0.47 (0.32)
家庭第一代大学生×经济学管理学	-0.06 (0.13)	-0.24 (0.21)	-0.26 (0.25)
家庭第一代大学生×教育学法学	0.03 (0.16)	-0.71*** (0.25)	-0.19 (0.34)
家庭第一代大学生×农学医学	-0.34 (0.22)	-0.35 (0.29)	-0.11 (0.26)
样本量	10696	6375	4321

注：在回归模型中每一交互项均为单独加入；为了便于呈现，该表对原始结果进行整合，并省略了其他变量，只保留了交互项。

四　稳健性检验

研究者使用替换自变量的方式检验回归结果稳健性。考虑到家庭第一代大学生变量由父母教育水平决定，主要反映家庭文化资本的多少，本书使用另一个常用的家庭文化资本测量变量——家庭藏书量作为替代变量来进一步检验回归结果的稳健性。问卷调查询问毕业生"上大学前，您家里藏书量（不包括教材和参考书等）"，分为"20 本以下、20—49 本、50—99 本、100—299 本，以及 300 本及以上"五类。卡方检验结果表明，家庭第一代大学生和非一代大学生的家庭藏书量存在显著差异（$\chi^2 = 1507.51, p = 0$），家庭第一代大学生更多来自低藏书量家庭。为便于对比，回归分析时直接将该变量按连续性变量处理，值越大表示家庭藏书量对大学毕业生意向和去向的影响越大。回归结果表明，无论因变量为是否打算升学，还是为是否成功就业、是否成功升学，回归模型拟合程度依然较好，且家庭藏书量变量的回归系数表明，来自高藏书量家庭的毕业生，更倾向于继续升学（$\beta = 0.13, p = 0.00$），但是在是否成功升学（$\beta = -0.01, p = 0.70 > 0.05$）或成功就业（$\beta = -0.04, p = 0.26 > 0.05$）方面，家庭藏书量的影响并不显著，这一结果与前述模型基本一致，表明本书发现具有较好的稳健性。

第三节 小结与讨论

本章基于调查数据实证分析了家庭第一代大学生的毕业意向和去向落实情况及其影响因素。主要结论如下：第一，两类大学生群体在毕业意向上存在显著差异，相比非一代大学生，家庭第一代大学生更倾向于选择就业而非升学。这一发现与孙冉和梁文艳（2021）、刘进等人（2016）的研究结论一致，即家庭第一代大学生毕业后选择更早投入职业工作，更少攻读研究生学位。[①] 但是，从毕业去向落实情况来看，控制相关变量后，两类大学生群体在是否成功就业方面存在显著差异，而在是否成功升学方面差异不显著。研究发现部分支持了文化资本理论的观点，尽管攻读研究生可以带来更高的社会经济地位回报，但相比非一代大学生，家庭第一代大学生更多选择了另一策略，即直接进入劳动力市场，似乎将大学积累的资本转化为研究生入学率和高学历的愿望在他们的惯习中并不明显。

进一步分析发现，毕业生能否成功升学的影响基本不受家庭背景的影响，主要取决于其所就读的学校选拔性和专业领域，以及个体的认知能力与非认知能力等因素；家庭第一代大学生相比非一代大学生就业落实情况更好，这可能是由于如大学生毕业意向模型所反映的，家庭第一代大学生就业意愿更为强烈，相比升学更倾向于选择直接就业，也可能与其工作期望值较低所致，当然也可能是因为更多非一代大学生选择了继续深造而非直接就业，这使得进入劳动力市场的非一代大学生往往可能是能力相对较低的学生群体，这一问题有待实证数据进一步检验。

第二，学校选拔性和专业领域会显著影响大学生的毕业意向和去向，但没有证据表明它们可以调节家庭第一代大学生身份对毕业意向和去向的影响，无论就读何种学校或专业，两类大学生群体在升学意向和是否成功

[①] 孙冉、梁文艳：《第一代大学生身份是否会阻碍学生的生涯发展——基于首都大学生成长追踪调查的实证研究》，《中国高教研究》2021年第5期。刘进、马永霞、庞海芍：《第一代大学生职业地位获得研究——基于L大学（1978—2008年）毕业生的调查分析》，《教育学术月刊》2016年第2期。

就业方面的差异具有一致性。值得注意的是，高选拔性大学的学生升学意向更高，而且也更可能成功就业或升学，但家庭第一代大学生来自高选拔性大学的比例要远低于非一代大学生，这与国外研究发现的家庭第一代大学生在非选拔性大学比例更高的观点是一致的。[1] 这可能意味着优势阶层可以通过提高子女就读高选拔性大学的机会来间接增加其未来追求更高学历的可能性。在专业领域方面，理工科毕业生在成功就业方面要好于人文类专业、教育学和法学专业毕业生，农学医学专业相比理工专业毕业生更倾向于选择继续深造，升学成功可能性要更高。由此可见，家庭第一代大学生中因相对更多选择理学工学专业，在一定程度提高了其就业成功的可能性，同时更多选择农学医学，一定程度改善了其升学状况。这也支持了杨中超和岳昌君（2016）的观点，在专业选择上，相比优势阶层更加多元的选择策略，不利家庭的首选是那些能够使其将来求职时容易摆脱家庭背景束缚的理学或工学专业。[2]

第三，认知能力与非认知能力是影响大学生毕业意向和去向的重要因素，并且非认知能力在家庭第一代大学生身份对毕业意向和就业落实的影响过程中发挥着中介作用。研究表明，在认知能力方面，更好的学业成绩、获得过奖学金等都提高了学生继续读研意愿、成功升学或成功就业的机会。在非认知能力方面，更高自尊、更好的大五人格表现和更高韧性水平对毕业生的升学意向、是否成功就业或升学都呈现出正向影响。但与认知能力不同，非认知能力在家庭第一代大学生身份对毕业意向和就业落实的影响过程中发挥着中介作用，存在"家庭第一代大学生—非认知能力低—升学倾向低或实现成功就业可能性低"路径。原因可能如以往研究所强调的那样，将研究生教育视为再投资已经成为优势阶层的惯习，非一代大学生家庭由于占据更多的文化资本，相比第一代大学生家庭对非认知能力重要性的认识更充分，也更有动力、资源投入到子女非认知能力的培养上，鉴于

---

[1] Engle, J., "Postsecondary Access and Success for First-generation College Students", *American Academic*, Vol. 3, No. 1, 2007.

[2] 杨中超、岳昌君：《学历、专业对高校毕业生初职社会经济地位的影响研究——基于全国高校毕业生调查数据的实证分析》，《教育研究》2016年第10期。

非认知能力在教育和劳动力市场上的高回报，使得优势阶层的优势得以延续，并且是一种更加隐蔽且"合规"的形式传递。

第四，大学生毕业意向和就业落实情况存在明显的家庭背景差异。家庭收入越高的大学生更倾向于继续深造，如果选择进入劳动力市场，成功就业可能性更高。父母职业地位会显著影响毕业生能否找到工作。广泛的家庭社会关系显著提高了毕业生直接进入劳动力市场并成功就业的可能性。这也支持了国内外相关研究中关于家庭背景作用在地位获得过程中依然持续存在的观点。可见，大学毕业生群体所面临的劳动力市场依旧并非完全遵循绩效原则，仍需进一步丰富和完善。另外，需要引起注意的是，毕业生的升学意向受到家庭成就内疚感的影响，高家庭成就内疚感的毕业生更倾向于直接工作而非继续升学，很显然家庭第一代大学生相比非一代大学生承担了更多家庭成就内疚感的负向影响，这一发现也进一步丰富了关于此方面的研究观点，家庭第一代大学生感受了更多的家庭成就内疚，这种内疚感不仅影响了其在学业上的表现及心理适应水平，[①] 还会影响到其升学意向乃至未来发展。

本章分析了家庭第一代和非一代大学生在毕业意向和去向上的差异性，并将这种差异归结于文化资本，尝试提出了文化资本通过子女非认知能力间接作用于其升学倾向或实现成功就业可能性的影响路径，试图进一步丰富对家庭第一代大学生相比非一代大学生所面临不同处境的解释。需要说明的是，除了非认知能力的中介作用外，文化资本是如何影响他们的毕业意向和去向的，是否还有其他途径，其因果机制如何，仍有待进一步实证检验。同时，中介效应的探索也是初步的，需要在后续调查中完善数据，为采取其他更严格检验方法，比如路径分析等提供可能，以更好探究其内在机制。

[①] Covarrubias, R., Landa, I. & Gallimore, R., "Developing a Family Achievement Guilt Scale Grounded in First-generation College Student Voices", *Personality and Social Psychology Bulletin*, Vol. 46, No. 11, 2020.

第五章　非认知能力与家庭第一代大学生就业

人力资本一直被视作教育和地位成就获得的最有力预测因素。以往研究更多关注作为人力资本中的认知能力,随着新人力资本理论提出,非认知能力越来越受到重视,在决定学业和就业结果方面,甚至比认知能力更重要。[1] 与非一代大学生相比,家庭第一代大学生的父母没有接受过高等教育,很难为子女提供如何更好地度过大学学习、生活和就业方面的指导与帮助,他们在大学学术参与和社会参与方面可能都处于劣势,[2] 这可能会影响到其非认知能力发展水平和就业结果。研究非认知能力发展对就业结果的影响,以及这种影响在家庭第一代大学生和非一代大学生之间是否存在差异,对于我们更好地探讨大学毕业生就业结果的影响因素,更有针对性地做好大学毕业生就业工作,推动人才培养质量提升,更好发挥高等教育促进社会流动的功能都具有重要意义。

第一节　相关研究与研究假设

一　非认知能力与大学生就业

非认知能力是指在劳动力市场、学校和许多其他领域中受到重视的性

---

[1] Heckman, J. J., Stixrud, J. & Urzua, S., "The Effects of Cognitive and Noncognitive Abilities on Labor Market Outcomes and Social Behavior", *Journal of Labor Economics*, Vol. 24, No. 3, 2006.

[2] Garza, A. N. & Fullerton, A. S., "Staying Close or Going Away: How Distance to College Impacts the Educational Attainment and Academic Performance of First-generation College Students", *Sociological Perspectives*, Vol. 61, No. 1, 2018.

格特征、动机和偏好等。① 与认知能力不同，它很难通过智力测试或学业成绩来衡量，而是通过人格特征来衡量，并且具有可塑性，敏感期晚于认知能力，在整个青少年时期和以后都可培养。② 许多研究表明，非认知能力对个体教育、就业和健康等都发挥着重要作用，并且随着时间推移，越来越受到劳动力市场的重视。③

大学生就业相关研究表明，非认知能力同样会影响高校毕业生的就业结果，而且这种影响可能比家庭背景、认知能力都更为重要。比如，有研究发现，职业价值观和人际交往技能等非认知能力对于本科生毕业去向的选择具有显著影响；对于落实就业的毕业生而言，非认知因素会影响其进入何种类型的单位，进而通过劳动力市场分割影响其起薪水平。④ 在决定毕业生在劳动力市场上的竞争力和收入方面，非认知能力是比家庭背景更重要的因素。⑤ 非认知能对就业结果的影响还可能存在异质性。有研究发现，在本科生群体中，非认知能力对收入的解释力度强于传统人力资本关注的认知发展指标，而在专科生群体中则相反。⑥ 基于此，本章提出研究假设1：非认知能力会显著影响高校毕业生的就业结果。

对家庭第一代大学生劳动力市场表现的一些研究发现，与非一代大学生同龄人相比，家庭第一代大学生在大学毕业时的收入和就业水平更低，⑦ 而且这种影响可能持续到毕业10年后，尽管这种差距更多地取决于他们就业的行

---

① Kautz, T., Heckman, J. J., Diris, R., Ter Weel, B. & Borghans, L., Fostering and Measuring Skills: Improving Cognitive and Non-cognitive Skills to Promote Lifetime Success, National Bereau of Economic Research, NBER Working Paper No. 20749, 2014.

② Hsin, A. & Xie, Y., Hard Skills, Soft Skills: The Relative Roles of Cognitive and Non-cognitive Skills in Intergenerational Social Mobility, Report 12-775, Population Studies Center, 2012.

③ Edin, P. A., Fredriksson, P., Nybom, M. & Öckert, B., "The Rising Return to Noncognitive Skill", *American Economic Journal: Applied Economics*, Vol. 14, No. 2, 2022.

④ 刘钊：《"非认知"视角下本科生毕业去向和求职结果的实证研究——基于"高等理科教育（本科）改革"调查数据的分析》，《教育学术月刊》2016年第5期。

⑤ 许多多：《大学如何改变寒门学子命运：家庭贫困、非认知能力和初职收入》，《社会》2017年第4期。

⑥ 朱红、张宇卿：《非认知与认知发展对大学生初职月薪的影响》，《华东师范大学学报》（教育科学版）2018年第5期。

⑦ Witteveen, D. & Attewell, P., "Family Background and Earnings Inequality Among College Graduates", *Social Forces*, Vol. 95, No. 4, 2017.

业、职业和工作地点，而不是所上的大学、专业和取得的成就水平。① 当然也有一些研究发现，非一代大学生和家庭第一代大学生的收入或就业率没有差异。② 考虑到我国家庭第一代大学生更多来自农村家庭，自卑感较重，其父母对子女非认知能力的培养缺乏认识和重视，大学期间他们在学术活动和社会参与中可能都处于劣势地位，从而非认知能力相对较差，这可能使得他们在劳动力市场竞争中处于不利地位，比如更倾向于直接就业而非继续深造，就业起薪和工作满意度更低。③ 基于此，本章提出研究假设2：家庭第一代大学生和非一代大学生在就业结果上存在显著差异。

二 非认知能力对家庭背景效应的影响

非认知能力不仅直接影响就业结果，还可能会弱化劳动力市场竞争中家庭背景的影响，帮助处境不利的学生克服家庭出身的劣势，从而缩小他们与来自富裕家庭背景的同龄人在个人能力和职业成果方面的差距，促进社会流动。根据资源替代假设（resource substitution hypothesis），不利家庭背景出身的学生可能通过依赖更高的非认知与认知能力来克服其背景劣势，而能力可能对优势家庭出身学生的地位获得预测力较弱，因为他们可以用高资源来替代。比如先前研究发现，与高社会经济地位家庭的学生相比，非认知能力，比如自我控制和人际交往技能、④ 毅力和纪律、⑤ 大五人格，⑥

---

① Manzoni, A. & Streib, J., "The Equalizing Power of a College Degree for First-generation College Students: Disparities Across Institutions, Majors, and Achievement Levels", *Research in Higher Education*, Vol. 60, 2019.

② Cataldi, E. F., Bennett, C. T., Chen, X. & Simone, S. A., *First-generation Students: College Access, Persistence, and Postbachelor's Outcomes*, National Center for Education Statistics, 2018.

③ 孙冉、梁文艳：《第一代大学生身份是否会阻碍学生的生涯发展——基于首都大学生成长追踪调查的实证研究》，《中国高教研究》2021年第5期。

④ Liu, A., "Can Non-cognitive Skills Compensate for Background Disadvantage? The Moderation of Non-cognitive Skills on Family Socioeconomic Status and Achievement During Early Childhood and Early Adolescence", *Social Science Research*, Vol. 83, 2019.

⑤ Esping-Andersen, G. & Cimentada, J., "Ability and Mobility: The Relative Influence of Skills and Social Origin on Social Mobility", *Social Science Research*, Vol. 75, 2018.

⑥ Shanahan, M., Bauldry, S., Roberts, B. W., Macmillan, R. & Russo, R, "Personality and the Reproduction of Social Class", *Social Forces*, Vol. 93, No. 1, 2014.

更能预测低社会经济地位家庭学生的教育和地位获得。家庭第一代大学生划分依据是父母受教育程度，本质上是家庭背景的反映。基于此，本章提出研究假设3：相比非一代大学生，非认知能力对家庭第一代大学生就业结果的影响显著更大。

基于人力资本理论中关于认知和非认知能力在预测学习和教育结果上可能互补或替代的观点，技能替代假设（skill substitution hypothesis）认为，高社会经济地位家庭的学生特别能够通过高非认知能力替代低认知能力，从而表明他们能够在教育中取得成功。比如，先前研究发现，非认知能力的最大边际效应集中在认知能力分布的底端和顶端，在认知能力较低的学生中，努力可能回报更大。[1] 低自尊只会伤害那些处于认知能力分布顶端的个体，这表明需要特别关注那些成绩优异但信心不足的学生。[2] 在教育成就获得上的认知能力与非认知能力相互替代作用，可能同样存在于大学生的就业结果方面。基于此，本章提出研究假设4：非认知能力能够弥补认知能力不足对就业结果的不利影响，且对于非一代大学生尤为明显。

总体来看，单纯关注非认知能力、[3] 家庭第一代大学生[4]的研究相对较多，尤其是国外，但关注家庭第一代大学生非认知能力发展及其对就业结果的影响仍有待加强。家庭第一代大学生自身就是社会流动的体现，获得大学学历在某些方面改善了其社会处境，但在其他方面，尽管受过高等教育，社会背景劣势可能依然存在，既可能表现在大学期间的能力发展上，也可能体现在最终的就业结果上。本章基于调查数据，试图分析非认知能力对家庭第一代大学生就业结果的影响，以期对这一问题作出回应。

---

[1] Light, A. & Nencka, P., "Predicting Educational Attainment: Does Grit Compensate for low Levels of Cognitive Ability?", *Learning and Individual Differences*, Vol. 70, 2019.
[2] Adamecz, A., Henderson, M. & Shure, N., "Intergenerational Educational Mobility The Role of Non-cognitive Skills", *Education Economics*, Vol. 32, No. 1, 2024.
[3] 周金燕：《人力资本内涵的扩展：非认知能力的经济价值和投资》，《北京大学教育评论》2015年第1期。
[4] 王兆鑫：《寒门学子的突围：国内外第一代大学生研究评述》，《中国青年研究》2020年第1期。

第二节 结果分析

本节主要从毕业去向、初职的起薪和工作满意度等三个指标来衡量毕业生的就业质量，与上一章不同，这里的毕业去向被合并为四类，即单位就业、继续深造、灵活就业或自主创业，以及待就业。

一 家庭第一代大学生与非一代大学生的就业质量差异

结果显示，家庭第一代大学生落实单位就业的比例与非一代大学生基本相当，甚至是略高于非一代大学生，但未落实毕业去向的比例要明显高于非一代大学生，这可能与两类群体在继续深造方面（包括国内读研和境外读研）的差距有关，家庭第一代大学生比例明显要低于非一代大学生。进一步细分群体后发现，农村第一代大学生继续深造的比例是最低的，要低于城市第一代大学生，比最高的城市非一代大学生要低11个百分点。同时，农村第一代大学生未落实就业的比例是最高的，明显高于城市第一代大学生。从月起薪来看，家庭第一代大学生平均月起薪为6014.3元，比非一代大学生平均月起薪低18%；从工作满意度来看，家庭第一代大学生对第一份工作的满意程度比非一代大学生也要更低。进一步细分群体后发现，无论是起薪还是工作满意度，最低的都是农村第一代大学生。

表5-1　　　　　　　　　　样本描述统计结果

	家庭第一代大学生	非一代大学生	农村第一代大学生	城市第一代大学生	农村非一代大学生	城市非一代大学生	总样本
毕业去向							
单位就业（%）	37.25	35.22	36.88	38.22	37.65	34.45	36.74
继续深造（%）	28.69	37.40	27.48	31.81	32.08	39.07	30.87
灵活就业或自主创业（%）	8.33	7.79	8.25	8.55	10.39	6.97	8.20

续表

	家庭第一代大学生	非一代大学生	农村第一代大学生	城市第一代大学生	农村非一代大学生	城市非一代大学生	总样本
未落实（%）	25.72	19.60	27.38	21.42	19.88	19.51	24.19
初职月起薪（元）*	6014.33	7341.78	5950.39	6175.88	7340.71	7342.16	6331.68
工作总体满意度（满分5分）*	3.57	3.87	3.53	3.66	3.82	3.89	3.64

注：* 表示此变量统计指标为平均值。

二 非认知能力与大学生就业结果

（一）毕业去向

表5-2是大学生就业结果影响因素的回归分析结果。一方面，家庭第一代大学生和非一代大学生在毕业去向上存在显著差异。对比单位就业和继续深造的毕业生，控制其他变量后，家庭第一代大学生比非一代大学生更倾向于就业而不是升学；对比单位就业和未落实的毕业生，家庭第一代大学生比非一代大学生落实就业的可能性也更高。这一发现支持了研究假设2，即家庭第一代大学生和非一代大学生在就业结果上存在显著差异。

另一方面，非认知能力会显著影响大学生的毕业去向。具体地说，对比单位就业和继续深造的毕业生，外向性、宜人性和情绪稳定性水平较高的大学生倾向于选择就业，而高自尊和高尽责性的大学生倾向于选择升学；对比单位就业和未落实的毕业生，高韧性、高自尊和情绪稳定性水平较高的大学生更容易实现成功就业；宜人性水平较高的大学生更倾向于选择单位就业而非灵活就业。这一发现支持了研究假设1，即非认知能力是影响大学生就业结果的显著性因素。另外，在控制变量方面，认知能力也是影响大学生毕业去向的重要因素，比如学业成绩越好或获得过奖学金的大学生都更倾向于升学而非就业，成功就业的可能性也更高。

表5-2　大学生毕业去向影响因素的回归分析结果

	毕业去向(参照组:单位就业)			初职起薪(取对数)	工作满意度
	灵活就业	继续深造	未落实		
家庭第一代大学生	-0.12(0.1)	-0.14**(0.07)	-0.25***(0.08)	0.03(0.04)	0.02(0.19)
非认知能力					
外向性	-0.03(0.05)	-0.05*(0.03)	-0.04(0.03)	-0.01(0.03)	-0.01(0.04)
宜人性	-0.12**(0.06)	-0.08**(0.04)	0.18***(0.04)	-0.01(0.02)	-0.06(0.05)
尽责性	0.06(0.06)	0.08**(0.04)	-0.06(0.04)	0.01(0.02)	0.16***(0.05)
情绪稳定性	0.02(0.06)	-0.22***(0.04)	-0.13***(0.04)	-0.03(0.02)	0.03(0.05)
开放性	0.05(0.06)	-0.01(0.04)	0.01(0.04)	0.04**(0.02)	0.08*(0.05)
自尊感得分	-0.02(0.01)	0.03***(0.01)	-0.04***(0.01)	0.00(0)	0.05***(0.01)
韧性得分	0.00(0.03)	-0.03(0.02)	-0.04*(0.02)	0.07(0.05)	0.58***(0.12)
认知能力					
班内成绩前5%	-0.02(0.15)	0.83***(0.10)	-0.04(0.10)	0.08(0.05)	0.04(0.13)
班内成绩前5%—20%	0.11(0.12)	0.64***(0.08)	-0.14*(0.08)	0.05(0.04)	0.04(0.10)
班内成绩20%—50%	0.28***(0.11)	0.52***(0.08)	0.01(0.07)	0.02(0.04)	-0.03(0.10)
获得过奖学金	-0.10(0.09)	0.48***(0.06)	-0.26***(0.06)	-0.03(0.03)	0.19**(0.08)
控制变量	有	有	有	有	有
常数项	-1.25***(0.37)	-0.60*(0.24)	2.45***(0.26)	0.09*(0.05)	-0.33***(0.11)
样本量	10990			4162	4316
R^2/伪R^2	0.22			0.11	0.10
调整后的R^2	—			0.10	—

(二) 初职起薪和工作满意度

基于 Heckman 两阶段模型，本研究第一步对毕业生是参加工作还是继续读研进行了 probit 模型估计，因变量为工作选择变量（毕业生直接参加工作为1），解释变量在前面毕业去向回归模型中加入了工具变量——自我教育期望为研究生，以控制部门选择的内生性。第二步，对初职起薪、工作满意度方程分别进行 OLS 和 logit 估计，自变量在上述变量中略去工具变量，加入选择偏差修正项。

回归结果显示，选择偏差项都显著，表明存在样本选择偏差问题，有必要给予纠正。纠正后的结果表明，一方面，控制其他变量后，家庭第一代大学生和非一代大学生的初职起薪和工作满意度差异不显著，这一发现与研究假设2并不一致，原因在于区分代际属性的父母教育程度对子女的初职起薪和工作满意度的影响可能更多是间接的。另一方面，非认知能力对起薪（开放性）和工作满意度（自尊、韧性、尽责性和开放性）有显著影响，非认知能力越高，越容易找到高初职起薪和工作满意度的工作，从而支持了研究假设1。与此同时，认知能力对初职起薪预测作用不显著，但可以预测工作满意度（获得过奖学金）。

三 非认知能力对家庭第一代和非一代大学生就业结果影响的差异性

为检验非认知能力对大学生毕业去向的影响是否在家庭第一代大学生和非一代大学生之间存在显著性差异，本书在表5-2的回归模型中纳入了家庭第一代大学生与认知能力、非认知能力变量的交互项。结果显示（见表5-3），在非认知能力方面，韧性和自尊对毕业去向的影响在两类大学生群体之间并不具有显著性差异，虽然大五人格对毕业去向的影响在两类群体中存在差异，但具体测量指标作用方向并不一致，对比单位就业和继续深造的毕业生发现，宜人性对家庭第一代大学生实现成功升学的促进作用要小于非一代大学生，但情绪稳定性对家庭第一代大学生成功升学的促进作用要大于非一代大学生。

与此同时，研究发现非认知能力对毕业生初职起薪和工作满意度的影响在家庭第一代大学生和非一代大学生之间不存在显著性差异。上述发现与研究假设3并不一致,换句话说,没有充足证据表明非认知能力对家庭第一代大学生毕业去向的影响要大于非一代大学生。值得注意的是,更好的学业成绩对于家庭第一代大学生无论是升学还是成功就业的积极影响都要大于非一代大学生。换句话说,家庭第一代大学生从高学业成就中获益更大。

表5-3　　　　　　　毕业去向影响因素中交互项的回归结果

	灵活就业	继续深造	未落实
家庭第一代大学生 × 班内成绩前5%	-0.54 (0.34)	0.35* (0.2)	-0.04 (0.23)
家庭第一代大学生 × 班内成绩5%—20%	-0.58* (0.29)	0.08 (0.18)	-0.34* (0.19)
家庭第一代大学生 × 班内成绩20%—50%	-0.45 (0.27)	0.06 (0.18)	-0.04 (0.18)
家庭第一代大学生 × 获得过奖学金	0.21 (0.2)	0.12 (0.14)	0.16 (0.15)
家庭第一代大学生 × 外向性	-0.09 (0.11)	-0.02 (0.07)	0.05 (0.07)
家庭第一代大学生 × 宜人性	0.16 (0.14)	-0.14* (0.09)	-0.05 (0.1)
家庭第一代大学生 × 尽责性	-0.01 (0.14)	0.10 (0.08)	0.14 (0.09)
家庭第一代大学生 × 情绪稳定性	-0.07 (0.14)	0.22*** (0.09)	0.02 (0.1)
家庭第一代大学生 × 开放性	0.10 (0.13)	-0.07 (0.08)	0.00 (0.09)
家庭第一代大学生 × 自尊感得分	-0.03 (0.03)	-0.01 (0.02)	-0.04 (0.02)
家庭第一代大学生 × 韧性得分	0.10 (0.06)	-0.01 (0.04)	0.00 (0.04)
样本量		10990	
伪 R^2		0.23	

注:限于篇幅,本表只呈现了交互项的回归分析结果,除交互项外,解释变量与表5-2相同。因变量参照组为单位就业。

四　就业结果影响因素中非认知能力与认知能力的相互作用

为检验就业结果影响因素中非认知能力和认知能力的相互作用,研究者在模型中加入了两种能力的交互项。结果表明(见表5-4),非认知能力和认知能力既可能相互促进也可能相互替代。在相互促进方面,对比单位就业和继续深造的毕业生,宜人性、开放性水平更高的学生,学业成绩对其选择升学的影响越大,或者学习成绩越好的学生,宜人性、开放性水平越高,升学倾向越高;对比单位就业和未落实的毕业生,自尊对能否成功就业的影响对学业成绩越好的学生作用越大,或者越自信的学生,学业成绩在其就业中的正向作用越明显。

在相互替代方面,对比单位就业和继续深造的毕业生,尽责性、韧性水平高的学生,学习成绩对其选择升学的影响越小,反之亦然;对比单位就业和未落实的毕业生,对于高韧性或外向性的学生,学业成绩对成功实现单位就业的影响更小。这意味着非认知能力可以弥补大学生读研或找工作时的认知能力不足。进一步分析发现,无论是家庭第一代大学生还是非一代大学生,非认知能力和认知能力的交互作用都是如此。换句话说,没有证据表明,相比家庭第一代大学生,非认知能力更能弥补非一代大学生在毕业去向上的学业成就不足。这一发现拒绝了研究假设4。与此同时,在初职起薪和工作满意度上,非认知和认知能力交互项的回归系数并不显著,意味着非认知能力和认知能力对大学生初职起薪和工作满意度的影响具有彼此独立性。

表5-4 毕业去向影响因素的回归分析结果(加入认知能力与非认知能力交互项)

	灵活就业	继续深造	未落实
班内成绩前5%×外向性	0.27 (0.18)	-0.08 (0.11)	0.12 (0.12)
班内成绩前5%—20%×外向性	-0.03 (0.14)	-0.05 (0.09)	0.20** (0.09)
班内成绩20%—50%×外向性	-0.17 (0.13)	-0.07 (0.09)	0.06 (0.08)
获得过奖学金×外向性	0.16 (0.1)	-0.08 (0.07)	-0.22*** (0.07)
班内成绩前5%×宜人性	0.10 (0.23)	0.38*** (0.15)	0.21 (0.15)
班内成绩前5%—20%×宜人性	0.03 (0.18)	0.28** (0.12)	0.14 (0.12)
班内成绩20%—50%×宜人性	-0.03 (0.17)	0.11 (0.12)	0.18 (0.11)
获得过奖学金×宜人性	0.01 (0.13)	-0.05 (0.1)	-0.02 (0.09)
班内成绩前5%×尽责性	-0.06 (0.24)	0.04 (0.15)	-0.26* (0.15)
班内成绩前5%—20%×尽责性	-0.10 (0.18)	-0.27** (0.12)	-0.09 (0.12)

续表

	灵活就业	继续深造	未落实
班内成绩20%—50%×尽责性	-0.09 (0.16)	-0.11 (0.12)	-0.13 (0.11)
获得过奖学金×尽责性	0.00 (0.13)	-0.08 (0.09)	0.03 (0.09)
班内成绩前5%×情绪稳定性	0.06 (0.23)	-0.23 (0.15)	-0.20 (0.15)
班内成绩前5%—20%×情绪稳定性	0.14 (0.18)	0.02 (0.13)	-0.03 (0.12)
班内成绩20%—50%×情绪稳定性	0.16 (0.17)	0.13 (0.13)	0.02 (0.11)
获得过奖学金×情绪稳定性	0.03 (0.13)	-0.12 (0.1)	0.04 (0.09)
班内成绩前5%×开放性	0.27 (0.23)	-0.05 (0.14)	-0.12 (0.15)
班内成绩前5%—20%×开放性	0.11 (0.17)	-0.11 (0.12)	-0.11 (0.12)
班内成绩20%—50%×开放性	0.27* (0.16)	-0.18 (0.12)	0.00 (0.11)
获得过奖学金×开放性	-0.09 (0.13)	0.16* (0.09)	0.15* (0.09)
班内成绩前5%×自尊感得分	-0.03 (0.05)	0.05 (0.03)	0.18*** (0.04)
班内成绩前5%—20%×自尊感得分	0.06 (0.04)	0.02 (0.03)	0.08*** (0.03)
班内成绩20%—50%×自尊感得分	0.02 (0.04)	0.00 (0.03)	0.00 (0.03)
获得过奖学金×自尊感得分	-0.01 (0.03)	0.02 (0.02)	-0.02 (0.02)
班内成绩前5%×韧性得分	-0.01 (0.1)	-0.12** (0.06)	-0.18** (0.07)
班内成绩前5%—20%×韧性得分	-0.07 (0.08)	-0.06 (0.05)	-0.13** (0.05)
班内成绩20%—50%×韧性得分	-0.01 (0.07)	-0.10* (0.05)	-0.02 (0.05)
获得过奖学金×韧性得分	0.06 (0.06)	0.06 (0.04)	0.08* (0.04)
伪 R^2		0.24	

注：限于篇幅，本表只呈现了交互项的回归分析结果，除交互项外，解释变量与表5-2相同。因变量参照组为单位就业。

第三节 小结与讨论

基于调查数据，本章实证检验了非认知能力对就业结果的影响以及这种影响在家庭第一代大学生与非一代大学生之间是否存在差异性。主要结论如下：第一，家庭第一代大学生与非一代大学生在毕业去向上存在显著差异，但在初职起薪和工作满意度方面不存在显著差异。一方面，相比非一代大学生，家庭第一代大学生更多选择就业而非升学。家庭第一代大学生依靠高等教育文凭一定程度上改善了社会经济地位，更容易找到一份就业起薪和满意度与非一代大学生同龄人没有显著差别的工作，但是又在追求更高学历上落后于非一代大学生，考虑到研究生学历的劳动力市场回报高于本科学历，这可能使得不平等向更高学历层次上传递。实际上，已有研究证实，研究生入学上存在显著家庭背景差异。[①] 另一方面，家庭第一代大学生相比非一代大学生落实就业可能性更高，这既可能和他们就业期望相对较低，更有可能落实就业有关，也可能与非一代大学生宁愿选择不就业而继续升学有关。尽管家庭第一代大学生身份不能预测就业起薪和工作满意度，但家庭收入、家庭社会关系等指标却具有显著解释力度，一种解释是家庭第一代大学生身份可能是以非认知能力或认知能力为中介对起薪和工作满意度产生间接影响，本书也发现了控制其他变量后，家庭第一代大学生非认知能力明显要低于非一代大学生；另一种解释是在我国情境下，家庭经济资本和社会资本可能比父母教育对高校毕业生初职地位的获得更具预测力度。

第二，非认知能力是大学生就业结果的重要影响因素，甚至比认知能力更重要，因为非认知能力不仅会显著影响大学生的毕业去向（能否找到工作），而且还会预测其初职起薪和工作满意度（找到什么样的工作），反而在初职起薪上，以学业成就为测量指标的认知能力影响并不显著。可见，非认知能力对劳动力市场表现的影响存在工资收入（直接机制）和职业选择（间接机制）两种机制。这一结论与朱红和张宇卿（2018）[②] 与Heckman 等人（2006）[③] 的研究发现是一致的，也支持了新人力资本理论的观点，人力资本不仅仅是认知能力，自尊、韧性、责任心和团队精神等非认知能力同样十分重要。

第三，没有充足证据表明，相比非一代大学生，非认知能力对家庭第

[①] Torche F., "Is a College Degree Still the Great Equalizer? Intergenerational Mobility Across Levels of Schooling in the United States", *American Journal of Sociology*, Vol. 117, No. 3, 2011.

[②] 朱红、张宇卿：《非认知与认知发展对大学生初职月薪的影响》，《华东师范大学学报》（教育科学版）2018年第5期。

[③] Heckman, J. J., Stixrud, J. & Urzua, S., "The Effects of Cognitive and Noncognitive Abilities on Labor Market Outcomes and Social Behavior", *Journal of Labor Economics*, Vol. 24, No. 3, 2006.

第五章　非认知能力与家庭第一代大学生就业

一代大学生就业结果的影响要更强，换句话说，非认知能力对就业结果的促进作用在两类群体中具有一致性。但考虑到非一代大学生的非认知能力显著高于家庭第一代大学生，这显然对于非一代大学生所在的优势阶层更有利，也意味着在这场社会流动游戏的初始阶段，他们的优势似乎在放大，这也是马太效应所强调的"富人越来越富有"。值得注意的是，在毕业生继续深造和落实单位就业方面，家庭第一代大学生比非一代大学生从高认知能力中获益更大。这一发现部分支持了资源替代假设，即低社会经济地位家庭出身的学生可能通过依赖更高的认知能力来克服其背景劣势，由此可见，努力学习追求更好学业表现和更高学位可能依然是家庭第一代大学生改善不利处境的有效手段。

第四，在初职地位获得过程中，非认知能力与认知能力在对毕业去向的影响中发挥着相互促进和替代作用。由此可见，认知能力和非认知能力不仅在预测教育结果方面发挥补充或替代，这种作用也进一步拓展到了就业结果方面。但进一步分析显示，这种交互作用在家庭第一代大学生和非一代大学生群体之间不存在显著差异，这与技能替代假设的观点不一致，换句话说，没有充足证据表明认知（非认知）能力更可以弥补家庭第一代大学生的非认知（认知）能力不足。一种可能的解释是由于能力强的非一代大学生更倾向于选择继续深造，进入劳动力市场中与家庭第一代大学生竞争的往往是能力相对较弱者，这使两类群体之间的能力差距变得不那么明显所致。

第六章　家庭第一代大学生的大学体验

家庭第一代大学生承载着家庭跨代向上流动的希望，他们的成长发展伴随着多重体验，既会感到骄傲，也会有自卑和迷茫无助，甚至可能也会遭受难以诉说的歧视、嘲笑、艰苦和磨难。家庭第一代大学生研究更多是基于赤字视角展开，将他们描绘为资本匮乏、学业表现不佳、不太可能成功的形象。尽管家庭第一代大学生面临各种劣势，但不能忽略的一个事实是，他们中大约四分之三在大学中取得了成功。[①] 基于优势视角的家庭第一代大学生研究认为赤字视角忽略了这一群体所具备的积极品质，没有发掘他们潜藏的隐性资本和有利条件，凸显他们在对抗逆境过程中做出的努力和贡献。考虑到中国高等教育扩招仅有20余年时间，家庭第一代大学生群体仍然占据大学生群体的绝大多数，了解这一群体的大学期间的成长与发展经历，对于我们揭示高等教育过程"黑箱"，关注微观个体的大学经历和内心体验，更有针对性地改善家庭第一代大学生处境，提高其大学学习生活成就感、幸福感和获得感具有重要意义。

第一节　两派观点的争辩

针对家庭第一代大学生，已有研究形成了截然不同的研究发现，一方

[①] Ishitani, T., "Studying Attrition and Degree Completion Behavior Among First-generation College Students in the United States", *The Journal of Higher Education*, Vol. 77, No. 5, 2006.

面，家庭第一代大学生在高等教育机会、过程和结果等方面与非一代大学生相比均处于劣势地位；另一方面，家庭第一代大学生在高等教育的结果方面与他们的非一代大学生同龄人并不存在显著差异，部分家庭第一代大学生甚至具有更高的自我效能感，在学业上表现同样出色。

一 劣势观

在高等教育机会方面，家庭第一代大学生与非一代大学生在大学和专业选择方面存在明显差异。比如，家庭第一代大学生与非一代大学生相比，不太可能进入四年制大学（26% VS 45%），更有可能进入公立两年制院校（46% VS 26%），[①] 在商业、健康服务和职业/技术领域的比例更高，而在教育、艺术、社会科学和人文学科中比例较低，不太可能学习 STEM 专业领域。国内研究者张华峰等人（2016）也发现家庭第一代大学生更多地以参加统一高考的方式进入大学，但是更集中于地方本科高校，更多地选择了职业性和技术性更强的专业。[②]

在高等教育过程方面，与非一代大学生相比，家庭第一代大学生从高中过渡到大学的难度更大，可能会经历家庭和社区文化与大学校园文化之间的不匹配。尽管与非一代大学生相比，家庭第一代大学生从课内外活动中获得的教育收益更大[③]，但他们在学习上投入的时间往往更少，与教师和其他学生就课堂内外学术的交流时间也更少，参加课外活动的次数较少，社会融合得分较低，也不太可能在校园里使用学生支持服务。[④]

[①] Babineau, K., *Closing the Gap: An Overview of the Literature on College Persistence and Underrepresented Populations*, Cowen Institute, 2018.

[②] 张华峰、赵琳、郭菲：《第一代大学生的学习画像——基于"中国大学生学习发展和追踪调查"的分析》，《清华大学教育研究》2016 年第 6 期。

[③] Means, D. R. & Pyne, K. B., "Finding My Way: Perceptions of Institutional Support and Belonging in Low-income, First-generation, First-year College Students", *Journal of College Student Development*, Vol. 58, No. 6, 2017.

[④] Garza, A. N. & Fullerton, A. S., "Staying Close or Going Away: How Distance to College Impacts the Educational Attainment and Academic Performance of First-generation College Students", *Sociological Perspectives*, Vol. 61, No. 1, 2018. 陆根书、胡文静：《师生、同伴互动与大学生能力发展——第一代与非第一代大学生的差异分析》，《高等工程教育研究》2015 年第 5 期。

●●● 家庭第一代大学生的学业与就业

在高等教育结果方面，家庭第一代大学生无论是学业成绩[1]还是作为非认知能力的自我效能感[2]都低于非一代大学生，更可能会体验冒名顶替感。[3] 在大学坚持和学位获得上，家庭第一代大学生保留率更低，流失风险更高，[4] 学士学位获得比例更低。[5] 在就业结果与劳动力市场表现方面，与非一代大学生同龄人相比，家庭第一代大学生毕业时的收入和就业水平要更低，而且这种差距在若干年后依然存在。[6] 国内学者研究发现，相对于非一代大学生，家庭第一代大学生不论是在自雇市场还是在雇佣市场上都存在明显的收入劣势。[7] 在继续深造方面，家庭第一代大学毕业生（4%）和父母上过大学的学生（5%）参加博士或专业课程的比例都低于父母获得学士学位的学生（10%）。[8] 国内研究者孙冉和梁文艳（2021）也发现，相比非一代大学生，家庭第一代大学生的升学意愿、实际升学和出国升学的可能性均更低。[9]

---

[1] Burger, A. & Naude, L., "Success in Higher Education: Differences Between First- and Continuous-generation Students", *Social Psychology of Education*, Vol. 22, No. 5, 2019. Phillips, L. T., Stephens, N. M., Townsend, S. S. M. & Goudeau, S., "Access is not Enough: Cultural Mismatch Persists to Limit First-generation Students' Opportunities for Achievement Throughout College", *Journal of Personality and Social Psychology*, Vol. 119, No. 5, 2020.

[2] Ramos-Sánchez, L. & Nichols, L., "Self-efficacy of First-generation and Non-first-generation College Students: The Relationship with Academic Performance and College Adjustment", *Journal of College Counseling*, Vol. 10, No. 1, 2007.

[3] Canning, E. A., LaCosse, J., Kroeper, K. M. & Murphy, M. C., "Feeling Like an Imposter: The Effect of Perceived Classroom Competition on the Daily Psychological Experiences of First-generation College Students", *Social Psychological and Personality Science*, Vol. 11 No. 5, 2020.

[4] Zeisman, G. S., First-generation Student Success After Academic Warning: An Exploratory Analysis of Academic Integration, Personal Adjustment, Family and Social Adjustment and Psychological Factors, Portland State University Dissertation, 2012.

[5] Redford, J. & Mulvaney Hoyer, K., *First-generation and Continuing-generation College Students: A Comparison of High School and Postsecondary Experiences* (NCES 2018–009), Washington, DC: National Center for Education Statistics, U. S. Department of Education, 2017.

[6] Zhou, X., "Equalization or Selection? Reassessing the 'Meritocratic Power' of a College Degree in Intergenerational Income Mobility", *American Sociological Review*, Vol. 84, No. 3, 2019.

[7] 马良、甘崎旭、蔡晓陈：《第一代大学生身份、多维数字鸿沟和劳动力市场劣势》，《黑龙江高教研究》2023年第1期。

[8] Cataldi, E. F., Bennett, C. T., Chen, X., & Simone, S. A., *First-generation Students: College Access, Persistence, and Postbachelor's Outcomes*, National Center for Education Statistics, 2018.

[9] 孙冉、梁文艳：《第一代大学生身份是否会阻碍学生的生涯发展——基于首都大学生成长追踪调查的实证研究》，《中国高教研究》2021年第5期。

二 优势观

许多研究也发现家庭第一代大学生具有自身的优势,在高等教育的结果方面与他们的非一代大学生同龄人并不存在显著差异。国外研究发现,与非一代大学生相比,家庭第一代大学生具有更高的自我效能感,在学业上表现同样出色。[1] 对家庭第一代大学生和非一代大学生的韧性和情商差异分析后发现,尽管家庭第一代大学生的情商水平较低,但他们的韧性水平明显高于非一代大学生,虽然韧性确实有助于学业成功,但韧性与 GPA 没有显著关系,这可能是因为家庭第一代大学生知道如何防止生活逆境影响他们的学习成绩。[2] 在就业结果与劳动力市场表现方面,一些研究发现,家庭第一代大学生和他们同龄人的收入或就业率没有显著差异。[3]

国内研究者也发现,家庭第一代大学生与非第一代大学生在大学就读期间的学习成绩、奖学金获得、实习经历、政治面貌等方面没有太大的差异。[4] 在控制性别、高考分数等背景变量之后,家庭第一代大学生在本科期间的挂科数、专业排名以及奖学金获得情况都与非一代大学生没有显著差异。[5] 有研究甚至发现,家庭第一代大学生在学业表现、学习投入和知识能力发展等方面好于非一代大学生。[6] 也有研究发现,农村第一代大学生的表现异常优异,不仅在学业能力提升上高于城市第一代大学生,在信息技术

---

[1] Rodriguez R. R., *Self-Efficacy and Academic Performance in First-Generation College Students*, Grand Canyon University Dissertation, 2023.

[2] Alvarado, A., Spatariu, A. & Woodbury, C., "Resilience & Emotional Intelligence Between First Generation College Students and Non-first Generation College Students", *FOCUS on Colleges, Universities And Schools*, Vol. 11, No. 1, 2017.

[3] Pfeffer, F. T. & Hertel, F. R., "How Has Educational Expansion Shaped Social Mobility Trends in the United States?", *Social Forces*, Vol. 94, No. 1, 2015.

[4] 胡艳婷:《我国第一代大学生就业质量影响因素研究》,厦门大学,硕士学位论文,2023 年。

[5] 郭娇:《基于调查数据的家庭第一代大学生在校表现研究》,《中国高教研究》2020 年第 6 期。

[6] 刘进、马永霞、庞海芍:《第一代大学生职业地位获得研究——基于 L 大学(1978—2008 年)毕业生的调查分析》,《教育学术月刊》2016 年第 2 期。

能力提升上甚至超越了非一代大学生。①

三 研究设计

大学生的成长选择看似是一个确定性的决定，但抉择本身却是行动者面对不同的具体情境对多种因素进行考量和权衡的复杂过程。质性研究可用于"解释性的理解"或"领会"研究对象的个人经验和意义建构，为本书中合理的探究和解释家庭第一代大学生的成长选择提供了可能。本书采用目的性抽样方式选取访谈对象，尽量保证访谈对象背景来源的多样性。笔者前后共访谈了5所高校的10名大学毕业生。访谈开展的时间为2023年7月到2024年5月。所有受访者的基本情况见表6-1。

同时，资料来源还包括知乎网络平台上"作为家庭第一代大学生（父母没有读过大学），读大学是什么样的体验？""农村家庭第一代大学生艰难吗？""农村第一代大学生都是怎么改变家庭命运的，本人大二？""家里的第一代农村大学生会有出路吗？"等四个问题的高赞回答，在文中以编号ZH01-16的形式标注（本书对实证资料提供者一并表示感谢，当然文责自负）。

表6-1　　　　　　　　访谈对象基本情况介绍

编号	父母职业	家庭结构	毕业去向
DX01	父亲为个体经营户，母亲无工作	一个哥哥	读研
DX02	父亲母亲均为个体经营户	一个姐姐、一个弟弟	读研
DX03	父亲为个体经营户，母亲无工作	一个姐姐	读研
DX04	父母均在外打工	一个弟弟	读研
DX05	父母均为个体经营户	独生子女	就业

---

① 熊静：《第一代农村大学生的学习经历分析——基于结构与行动互动的视角》，《教育学术月刊》2016年第5期。

续表

编号	父母职业	家庭结构	毕业去向
DX06	父母均为普通职工	一个弟弟	就业
DX07	父母均务农	一个妹妹	就业
DX08	父母均务农	一个哥哥	就业
DX09	父亲为自由职业，母亲为体制内职员	独生子女	读研
DX10	父母均务农	两个妹妹	就业

第二节　家庭第一代大学生面临的挑战

家庭第一代大学生由于父母没有大学经历，在子女学业和职业发展的关键节点方面缺乏指导，加之我国家庭第一代大学生更多来自农村家庭，需要面对较大的经济压力，这些都给他们的大学经历增添了诸多障碍，也带来有别于非一代大学生的心理体验。

一　重要决策的指导

由于家庭第一代大学生父母没有上过大学，因此在子女学业发展的重要节点，比如大学志愿填报、大学学业和职业生涯规划等方面难以提供有效指导。"上大学总会面临很多重要的选择，作为第一个上大学的人最大的困难在于做选择时家里没有人可以提供指导，只能自己摸索。"（DX06）首先，专业领域会显著影响毕业生的就业结果，但是如何选择专业成为家庭第一代大学生进入大学前面临的第一个挑战，由于缺乏指导，甚至出现了一些家庭第一代大学生最终选择了与其高分不相匹配的大学和专业。其次，大学学习生活缺乏规划，"从小父母只能告诉我们要好好读书考大学，然后找个好工作，却从来没有人给我们说过考上大学以后做什么、大学几年该怎么做，将来才会更有竞争力，一切都像'摸着石头过河'"（ZH01）。一些家庭第一代大学生对大学学习生活存在片面甚至不正确的认识，放松学习，甚至时常挂科，同时无法意识到参与校园活动的意义和价值，甚至将其视为耽误时间。"同班的一个同学，本地人，父母经常打电话给辅导员问孩子的学习等各种状况，对上了大学的孩子抓得很紧，很明显他的父母明白大学的关键。而我的父母认为，考上大学就轻松多了（其实我也这么认为），认为大学开始不用那么奋斗了。"（ZH02）最后，难以提供职业生涯规划指导。家庭第一代大学生父母不仅缺乏对大学和专业的了解，同样也对行业、职业缺乏认识，因此在子女毕业后是升学还是求职、选择何种职业等方面都难以提供针对性建议，而且限于传统观念，对职业认识停留在"当官"等体制内稳定性工作上。借鉴国内学者郑雅君（2023）的观点，相比非一代大学生，家庭第一代大学生更可能属于"直觉依赖者"而非"目标掌控者"，他们往往在不了解"游戏规则"的情况下沿袭直觉和习惯去组织大学生活，往往无意识地陷入"目标失焦"状态，常常到毕业关头还没有明确的自主职业目标，履历缺乏方向性，只能被动地选择一个自己够得着的职业，或者推免直研以延缓就业，而且她认为，"目标掌控模式"和"直觉依赖模式"并非取决于个体的自由选择，而是阶层习性的产物，是不同阶层成员日用而不知的、前反思性的实践特征。[①]

二 内在心理体验

根据《心理学大辞典》的定义，自卑又称为自卑感，是指个人体验到自己的缺点、无能或低劣而产生的消极心态。自卑是家庭第一代大学生普遍经历的心理感受，体现在以下几个方面。第一，人际关系可能存在困难。家庭第一代大学生在人际交往中往往缺乏积极主动性，难以平等地与别人交流，不善于表达自己的想法，尤其体现在与异性交往时，担心受到打击，同时不懂如何得体地拒绝别人或寻求别人帮助。第二，从内在维度看，第一代大学生容易自我否定，缺乏自信，做决策时容易畏首畏尾，犹犹豫豫，害怕失败，在意别人对自己的评价，这种情况在陌生环境面对陌生人时会进一步加剧。"我到了一个陌生的环境，我就会天然地觉得自己好像跟别人有差距。我在自己熟悉的环境里面可以很自信地表达，但是我到了一个陌生的环境，我就会很担心自己，就会觉得好像自己这里不太好、那里也不

[①] 郑雅君：《金榜题名之后 大学生出路分化之谜》，上海三联书店2023年版。

太好。"(DX04)"大学做很多事情也是为了想让大家认可我,好像生怕别人不认可我,或者是不喜欢我,很怕别人讨厌我……我其实骨子里是不太自信的,我做这么多事情就为掩饰我的不自信。"(DX02)第三,自卑直观体现在"没见过世面"。受限于原生家庭,与非一代大学生相比,家庭第一代大学生的眼界、格局或见识更可能存在较大劣势,比如去上大学往往是他们第一次离开自己的家乡,第一次坐火车,第一次踏进城市,在城市和学校经历的很多"第一次"都伴随着恐慌、自卑,因为他们知道这些"第一次"对于非一代大学生来说往往是习以为常的生活。"不知道外面的世界有多大,眼界受限的情况下,很多都不敢尝试。就如我读大学前,就去过一两次城市,走马观花似的,以至于到了大学,我连怎么坐公交车都不会。大学里的各种社团,如街舞、轮滑、吉他,都是自己从来没有接触过的,也是不敢去尝试的!"(ZH03)"我觉得大学四年是我最难过的时候了,因为大学里我发现大家怎么什么都会,唱歌、跳舞、画画、弹钢琴,我那时候很自卑。"(ZH04)已有研究表明,掌握艺术类的文化资本能使学生在大学阶段获得更高的社会成就。[1] 但是往往社会经济地位较高家庭的中学生参加兴趣班的概率更大,社会经济地位三个维度中父母受教育年限对学生参与兴趣班的作用更大,[2] 由此可见,非一代大学生相比家庭第一代大学生更有可能也更有资本成为多才多艺的人。

三 外部期望

家庭第一代大学生面临的压力既有客观层面的经济压力,也有主观层面的外部期许压力。一方面,由于家庭第一代大学生往往来自经济条件一般的家庭,有很多学生是通过各类奖学金、助学金和助学贷款完成学业的,经济条件劣势导致的捉襟见肘感觉时常发生,甚至会使得他们产生心理负罪感。"读书时代,每多花家中老人挣来的一分血汗钱就会觉得心中隐隐作

---

[1] 谢爱磊、匡欢、白杰瑞:《总体性文化资本投资与精英高校城乡学生的社会适应》,《高等教育研究》2018年第9期。

[2] 赵晓敏、王毅杰:《文化资本都有用吗?——教育市场化下的文化资本投资与学业成绩》,《贵州社会科学》2023年第2期。

痛，会有深深的负罪感。只要家人还在痛苦中煎熬，而我们本来可以做点什么却又什么都没有做的时候，心中就会有千百种滋味。"（ZH05）"读大学基本不敢乱花钱，父母给的钱一般只够生存，想要花钱去学点其他东西是基本不可能的事。而且自己也不好意思找父母要，亲戚朋友也会告诉你，你父母养你很困难，你在学校不要乱花钱，会觉得每次花钱心里都有一种罪恶感。"（ZH06）这种压力植根于中国传统文化观念，背后折射的是好好学习报答父母的孝道观。而且这种压力在与同龄人的"被迫"比较中被进一步放大。"跟我同龄的女孩子初中毕业就去读了中专，或者直接就在某些地方打了工，每个月几千块，不仅能够照顾自己，还能够补贴家用。而我已经上大学，除了偶尔能够做做家教，或者其他兼职用来解决自己的生活费之外，根本没有办法减轻家里的负担。"（ZH07）

另一方面，父母、亲戚朋友的期望往往会成为家庭第一代大学生的无形压力。家庭第一代大学生的长辈普遍教育水平有限，对大学生的了解还停留在三四十年前大学生就业包分配的时代，认为上大学就会有光明的前途和"钱途"，甚至可以改变整个家族的命运，并对他们寄予了很高的期望，这与当下大学生就业难的现实相差甚远，给他们带来了巨大的心理压力。"当时亲戚、村邻，甚至许多不认识的人都开始拉着我说长道短，告诉我和谁谁谁是什么关系，以后飞黄腾达了一定不要忘记照顾哪个兄弟哪个表弟，甚至有人说到了找工作、升迁买房等等在我看来是天方夜谭的事情。他们中还有一些人，甚至在以前还给我们家使过绊子。在他们眼中，考上大学，以后就能当大官发大财了，我就成了他们将来可能会靠得上的'关系'。"（ZH08）已有研究指出，家长教育期望是一把"双刃剑"，当个体在学习过程中无法激活积极人格特质时，高水平的家长学业期望就可能成为个体的学业压力源之一，甚至对个体的学业发展产生不利的影响。[1]

---

[1] Chen W. W. & Wong Y. L. , "What My Parents Make Me Believe in Learning: The Role of Filial Piety in Hong Kong Student's Motivation and Academic Achievement", *International Journal of Psychology*, Vol. 49, No. 4, 2014.

四 经济条件

家庭第一代大学生的自卑和面临的压力很大程度上与其较差的家庭经济条件有关，实际上，在中国情境下，家庭文化资本、社会资本和经济资本之间存在很强的关联性，经济资本较差的家庭往往也是文化资本贫瘠的家庭。家庭经济资本对学生的影响不止于心理层面的自卑和压力，它还会直接影响到家庭第一代大学生的发展机会，比如在校期间可能无法承担雅思或托福考试、暑期出国交换项目、国外实习等高影响力实践活动的费用，反而从事更多兼职工作，这都可能会进一步拉大他们与非一代大学生的人力资本差距。同时，他们出于经济压力，毕业时更倾向于选择直接工作而非继续深造，考虑到研究生教育的高社会经济地位回报，这可能对家庭第一代大学生的总体回报产生不利影响。"整个大学，我们四姐妹几乎都是拼命做兼职，能早点出来就早点出来挣钱，没有一个考研的，现在想想都后悔。我们各种申请助学金、奖学金，大学都没谈恋爱，也没交几个朋友，因为这些都是奢侈品，我们穷，消费不起。"（ZH09）"爸妈以我不要生活费为荣，觉得很骄傲，大学四年该考的证书没有考，该学的专业知识没学到，一门心思在打工。而且工作内容很低级，发传单、服务员这类的。"（ZH10）

国家"不让一个学生因为家庭经济困难而无法入学"的学生资助政策可能成为影响家庭第一代大学生成功的结构性条件，为很多家庭经济困难学生不会因经济中止接受高等教育提供了保障。但与此同时，考虑到包括绝大部分家庭第一代大学生在内的家庭经济困难学生因为家庭收入过低，大学学费、生活费等依然是其不可承受之重，这会直接影响到其大学和专业的选择，以及大学期间如何安排学习生活，比如是否需要兼职、勤工助学，是否为出国留学做准备等。换句话说，贫穷使得家庭第一代大学生在做决策时可能持有更重的金钱观，这可能会使得他们因为短期收益而错失未来发展机遇，这是当前我国高校家庭第一代大学生仍然不得不经历的"边缘化和无力感"。

第三节　家庭第一代大学生的成功因素

尽管家庭第一代大学生面临诸多困境，但作为家里第一个上大学的人，一方面，其自身就是社会流动的代表，突破了教育的代际传递；另一方面，绝大部分家庭第一代大学生获得了学业和就业的成功，进而突破了社会阶层的代际传递，实现了阶层跨越。这可能得益于社会经济发展带来的时代机遇，比如技术变革、人工智能、数字经济等发展创造了更多高学历人才需求岗位，这是增量带来的发展机会，对包括家庭第一代大学生和非一代大学生在内的大学生群体都适用，同时，在就业岗位存量竞争中，家庭第一代大学生的胜出也与其自身所具有的优势特质密不可分。

一　"开山辟路"的责任感

家庭第一代大学生会将自己作为家庭，甚至家族中"开山辟路"的那一代人，在他们眼里，学习不是单纯个人性事务，更是一种道德事务，是与父母的付出是否得到回报，与自己家庭甚至家族的荣辱联系在一起的，这种责任感是基于自己的底层身份生长出的一种自然动力（程猛，2021）。[①] "一个家族的兴起都是几代人的努力，我们就是'开山辟路'的那一代人，我们也应该为自己能够承担起这么多责任感到自豪。"（ZH11）家庭第一代大学生的责任感尤为体现为他们对学业的重视，以及在学业上的勤奋且投入，懂得发挥自己的应试优势，更加珍惜并且牢牢把握高等教育改变命运的机会。[②] 这种责任感实际上就是文化财富模型中的抱负资本，即使面对现实和感知的障碍，也能对未来保持希望和梦想，并为之努力奋斗的能力，也正因如此，可能使得许多家庭第一代大学生与非一代大学生之间的学业

[①] 程猛：《"读书的料"及其文化生产：当代农家子弟成长叙事研究》，中国社会科学出版社2021年版。

[②] 田杰、余秀兰：《从赤字视角到优势视角：第一代大学生研究述评》，《重庆高教研究》2021年第5期。

差距几乎不存在，甚至更加优秀。

二 愈挫愈勇的韧性

韧性是一种积极人格品质，会通过影响个体的行为、情感和认知而发挥其优势作用。虽然社区文化财富模型指出，韧性等导航资本（navigational capital）并不单是为边缘化群体而创建的，但却在他们身上体现得尤为明显。与非一代大学生相比，艰难的成长环境往往使得家庭第一代大学生更具韧性、自我克制和拼劲。尽管农家子弟并不具有先赋性的客观优势，却因其自身的底层处境而自然生发出向上拼搏的动力，一些不利的文化处境或事件也可能转化为学习的韧性，这些动力都是与出身于底层这一事实紧紧相连的。① "虽然资质极其平庸，但是骨子里还是有一股冲劲的，也不想浪费大学时间，就踏踏实实学门手艺，于是就开始认真地学习计算机知识。"（DX02）韧性的建立也是重塑自信的过程。"从农村来到北京看到了生活完全不同的样子，时而会感到自卑，但自卑的同时又会告诉自己要努力……自己一直在不停地努力学习，大学给自己带来的最大改变就是让自己慢慢地变得自信有底气。"（DX06）家庭第一代大学生在层层选拔中不断冲破家庭文化资源匮乏的阻碍，培养了较高的独立性、抗压性，以及良好的学习能力、坚忍不拔的精神品质，使得他们在校期间的学业表现和发展并不输非一代大学生。② 正是由于家庭第一代大学生父母难以为其成长与发展提供相应指导，从而也给了他们更大的自主和自由空间，这在一定程度上锻炼了其自我主导能力，使其变得独立性更强，也更有主见。"因为我知道他们的建议大部分情况下并没有什么用处，所以我比同龄人会更有想法有主见，我可以考虑事情很周全，基本上不需要别人操心。"（ZH12）

---

① 程猛：《"读书的料"及其文化生产：当代农家子弟成长叙事研究》，中国社会科学出版社2021年版。
② 熊静：《第一代农村大学生的学习经历分析——基于结构与行动互动的视角》，《教育学术月刊》2016年第5期。

三 有意识的社会资本积累

成功升学或就业的家庭第一代大学生往往会比较重视自身社会资本的积累，善于借助亲戚朋友、同学、辅导员或管理人员、专业教师的力量拓宽自己的成长发展道路。与国外高校不同，当前我国高校教职工的主要群体绝大多数是家庭第一代大学生，和当下同样身为家庭第一代的学生们有着相似的家庭出身和求学经历，能带给学生榜样示范，大学老师作为学生导师，会参与到学生的求学和求职发展路径中，并且影响学生的大学体验。[①]"当时我考国家公务员一路从笔试到面试，他（辅导员）每个环节都会叮嘱我，关切地问一下我怎么样，结果出了吗或怎么样，最后人家（招聘方）打电话说我性格测试没过，我就跟他说了这个事情，他当时把我带到我们学院党委书记那里，问他（学院党委书记）能不能帮我联系一下。"（DX02）"大一我刚入学的时候，她（亲戚，在大学任教）就跟我说，你以后要多锻炼，意思就是不要光学习，然后你要多锻炼自己的能力，然后就推荐我去我们（现在的）学院做学生助理。"（DX01）"我在遇到，比如说不知道该干什么时候很迷茫，或者没动力的时候，我就会给她（姐姐）打电话，她就会疏导我、开解我……然后现在她虽然是在读书，但因为是医学生，其实相当于在医院上班，所以每个月也会有工资，她每个月发了工资之后还会给我打钱，就感觉现在我像有三个父母一样，之前属于精神上的支持，然后她有能力之后还在物质上支持我。"（DX03）实际上，有研究证实，家庭第一代大学生可以利用学校资源弥补家庭劣势，甚至最终实现迅速赶超。[②]

四 "砸锅卖铁"式的支持

由于缺少大学学习经历的"第一手资料"，家庭第一代大学生的家长往

[①] 方士心、陆一：《中美家庭第一代大学生的不同大学境遇》，《复旦教育论坛》2022年第1期。

[②] 熊静：《第一代农村大学生的学习经历分析——基于结构与行动互动的视角》，《教育学术月刊》2016年第5期。

往难以直接辅助子女的大学学业发展，在学业支持、经济支持等方面存在劣势，因此他们可能主要通过表达教育期望或是对子女教育的高度重视、鼓励学业进步和激发自主学习品质的途径来实现家长参与。[1] 具体体现在以下几个方面。一是坚信读书可以改变命运。家庭第一代大学生的家庭普遍把"知识改变命运"当成一种信仰，家长对教育工具价值的认同以及身体力行的支持，激励家庭第一代大学生更加努力学习，想通过知识改变命运来回报父母。研究也证实了高水平的家长学业期望对家庭第一代大学生学习能力发展的积极作用。[2] "虽然我爸只是初中毕业，我妈只读过两年小学，连很多常用字都认不全，但是他们一直坚信读书是一条正确的出路，哪怕我周围几乎所有同龄人初中毕业或高中肄业就外出打工，然后谈了媳妇、盖了新房，他们从不动摇地支持我上学，即使我中考失利、高考又失利，即便他们有时候连从打工的城市回家过年的车票都买不起，但从来没有让我放弃读书的想法。"（ZH13）二是会尽其所能地将家庭可用资源投资到子女教育上，当子女学业成绩表现优异时这一点体现得更为明显。"只要你想读，就是砸锅卖铁也要让你读。"（DX04）三是减免子女家庭责任，使其将更多精力投入到学业中。"从小学到高中，他基本上没有做过什么家务活。每次他想做家务活的时候，他爸爸妈妈都会出来对他说，只要读书好就好了，剩下的这些事情我们来做。"（ZH14）"就是从来没承担过身为家庭成员的责任，即使已经22岁了。父母一直以来的思想就是你只要好好学习考上好大学就行了。"（ZH15）四是情感支持。"我一直感恩我的父母，不管他们有多少文化，我每次失败的时候，别人都在关心我的成败，只有他们说没关系没关系。"（ZH16）相比父亲对子女含蓄内敛的关心，母亲对子女的关心更直接，在一定程度上扮演了子女"情绪垃圾桶"，这在一定程度上对于缓解家庭第一代大学生心理压力，保持心理健康是有积极作用的。

---

[1] 陈艳艳：《第一代大学生家长参与对学业投入的影响分析——基于自我决定理论的视角》，《安徽农业大学学报》（社会科学版）2021年第6期。
[2] 陈艳艳：《第一代大学生家长参与对学业投入的影响分析——基于自我决定理论的视角》，《安徽农业大学学报》（社会科学版）2021年第6期。

第四节 小结与讨论

基于实证资料，本章主要分析了家庭第一代大学生成长过程中面临的困难与优势，得出如下结论。第一，家庭第一代大学生的处境是个人因素、家庭因素和社会因素综合作用的结果。考虑到中国高等教育扩招仅有20余年时间，家庭第一代大学生群体仍然占据大学生群体的绝大多数，他们处境的形成带有鲜明的时代特征，一方面，正是得益于扩招政策，很多人才得以迈入高等教育的大门，因此他们自然也要经历伴随扩招政策而来的大学生就业难、教育改变命运没有其父辈时代更有力度等问题；另一方面，鉴于家庭第一代大学生群体的规模庞大，这可能会降低他们和非一代大学生群体在劳动力市场上的区分度，相比决定其属性的父母教育程度，另一些家庭背景指标，比如家庭经济资本可能会彰显更强的影响力，本书揭示的家庭第一代大学生经历的自卑和压力等心理历程，以及因经济不得不放弃的发展机遇都是此方面的证明。

理解我国家庭第一代大学生处境，不能忽视其背后的传统文化力量，回报父母、家庭或家族的孝道观既可能是其不断向上的原动力，也可能会转变成家庭第一代大学生身上不可承受之重，这一点在与国外家庭第一代大学生处境相比较时尤为要注意。因此，关注我国家庭第一代大学生处境，既要看到个人，也要跳出个人看到环境，认识到政策和文化的力量，实际上，这也是社区文化财富模型和批判文化财富模型强调社会、制度和文化因素的原因所在。

第二，家庭第一代大学生的成功既需要发挥自身优势，也需要突破自我局限性。文化资本模型忽视了家庭第一代大学生所具备的韧性和应变能力的文化资本，没有考虑到学生自身的韧性和能动性，他们可以利用家庭支持、学校支持、个人毅力和适应能力等来抵制消极因素的影响，这实际上是家庭第一代大学生成功的重要途径。一方面，家庭第一代大学生因其身份所生发出来的责任感、与之伴随而来的勤奋和努力，以及在困难环境中锻炼出来的韧性都是其在成长与发展过程中抵制消极因素的优势所在。

家庭第一代大学生所经历的层层教育选拔，使得他们自身往往已具备独立性、抗逆力和环境适应性等精神品质。[1] 家庭环境的劣势很可能更加成就了他们勤奋刻苦的学业精神和卓越的应试能力，使其更加勤奋努力，从而在学业表现上不输非一代大学生。另一方面，成功的家庭第一代大学生也是能够主动跳出局限性，在社会资本积累、非认知能力提升方面有所突破的群体。家庭第一代大学生在接受高等教育的过程中努力克服自己原生家庭的不足与短板，积极利用高等教育所提供的平台与资源，在师生交往、同伴互动、实践实习等方面积极发挥主观能动性，搭建了自己的社会关系网络，从而帮助其在未来就业和升学过程中发挥积极作用。

第三，对待家庭第一代大学生要把赤字视角和优势视角相结合，做到精准帮扶。与赤字视角侧重于家庭第一代大学生的成功障碍或"固有缺陷"不同，优势视角"将焦点从问题转移到可能性"，[2] 探讨学生如何在困难或障碍面前坚持下来，旨在"重塑学生从脆弱或挣扎到坚韧和有力量的经历"[3]。赤字视角没有考虑社会、制度和文化因素，容易造成一种错觉，即家庭第一代大学生面临的问题完全是个人问题，给予他们零星的经济或文化资本将会缩小他们与同龄人之间长期存在的巨大差距，帮助他们获得成功。[4] 这种误解易使一些教育干预帮扶政策"隔靴搔痒"，无法从根本上解决家庭第一代大学生的困境，也会使大学摘掉责任的"帽子"。

---

[1] 孙冉、梁文艳：《第一代大学生身份是否会阻碍学生的生涯发展——基于首都大学生成长追踪调查的实证研究》，《中国高教研究》2021年第5期。

[2] Schreiner, L. A. & Anderson, E., "Chip", "Strengths-based Advising: A New Lens for Higher Education", *NACADA Journal*, Vol. 25, No. 2, 2005.

[3] Hernandez, R., Covarrubias, R., Radoff, S., Moya, E. & Mora, Á. J., "An Anti-deficit Investigation of Resilience Among University Students with Adverse Experiences", *Journal of College Student Retention: Research, Theory & Practice*, 2020, Advance Online Publication.

[4] Bassett, B. S., "Better Positioned to Teach the Rules Than to Change Them: University Actors in two Low-income, First-generation Student Support Programs", *The Journal of Higher Education*, Vol. 91, No. 3, 2020.

第七章　国外高校家庭第一代大学生表现及其支持体系

为帮助家庭第一代大学生成长与发展，国外许多政府和高校推出了支持家庭第一代大学生的项目，这些项目的目标和实施方式各不相同，从解决经济困难到学术技能不足再到文化障碍。[1] 研究发现，随着家庭第一代大学生参与新生研讨会、学习社区、写作强化课程、本科生科研、服务学习、实习等高影响力实践活动的增加，自我报告的学习收获也有所增加，而且比非一代大学生收益更高。基于学界对家庭第一代大学生研究成果的广泛积累，美国高校针对家庭第一代大学生群体推出了许多精准性帮扶措施，也对其在校和劳动力市场表现产生了积极影响，加州大学系统是其中的典型代表。

加州大学系统（以下简称加州大学）作为美国乃至全球最大的公立研究型大学系统，共有 10 所分校，在校生 28 万余人，其中本科生约占 80%，每年毕业生中家庭第一代大学生约占 40%（2023 年有 2.7 万名家庭第一代本科毕业生，约占 41%），远高于其他选拔性公立和私立大学（分别为 27% 和 18%），并且超过了美国平均水平（36%）。[2] 加州大学高度重视本科生人才培养，本科生教育质量受到劳动力市场的广泛认可，尤其是在改善家庭第一代大学生、低收入家庭学生群体方面成

---

[1] Finley, A. & McNair, T., Assessing Underserved Student's Engagement in High-impact Practices, Washington, DC: Association of American Colleges and Universities, 2013.

[2] UCOP Institutional Research & Academic Planning, First-Generation Student Success at the University of California, 2017.

效显著，《纽约时报》曾将加州大学称为"加州的向上流动机器"。根据加州大学机构研究与学术规划办公室（Institutional Research & Academic Planning）2021年发布的报告显示，36%来自收入最低20%的加州大学学生成年后进入收入最高的20%，从而在经济流动性方面实现了更大飞跃，这一比率高于加州和美国其他四年制大学；在毕业5年后的收入通常约为5万美元，这与非一代大学毕业生大致相同，而且这些收入在毕业后10年内翻一番；大多数加州大学家庭第一代学生在7年内的收入会超过他们的父母；至少四分之一的加州大学毕业生（27%）在毕业8年后拥有住房，而在全国范围内，这一比率为七分之一（14%），① 因此，加州大学文凭通常被视作迈入中产阶层或更高阶层的"门票"。家庭第一代大学生的成功和加州大学为这些学生提供的项目与支持密不可分。

第一节 加州大学家庭第一代大学生招生与学业情况

加州大学本科生经历调查（University of California Undergraduate Experience Survey，UCUES）每隔两年会对各分校的本科生开展一次调查，旨在了解本科生在校教育经历和成长发展情况。该调查收集了学生在校期间的参与情况，包括课堂参与、研究参与、实习和公民参与等，以及对学校环境、教育经历和人际交往能力等方面的评价。本节依托这一调查数据，重点介绍了加州大学家庭第一代大学生的招生情况、学生能力发展和校园参与情况等。

一 招生情况

在加州大学，家庭第一代大学生是指父母和监护人都没有获得四年

---

① UCOP Institutional Research & Academic Planning, Fiat Lux: What is the Value of a UC Degree? 2021.

制大学学位的学生。根据2022年本科生调查数据[①]，在2022年加州大学本科生中，37%为家庭第一代大学生。不同分校之间家庭第一代大学生比例存在较大差异，比率最高的是默塞德分校（UC Merced），也是加州大学最年轻的分校，达67%；最低的是伯克利分校和洛杉矶分校，均为29%。从学生结构来看，女生（59%）所占比例高于男生（39%）；西班牙裔和拉丁裔美国人占比最高（48%）；其次是亚裔或太平洋原住民（28%），白人占比为10%。绝大部分家庭第一代大学生为加州大学本科新生（74%），除此之外还包括社区学院转学生。

从家庭背景来看，家庭第一代大学生更多来自低收入家庭。在2021—2022学年注册学生中，57%的家庭第一代大学生来自年收入6万美元以下家庭（据美国人口普查局2022年的报告，2021年实际家庭收入中位数为70784美元），而非一代大学生这一比率只有17%。反过来看，38%的非一代大学生来自年收入20万美元及以上家庭，而家庭第一代大学生这一比率只有3%。75%的家庭第一代大学生认为自己成长的社会阶层为工薪阶层或低收入阶层，而非一代大学生只有17%。

从专业结构来看，在2021—2022学年注册学生中，加州大学家庭第一代大学生和非一代大学生就读比率排名前三位的学科领域都是社会科学/心理学（26%和19%）、生命科学（18%和20%）和工程/计算机科学（14%和19%），但是两类群体之间在比例上存在一定差异。具体到专业而言，最受家庭第一代大学生欢迎的专业排名前三位的是心理学（11%）、生物科学（10%）和社会学（8%），而非一代大学生更喜欢的专业排名前三位的是计算机科学（11%）、生物科学（8%）和心理学（7%）。

二 学业情况

总体来看，加州大学家庭第一代大学生的毕业率要低于非一代大学

[①] 注：除特别说明外，以下引用数据均来自 University of California UCUES（2022）调查的 First-generation college students 数据库，访问网址为：https://www.universityofcalifornia.edu/about-us/information-center/first-generation-college-students；访问时间为：2023-12-13。

生。从2022届大学生毕业率来看（不包括转学生），家庭第一代大学生和非一代大学生四年大学毕业率分别为66%和77%，六年大学毕业率分别为81%和89%，明显高于美国全国公立大学所有本科生的六年毕业率（约60%）。[1] 家庭第一代大学生就业率在加州大学内部不同分校之间存在较大差异，最高的是洛杉矶分校（78%）和伯克利分校（70%），最低的是默塞德分校（50%）和圣克鲁兹分校（58%）。在家庭第一代大学生中，女生四年大学毕业率（70%）高于男生（60%）。相比较而言，家庭第一代和非一代加州大学转学生的两年或四年大学毕业率差距相对较小。

家庭第一代大学生大学一年级保留率同样低于非一代大学生。2021年入学新生中，家庭第一代大学生保留率为88%，而非一代大学生为94%；两类群体差距在2019年入学新生中最小，分别为92%和93%，这可能意味着疫情对家庭第一代大学生保留率的负向影响更大。同样，家庭第一代大学生保留率在加州大学内部不同分校之间存在较大差异，最高的是洛杉矶分校（94%）和伯克利分校（93%），最低的是默塞德分校（81%）和河滨分校（84%）。在家庭第一代大学生中，女生第一年保留率和男生基本一致。同样，家庭第一代和非一代加州大学转学生的大学一年级毕业率差距相对较小。

从毕业意向来看，家庭第一代大学生和非一代大学生选择全职工作的比率基本相近，但是在继续深造方面，家庭第一代大学生（34%）要低于非一代大学生（40%），更进一步的调查显示，26%的家庭第一代大学生期望最高学位为学士学位，而非一代大学生为19%。

三 能力增值水平

UCUES2022年问卷还调查了本科生在大学期间的认知能力和非认知能力等发展情况。数据表明，一方面，加州大学本科生在认知能力、

---

[1] U. S. Department of Education, National Center for Education Statistics. The Condition of Education 2017 Academic Advancement Program Overview (NCES 2017-144), 2017.

非认知能力上都有明显进步，尤其是在认知能力领域的改善更明显。另一方面，家庭第一代大学生和非一代大学生在各项能力发展上存在差异。相比非一代大学生，家庭第一代大学生所有能力的增值幅度都要更高，尤其是在认知能力领域的分析与批判性思维、清晰有效的写作能力（相差9个百分点）、借助图书馆和网络信息进行研究的能力（相差7个百分点），以及非认知能力领域的口语交流能力、准备和进行报告的能力（都相差5个百分点）等，这在一定程度上表明家庭第一代大学生可能从接受加州大学高等教育中获益更大。

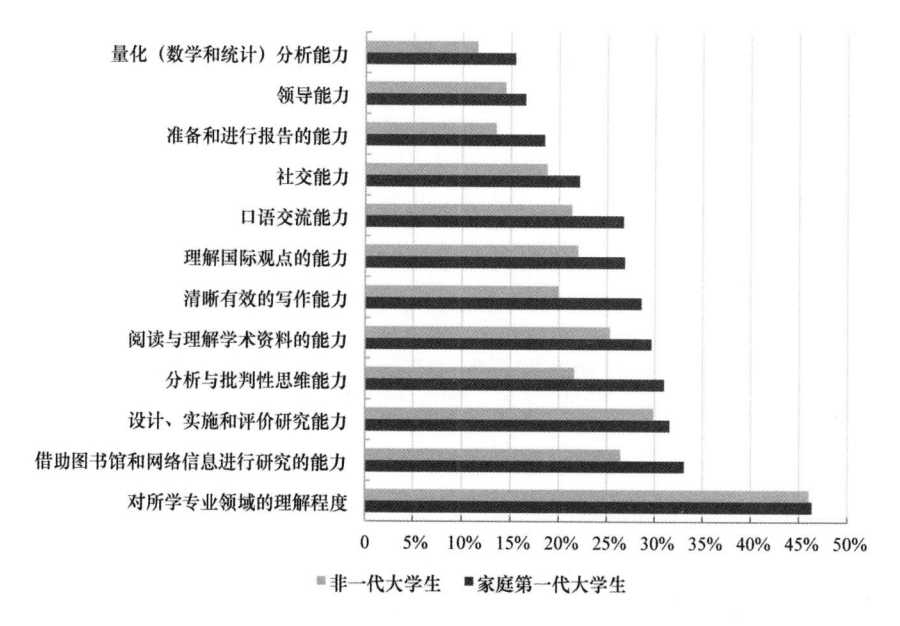

图 7-1 加州大学家庭第一代和非一代大学生的能力增值幅度

数据来源：UCUES（2022）。

四 学术与社会经历

学生能力发展与其大学期间的学术参与和社会参与密不可分。实际上，基于同一调查早期数据，有学者研究证实，学生越多参与学术活动，毕业后挣得越多，而且在所有因素中，学术参与、实习参与和课程准备是毕业后收入的最强预测因素，无论是短期还是长期来看都是如此。[1] 总体来看，88%的加州大学本科生对整体学术经历感到满意，而且家庭第一代大学生和非一代大学生的评价基本一致。在课堂参与方面，家庭第一代大学生和非一代大学生在与教师沟通，必要时寻求教师帮助、认真对待课程论文、参与课堂汇报等方面基本不存在差异，但在高质量参与课堂讨论、与同学合作学习等方面，家庭第一代大学生表现要差于非一代大学生。受益于研究型大学的优势，加州大学本科生参与科研的比例很高。60%的加州大学本科生已经完成或正在进行一个研究项目、创意项目或研究论文。有五分之一的学生有过在研究中协助教师的经历，这一数据到大四时超过三分之一，但家庭第一代大学生（17%）在这方面的表现要差于非一代大学生（23%）。

社会参与包括参与学生组织、社区服务和实习等。加州大学校园里有为数众多不同领域的学生俱乐部或组织，比如伯克利分校、洛杉矶分校等都有1000多个，为学生提供了广泛的选择机会。总体而言，76%的加州大学本科生对整体社会经历感到满意，家庭第一代大学生满意的比例和非一代大学生也基本一致。在社会参与方面，家庭第一代大学生和非一代大学生在写作强化课程、新生研讨会、社区服务或志愿者活动、领导力课程等方面都呈现出较高的参与度，而且两类群体基本不存在差异。但两类学生群体在参加学生组织、兼职、实习等方面存在较大差异。数据显示，加州大学58%的学生曾经或现在正参与学生组织（大四时达到63%），值得注意的是，家庭第一代大学生参与学生组织的比率（48%）要远低于非一代大学生（65%）。在兼职方面，有30%的家庭第一代大学生中参加校外兼职工作（有报酬，包括实习），而非一代大学生的这一比率为26%，其中有10%的家庭第一代大学生校外兼职超过20个小时，而非一代大学生的这一比率为4%。在实习

---

[1] Chang, T. S., Furgiuele C., Zhang, X. H. et al. *Getting Engaged: Does it Work?*, Presenting at 40th Annval Conevence of Cdifornia Association for Institutional Research, 2015.

方面，家庭第一代大学生的表现都要差于非一代大学生，包括参加有学分和没有学分的实习、见习或现场体验。

第二节 加州大学面向家庭第一代大学生的学生服务

根据加州高等教育总体规划，加州大学的一个基本使命是培养从本科生到研究生的所有层次学生，并为那些积极进取的学生提供充分发挥其潜力的机会。面对众多家庭第一代大学生，加州大学各分校采取了多样化措施来支持这一群体的成长与发展。

第一，面向家庭第一代大学生开展导师辅导和同伴辅导，以促进其学业成功、降低辍学率。其中一项举措是利用家庭第一代教师来指导家庭第一代大学生，并为家庭第一代大学生在大学取得成功提供资源和工具支持。比如洛杉矶分校2019年启动了第一代教师倡议（First Generation Faculty Initiative），目的是通过增加家庭第一代教师和学生的联系，为家庭第一代大学生在洛杉矶分校的专业、学术和个人生活提供全面支持，支持的领域包括学业辅导、职业准备、财务健康、个人发展和学校适应等。[1]伯克利分校工程学院的第一代导师计划（First-generation Mentor Program）旨在缓解家庭第一代大学生在这一年中经常面临的挑战，包括两个相互关联的项目：高年级部的家庭第一代工程专业学生指导低年级部的家庭第一代工程专业学生；校友、教师和研究生指导高年级部的家庭第一代工程专业学生。[2]尔湾分校的第一代挑战项目（First-Generation First Quarter）也是类似性质的项目。

---

[1] UCLA, First-Gentorship, https://firsttogo.ucla.edu/first-gentorship, 2023-12-13.
[2] UCB, Academic Achievement and Mentorship Services, https://admissions.berkeley.edu/academics/first-gen-resources/, 2023-12-13.

基于差异教育干预的理念，^①加州大学总校建立了家庭第一代大学生专门网站，邀请加州大学的学生、教师、校友、工作人员和学校领导中的家庭第一代大学生代表分享自己的故事，主要内容包括"我的背景故事""什么促使我上大学""我会告诉新生哪些东西""我的背景如何帮助我""我大学经历中最棒的事"等内容。^②旧金山分校、戴维斯分校、圣芭芭拉分校等也有专题网站分享家庭第一代大学生的成长故事。这些故事强调了教职工和学生不同的社会阶层背景如何影响他们的大学经历和挑战，以及取得成功所需要的优势和策略。通过故事分享将家庭第一代大学生在大学校园的经历正常化，让他们感觉到自己的经历得到了验证，自己是校园社区的积极成员，并不孤独，从而培养学生与大学之间的联系和归属感，反过来提高了他们的学术和社会参与度。同时，学校提供支持性资源，帮助专业教师更好地了解家庭第一代大学生，成为助力他们发展的重要力量。比如戴维斯分校为鼓励所有教师支持家庭第一代大学生成长，提供了相应的教学资源支持，包括支持学业成功的一般策略、透明教学（Transparent Teaching）的策略和建议、鼓励参与学术活动的策略，以及促进校园社会和社区参与的建议等。^③

第二，创设生活学习共同体，增加家庭第一代大学生显示度。生活学习社区（living learning community）为所有教师和学生建立一个共同生活和学习的环境，有研究发现，参与生活学习社区的家庭第一代大学

---

① Stephens, N. M., Townsend, S. S., Hamedani, M. G., Destin, M. & Manzo, V., "A Difference-education Intervention Equips First-generation College Students to Thrive in the Face of Stressful College Situations", *Psychological Science*, Vol. 26, No. 10, 2015. Townsend, S. S. M., Stephens, N. M. & Hamedani, M. G., "Difference-education Improves First-generation Student's Grades Throughout College and Increases Comfort with Social Group Difference", *Personality and Social Psychology Bulletin*, Vol. 47, No. 10, 2021.

② UC, FirstGen, https://www.universityofcalifornia.edu/student-success/firstgen, 2023-12-13.

③ Center for Educational Effectiveness (CEE), Supporting First-Generation University Students Series, https://cee.ucdavis.edu/JITT, 2018, 2023-12-12.

生在智力发展、人际关系发展等方面的表现优于非一代大学生。[1]尽管在很多高校它不是专门针对家庭第一代大学生的，但加州大学洛杉矶分校于2018年秋季专门建立了家庭第一代大学生的生活学习社区，旨在为他们提供一个包容性的生活环境，通过提供支持和鼓励学生取得成功的环境社区来激发学生的学业成就。[2]在生活学习社区，家庭第一代大学生可以了解如何申请奖学金和管理自己的财务、如何掌握实用技巧来克服生活中的压力，提高韧性、如何充实简历并在校内外找到工作等。作为一个社区，它协助建立家庭和学校联系，帮助管理学校和家庭这"两个世界"，增加学生的自豪感和显示度，同时也增加了家庭第一代大学生与教职员工和特定资源的联系，并培养了第一代同龄人的互助支持体系。另外，一些提高学生显示度，培养学生归属感和认同感的措施还包括每年11月8日国家第一代纪念日（National First-Generation Day）；家庭第一代教职工在学期开始时穿戴印有第一代标志的T恤和徽章，宣称"家庭第一代大学毕业生"身份等。

　　第三，强大的经济资助成为帮助家庭第一代大学生完成学业的重要手段。经济困难是阻碍家庭第一代大学生顺利完成学业的重要因素。有研究表明，家庭第一代大学生更可能使用学生贷款、工作收入、奖学金/助学金和信用卡来完成大学教育，而非一代大学生更可能依靠父母和家庭收入，家庭第一代大学生可能会经历更大的经济困难。[3]加州大学长期以来一直致力于确保教育成本不会成为完成加州大学教育的障碍。通过强大的经济援助计划，加州大学为家庭收入在8万美元或以下的加州学生支付所有学杂费，有高达88%家庭第一代大学生学杂费被

---

[1] Markle, G. & Stelzriede, D. D., "Comparing First-generation Students to Continuing-generation Students and the Impact of a First-generation Learning Community", *Innovative Higher Education*, Vol. 45, No. 4, 2020.

[2] UCLA, First To Go Living Learning Community, https://firsttogo.ucla.edu/programs/first-to-go-living-learning-community, 2023-12-13.

[3] Rehr, T. I., Regan, E. P., Abukar, Z. & Meshelemiah, J. C. A., "Financial Wellness of First-generation College Students", *College Student Affairs Journal*, Vol. 40, No. 1, 2022.

完全覆盖，非一代大学生这一比率为43%。许多低收入学生在住房、书籍、交通和食品费用方面获得额外帮助。在2021—2022学年，加州大学家庭第一代大学生获得的各类资助和奖学金（包括加州助学金、佩尔助学金、加州大学助学金、奖学金、兼职收入等）平均为22101美元，扣除这些之后，学生学年净支出约为11560美元，近五年基本维持在1.1万—1.3万美元之间。虽然家庭第一代大学生毕业时背负平均17780美元贷款，但由于加州大学学位带来的赚钱能力增强，毕业生在4—6年内就可以实现收支平衡。[①]

第四，通过加强家庭第一代大学生相关研究，不断改进家庭第一代大学生服务活动质量。大学教职员工和研究生推动并加强了如何提高家庭第一代大学生成功率的研究，这些发现也塑造了加州大学的项目和服务。最具代表性的是，加州大学本科生经历调查呈现了2014年以来家庭第一代大学生的基本信息、注册情况、专业、保留率和毕业率，以及财政支持情况等，方便于院校研究人员和学校管理者更好地了解家庭第一代大学生画像，更有针对性地做好这一群体的学生服务工作。除此之外，加州大学学生事务管理部门将学生事务评估的重点由"多少学生参加了校园活动"转变为"学生通过参加校园活动学到了什么"，[②]及时了解包括家庭第一代大学生在内的学生学术和社会参与收获，有针对性改进和完善学生服务质量，促进学生全面发展。比如尔湾分校学生事务部通过建立学生学习成果（Student Learning Outcomes，SLO）记录其对学生学习的影响。每个学生事务具体部门负责制定结果标准，对学生的公民和社区参与、领导力发展、多样和全球意识、行政和专业技能、个人责任这五个领域中的一个（或多个）的进步情况进行评估，评估的结果将用于完善现有的项目，并为拓展学生的学习开发新资源。[③]

---

① UCOP Institutional Research & Academic Planning, Fiat Lux: What is the Value of a UC Degree? 2021.
② 常桐善编：《美国大学本科教育学习成果评估》，科学出版社2020年版。
③ UCR, Learning Outcomes Assessment, https://sites.uci.edu/saslo/learning-domains-2/, 2020-05-11.

● ● ● 家庭第一代大学生的学业与就业

除此之外，加州大学也很重视家庭第一代大学生的学术发展帮扶。比如洛杉矶分校的学业促进计划（academic advancement program）通过学术咨询、学术课程、个人和职业咨询、研究生和专业学院指导、参加创新科学项目的机会，以及提供奖学金等方式，促进包括家庭第一代大学生在内的边缘学生群体的学术成就和卓越成就。[1] 伯克利分校从1964年实施至今的教育机会计划（educational opportunity program）也是类似项目。[2] 当然，覆盖面广、精细化高的家庭第一代大学生服务也与加州大学各分校健全的组织机构和高素质的学生事务服务人员密不可分。加州大学各分校学生服务人员规模很庞大，以学生事务部门为例，尔湾分校有892名学生事务工作人员；戴维斯分校包括近30个部门，大约750名专业员工和3000名学生员工；圣地亚哥分校拥有500多名专业员工和2400名学生员工。同时，加州大学对于从事学生事务工作人员的专业背景有明确要求，比如圣地亚哥分校的学生事务工作人员都是硕士毕业，较高职位的工作人员则需要具有博士学位，且均具有学生事务、心理咨询等相关专业的学科背景。[3]

第三节 小结与讨论

与美国不同，由于我国高等教育扩张较晚，家庭第一代大学生比例将在未来较长一段时间内在高校学生群体中占据较大比例。《大学如何影响学生》一书指出，"大学对学生影响的大小在很大程度上是由学生个体的努力程度以及参与程度决定的，大学里所有政策、管理、资源配

---

[1] UCLA, Academic Advancement Program Overview, https://www.aap.ucla.edu/about-aap/overview/, 2020－05－11.
[2] UCB, Educational Opportunity Program, https://eop.berkeley.edu/new-admit-welcome, 2023－12－13.
[3] 张园园：《美国高校学生事务工作的特点与启示——以加州大学圣地亚哥分校为例》，《高校辅导员学刊》2014年第5期。

置等都应该鼓励学生更好地参与到各项活动中来"①。在理论层面加强相关研究基础上,高校在实践层面同样需要采取多种措施增强对这一群体的识别、支持与帮助。

作为世界一流公立研究型大学,加州大学在促进家庭第一代大学生发展方面成效显著,家庭第一代大学生毕业率明显高于美国全国公立大学均值,毕业五年后的收入与非一代大学毕业生大致相同。加州大学家庭第一代大学生和非一代大学生对在校期间整体学术和社会经历的满意度评价基本一致,而且家庭第一代大学生在各项能力发展方面的获益要大于非一代大学生。

为更好地服务这一群体,加州大学各分校采取了面向家庭第一代大学生开展导师辅导和同伴辅导,创设学习生活共同体、有力的经济资助支持、加强家庭第一代大学生研究改善服务质量等多项措施,形成对家庭第一代大学生的有效支持体系。加州大学在家庭第一代大学生发展方面的实践探索提醒我国高校可将家庭第一代大学生纳入政策制定和实践帮扶视野之中,加强相关研究,制定针对性政策,提供精准性服务,以便更好实现促进这一群体的发展,更好发挥高等教育改善社会流动的功能。

---

① Pascarella, E. T. & Ternzini, P. T., *How College Affects Students: A Third Decade of Research*, San Francisco, CA: Jossey-Bass, 2005.

第八章　总结与展望

随着我国高等教育发展，家庭第一代大学生在高等教育中的绝对数量和相对比例在不断发生变化，一方面，他们可以通过自身努力，在高等教育系统中较快实现学术和社会融合，在学业方面取得显著进展，并最终找到满意的工作，从而在一定程度上改变家庭命运，实现向上社会流动；另一方面，他们也可能艰难融入大学学习生活，因缺乏家庭有效指导在高等教育系统中时常感到举步维艰，茫然失措，学业成绩难有突出表现，并最终在就业竞争中落败。毫无疑问，家庭第一代大学生的学业和毕业情况不仅直接影响学生发展，也关乎高等教育促进社会流动，阻断贫困代际传递重要功能的实现。

我国与美国等主要发达国家不同，它们因为高等教育进入普及化阶段更早，国民接受高等教育比例更高，家庭第一代大学生已经成为大学中的少数群体，而我国高等教育系统 2019 年才正式进入普及化阶段，家庭第一代大学生仍然占据当前大学生的绝大多数，这种在大学里群体规模上的"多数派"与他们在身份上的"边缘化"或"少数派"之间可能存在冲突。同时，受长期城乡二元经济体制的影响，我国城乡居民收入差距明显，家庭第一代大学生更多来自农村低收入家庭，也就是我们常说的"寒门贵子"，但他们求学的高校几乎都集中在城市，身处现代化都市大学中，家庭经济背景劣势与家庭第一代大学生身份的交叉对这一群体的影响可能更为突出。

本书重点分析了我国高校家庭第一代大学生的学业和就业现状，并试图揭示影响其学业和就业表现的主要因素，既有宏观层面的整体画像，也有基于访谈资料对于个体层面的剖析，既要关注其能力的发展，也要关注其独特的心理体验。

第一节 主要结论

基于对全国高校 2022 年度应届本科毕业生调查数据的实证分析，本书得出如下主要结论。第一，家庭第一代大学生占据我国当前大学生群体的绝大部分，占比达到四分之三，与非一代大学生相比，他们更可能具有如下"画像"特征：女生、非独生子女、农业户口、家庭社会关系较少、在普通高校或民办高校/独立学院就读、专业领域为理学、工学、农学或医学等。家庭第一代大学生往往来自低收入家庭、父母从事非管理技术类职业或者说出身于较低社会经济地位家庭，这与国内外许多研究者的发现相一致。[①] 实际上，我国家庭第一代大学生主要是农村大学生群体，比例超过 70%，受限于城乡之间在收入、教育、就业和公共投入等方面存在的明显差距，使得他们与城市非一代大学生群体相比可能面临着更为不利的成长与发展环境。

第二，从学业表现看，相比认知能力，家庭第一代大学生和非一代大学生在非认知能力方面差异显著，但是，从接受高等教育中获得的能力增值来看，家庭第一代大学生，尤其是农村第一代大学生获益更大。一方面，控制其他变量后，两类群体在学业成绩为代表的认知能力表现上的差异不显著，但是家庭第一代大学生在自尊和韧性方面的劣势表现出稳健性。家庭第一代大学生可能普遍经历自卑情结，包括外在维度上难以妥当地处理人际关系，内在维度上容易自我否定，缺乏自信，做决策时容易畏首畏尾，犹犹豫豫，害怕失败，在意别人对自己的评价等。

[①] 曾东霞：《"斗室星空"：农村贫困家庭第一代大学生家庭经验研究》，《中国青年研究》2019 年第 7 期。王严淞、马莉萍：《精英高校能否弥补家庭第一代大学生的能力劣势？——基于追踪调查的实证研究》，《清华大学教育研究》2022 年第 4 期。Redford, J. & Mulvaney Hoyer, K., *First-generation and Continuing-generation College Students: A Comparison of High School and Postsecondary Experiences* (NCES 2018 – 009), Washington, DC: National Center for Education Statistics, U. S. Department of Education, 2017.

这可能不同于谢爱磊和白宜凡（2023）所认为的自卑感是农村学生的一种特殊主观建构——因自认为缺乏在精英环境中被认可的"知识"和"文化技能"从而对自身社会能力的系统"低估",[①] 而是客观存在的非认知能力差距。另一方面，家庭第一代大学生的分析与批判思维能力、组织领导能力、口头表达能力、团队合作能力等增值幅度要显著高于非一代大学生。进一步细分群体之后发现，农村家庭第一代大学生获得能力增值最大，这与对加州大学家庭第一代大学生的能力增值研究发现相一致，可见，他们相比非一代大学生同龄人从接受高等教育中获益更大，接受高等教育依然是"寒门贵子"的有用选择。

第三，学生学业表现受到学生参与和学校支持等多种因素的影响。一是大学生积极的学术和社会参与，比如更多的学习投入、同伴互动、参与研究性相关活动和更高的教育期望都会促进学生的认知和非认知能力发展，但是社会实践类活动参与并非越多越好，虽有助于自尊和韧性水平提升，但却带来了学业成绩的下降。二是相比非一代大学生，家庭第一代大学生的学术参与和社会参与普遍更低，比如学习投入、同伴互动、生师互动、课外活动参与，以及感知的学校支持和学校归属感都要显著低于非一代大学生，这一发现支持了家庭第一代大学生赤字视角的研究观点。三是相比非一代大学生，家庭第一代大学生遭受了更多的家庭成就内疚感和低学校归属感的负面影响。这种内疚感不仅可能会影响其在学业上的表现，也可能会对其心理健康产生潜在作用，甚至还会影响到其升学意向乃至未来发展。

第四，家庭第一代大学生和非一代大学生相比，在毕业意向上更倾向于选择就业而非升学，实际毕业去向也确实如此。原因可从以下三点来解释。一是家庭第一代大学生由于其父母没有上过大学，因此从父母那里不仅很难获得对大学和专业的了解，对研究生教育的回报可能难以有清晰的认识，从而在毕业后是升学还是求职方面难以得到针对性指导

---

① 谢爱磊、白宜凡：《"自我低估"：精英大学农村籍大学生社会能力的自我建构》，《教育研究》2023年第5期。

建议。二是家庭第一代大学生往往来自低收入家庭，需要承受更大的经济压力，出于尽早自立自强，以及帮助父母缓解经济压力，甚至回报父母养育之恩的朴素观念，往往毕业时更倾向于选择直接工作而非继续深造。三是根据文化资本理论的观点，相比非一代大学生，家庭第一代大学生更多选择直接进入劳动力市场，似乎表明将大学积累的资本转化为研究生入学率和高学历的愿望在他们的惯习中并不明显。这也意味着，他们在追求更高学历上落后于非一代大学生同龄人，考虑到研究生学历的劳动力市场回报高于本科学历，使得不平等可能向更高学历层次上传递，从而对家庭第一代大学生的总体回报产生不利影响。这在一定程度上支持了Torche（2011）的观点，即研究生入学上存在显著家庭背景差异。[1]

第五，具体到不同毕业去向而言，家庭第一代大学生和非一代大学生在是否成功就业方面存在显著差异，但在是否成功升学方面差异并不显著。一方面，家庭第一代大学生相比非一代大学生落实就业可能性更高，这可能和他们就业意愿更为强烈，以及就业期望相对较低有关，也可能与非一代大学生宁愿选择不就业而继续升学有关。另一方面，毕业生能否成功升学基本不受家庭背景的影响，主要取决于其所就读的学校选拔性和专业领域，以及个体的认知能力与非认知能力等因素。换句话说，想不想考研究生和家庭背景相关，能不能考上研究生主要取决于个体努力。值得注意的是，高选拔性大学的学生升学意向更高，而且也更可能成功就业或升学，但家庭第一代大学生来自高选拔性大学的比例要远低于非一代大学生。在专业领域方面，理工科毕业生在成功就业方面要好于人文类专业、教育学和法学专业毕业生，农学医学专业相比理工专业毕业生更倾向于选择继续深造，升学成功可能性要更高。由此可见，家庭第一代大学生因相对更多选择理学工学专业，在一定程度提高了其就业成功的可能性，同时更多选择农学医学，一定程度上可以改善

---

[1] Torche F., "Is a College Degree Still the Great Equalizer? Intergenerational Mobility Across Levels of Schooling in the United States", *American Journal of Sociology*, Vol. 117, No. 3, 2011.

其升学状况。

第六，没有充足证明表明家庭第一代大学生和非一代大学生在起薪和工作满意度上存在显著差异。控制其他变量后，家庭第一代大学生和非一代大学生的起薪和工作满意度差异不显著。这表明家庭第一代大学生不仅更容易找到工作，而且就业质量方面与非一代大学生同龄人不相上下。这可能是因为更多能力突出的非一代大学生选择了继续深造而非直接就业，这使得进入劳动力市场并与家庭第一代大学生群体竞争就业的非一代大学生往往可能是能力相对较低的群体。另一种可能是家庭第一代大学生身份所彰显的家庭文化资本对毕业生就业质量的影响更多是间接的，比如通过影响子女的学业表现或能力发展来间接发挥作用。当然这些推测有待实证数据进一步检验。

第七，非认知能力和认知能力都是影响大学生就业意向和就业结果的重要因素，非认知能力甚至更重要，不过这种影响对于家庭第一代大学生和非一代大学生群体之间具有一致性。其一，在认知能力方面，更好的学业成绩、获得过奖学金等都提高了学生选择继续读研的意向性，以及成功升学或成功就业的机会概率，但是对起薪的影响并不显著。其二，在非认知能力方面，高自尊、更好的大五人格表现和更高韧性水平对毕业生的升学意向、是否成功就业或升学都呈现出正向影响，而且非认知能力不仅会显著影响大学生的毕业去向（能否找到工作），还会预测其起薪和工作满意度（找到什么样的工作），这一发现为新人力资本理论观点提供了有力支持。其三，与认知能力不同，非认知能力在家庭第一代大学生身份对毕业意向和就业落实的影响过程中发挥着中介作用，存在"家庭第一代大学生—非认知能力低—升学倾向低或实现成功就业可能性低"路径。原因可能在于，将研究生教育视为再投资已经成为优势阶层的惯习，非一代大学生家庭由于占据更多的文化资本，相比第一代大学生家庭，对非认知能力重要性的认识更充分，也更有动力、资源投入到子女非认知能力的培养上。其四，非认知能力和认知能力对毕业生就业结果（起薪和工作满意度）的影响在家庭第一代大学生和非一代大学生群体之间具有一致性，但是在毕业生继续深造和落实单位就业方面，家庭第一代大学生比非一代大学生从高认知能力中获益更大。这一发现在一定程度上支持了资源替代假设，即低社会经济地位家庭出身的学生可能通过依赖更高的认知能力来克服其背景劣势，而能力可能对优势家庭出身学生的地位获得预测力较弱。由此可见，努力学习追求更好的学业表现和更高的学位依然是家庭第一代大学生改善不利处境的有效手段。

第八，家庭背景依然是影响大学生学业和就业结果的重要因素。从学业层面来看，家庭第一代大学生在能力方面，尤其是非认知能力上的弱势可能源于家庭背景的影响。家庭第一代大学生的自卑和面临的压力很大程度上与其不利家庭背景有关。比如，家庭经济条件劣势可能会导致家庭第一代大学生时常体验到捉襟见肘之感，甚至会使得他们产生心理负罪感，这种影响不止于心理层面的自卑和压力，还会直接影响到家庭第一代大学生的发展机会，比如在校期间可能无法承担雅思或托福考试、暑期出国交换项目、国外实习等高影响力实践活动的费用，反而从事更多的兼职工作，这都可能会进一步拉大了他们与非一代大学生的人力资本差距。同时，贫穷甚至会影响人的思维方式，使得他们做决策时缺乏长远眼光，比如在毕业时更倾向于选择直接工作而非继续深造。实际上，正如有研究者指出的那样，在社会经济上占据优势的家庭很容易在代际之间传递家庭资源，主要是通过两个不同的过程影响孩子的能力习得，其一，父母利用家庭的经济资源优势，直接购买高质量的教育工具来培养孩子的能力，或者通过社会关系将他们与实习或工作联系起来，为技能发展提供可能性；其二，随着时间的推移，家庭在文化资本方面的优势（包括语言能力、社交技能、专业能力和更广泛的视角）会对孩子学习和未来成功至关重要的认知和非认知技能的习得产生影响。[1]

在就业方面，家庭收入越高的大学生更倾向于继续深造，如果选择

---

[1] Zhou, C., "A Narrative Review on Studies of Non-cognitive Ability in China", *Science Insights Education Frontiers*, Vol. 12, No. 1, 2022.

进入劳动力市场，成功就业可能性更高；父母职业地位会显著影响毕业生能否找到工作；广泛的家庭社会关系显著提高了毕业生直接进入劳动力市场并成功就业的可能性；虽然家庭第一代大学生身份不能预测大学生就业起薪和工作满意度，但家庭收入、家庭社会关系等指标却具有显著解释力度。这也支持了国内外相关研究中关于家庭背景作用在地位获得过程中依然持续存在的观点。可见，大学毕业生群体所面临的劳动力市场依旧并非完全遵循绩效原则，仍需进一步丰富和完善。同时也提醒我们，在我国情境下，家庭经济资本和社会资本可能比家庭文化资本对高校毕业生初职地位的获得更具预测力度。

第九，尽管家庭第一代大学生在学业和就业过程中面临诸多劣势，但取得成功的家庭第一代大学生具备一些普遍性的优势特质，比如因其身份所生发出来的责任感，和与之伴随而来的勤奋和努力，以及在困难环境中锻炼出来的韧性等。同时，他们也是能够主动跳出局限性，在社会资本积累、非认知能力提升方面有所突破的群体。取得成功的家庭第一代大学生在接受高等教育的过程中努力克服自己原生家庭的不足与短板，积极利用高等教育所提供的平台与资源，在生师交往、同伴互动、实践实习等方面积极发挥主观能动性，搭建了自己的社会关系网络，从而帮助其在未来就业和升学过程中发挥积极作用。

第十，国外一流大学经验表明，高校可以通过多种措施在改善家庭第一代大学生处境、促进社会流动方面发挥积极作用。学校支持既体现在面向普遍大学生群体的高影响力实践活动上，也体现在专门针对家庭第一代大学生群体开展的干预措施上，比如美国加州大学各分校采取了面向家庭第一代大学生开展导师辅导和同伴辅导、创设学习生活共同体等多项措施，形成对家庭第一代大学生的支持体系，这些措施使得加州大学家庭第一代大学生和非一代大学生对在校期间整体学术和社会经历的满意度评价基本一致，而且家庭第一代大学生在各项能力发展方面的获益要大于非一代大学生，这对于我国高校精准做好家庭第一代大学生支持和服务，通过高等教育改善社会流动提供有益借鉴和参考。

第二节　政策建议

当前家庭第一代大学生仍然占据我国大学生群体的绝大部分，正如国内研究者对比中美家庭第一代大学生研究后总结到，中国家庭第一代大学生受益于高考的学力筛选和价值导向，加之普惠公办教育和传统文化信念的赋能，短期内有可能不至于陷入美国家庭第一代大学生的绝对弱势，有机会实现学业追赶和社会地位的跃升，但长期来看，来自体制、政策与文化的有利因素很可能逐渐削弱，需要前瞻性的学术研究和政策支持。[1] 本书基于以上研究结论，提出如下建议。

第一，政府要将家庭第一代大学生群体纳入政策关注范围。比如持续扩大学生奖助金覆盖面，加大资助力度，确保家庭第一代大学生不会因为经济问题成为阻碍大学适应和成功的障碍；在"宏志助航"计划等学生帮扶项目中，将家庭第一代大学生作为选择帮扶对象的参照指标，有针对性地设计培训课程，开展就业能力提升培训，帮助家庭第一代大学生增强求职信心、提升就业竞争力。同时，政策出台要充分考虑其对公平性可能造成的潜在影响。有研究发现选拔性大学在招生过程中采用的模糊录取标准，比如课外活动表现出色，从论文、面试和推荐信中收集的对性格和才能的主观评价等，对于改善入学状况几乎没有帮助，在某些情况下，可能会加剧现有的入学不平等，因为这些可能有利于来自社会特权家庭的学生。[2] 另外，政府也要继续完善劳动力市场制度建设，强化绩效原则，不断降低或弱化高校毕业生就业中的家庭背景不平等和劳动力市场歧视，营造公平公正的就业环境。

第二，高校要转变观念，站在全面提高人才培养质量的高度统筹谋

---

[1] 方士心、陆一：《中美家庭第一代大学生的不同大学境遇》，《复旦教育论坛》2022年第1期。

[2] Rosinger, K. O., Sarita Ford, K. & Choi, J., "The Role of Selective College Admissions Criteria in Interrupting or Reproducing Racial and Economic Inequities", *The Journal of Higher Education*, Vol. 92, No. 1, 2021.

划家庭第一代大学生发展问题，更有针对性做好家庭第一代大学生的教育、引导和帮扶工作。一是要引导鼓励专业教师群体积极关注并主动成为家庭第一代大学生发展的最佳助力者，同时提供必要的培训与资源支持，帮助他们更好地了解家庭第一代大学生的独特之处，在看到他们局限性的同时，也看到他们的优势与潜力，建立积极主动的师生关系。有研究发现，在支持家庭第一代大学生的过程中，教师和管理人员采用优势（asset-based）、中立（generation neutral）或优势和赤字组合（combination of asset and deficit lenses）三种视角，[1]学校管理人员、教师和同龄人对家庭第一代大学生的看法和行动，有可能塑造这些学生对学校的归属感，消极的互动很大程度上让他们感觉自身微不足道、害怕和尴尬。[2]二是高校学生事务管理部门和学生工作者要针对性设计帮扶活动。比如借鉴国外高校经验，通过价值肯定策略、差异教育干预等方式以及更多人际交往、韧性方面的训练活动，组织研讨会或工作坊等邀请家庭第一代教师和大学毕业生分享自己成长故事，帮助家庭第一代大学生深刻认识到他们的家庭背景带来挑战或障碍的同时也可以成为他们大学学习生活的力量源泉。三是要加强对同伴辅导、社团活动、实习、社会实践和田野调查等高影响力实践活动的有组织设计，以此加强家庭第一代大学生非认知能力培养。四是要关注家庭第一代大学生的心理健康。考虑到低家庭社会经济地位的学生在高等教育中不仅面临经济障碍，还面临心理障碍，[3]因此，除了经济帮扶外，心理干预也是减少家庭第一代大学生面临的障碍和缩小社会经济地位成就差距的必要和补充方式。

---

[1] Eguavoen, M., Faculty and Staff's Perceptions of First Generation College Students, University of Pittsburgh Dissertations, 2020.

[2] DeRosa, E. & Dolby, N., "'I Don't Think the University Knows me': Institutional Culture and Lower-income, First-generation College Students", *InterActions: UCLA Journal of Education and Information Studies*, Vol. 10, No. 2, 2014.

[3] Jury, M., Smeding, A. Stephens, N. M., Nelson, J. E., Aelenei C. & Darnon, C., "The Experience of Low-SES Students in Higher Education: Psychological Barriers to Success and Interventions to Reduce Social-class Inequality", *Journal of Social Issues*, Vol. 73, No. 1, 2017.

第八章　总结与展望

　　五是高校要加强研究，建立家庭第一代大学生成长与发展数据库，广泛开展学生学习成果评估，评估重点由关注学生的学习参与和满意度发展到注重评估学生从课外经历及参与学生事务部门提供的项目中学到的知识和技能，为更好地设计高影响力实践活动或开展循证决策提供参考依据，不断提高活动吸引力、参与度，增强获得感。目前许多高校开展的基于大学生校内消费数据的"隐性援助"可以更好地尊重受益者，帮助他们逐步消除"弱势标签"。六是高校要重视大学期间家校合作重要性，通过新生座谈会、家长开放日等新生入学教育活动提升家庭第一代大学生家庭对学生发展重要性的认识，以及多途径多手段参与子女校园生活的能力，更好地发挥家校合作促进家庭第一代大学生发展的作用。最后，高校也要不断提高学生服务人员专业化水平，鼓励更多高校开设学生事务管理和学生发展等相关专业，加快专业化人才培养步伐，在我国高校学生服务人员相对有限且短期内不可能实现大规模增加的情况下，要通过在职学习培训等提升学生工作人员的岗位知识与技能，包括学生发展理论、项目设计能力、开展学习成果评估所需具备基本定量分析能力，以及沟通协调能力、团队合作能力等。

　　第三，作为家庭第一代大学生自身要在正确自我认识的基础上，发挥主观能动性，做好大学和职业生涯规划，有针对性加强综合素养，尤其是非认知能力的训练。一是要正确看待"家庭第一代大学生"身份，既要看到困难和不利的一面，更要认识到其背后可资利用的力量优势，扬长避短，不断强化正向的身份认同。二是要尽早明晰职业生涯规划，树立正确的学业观和职业观，根据职业规划目标，合理规划大学学习生活，平衡好"第一课堂"和"第二课堂"的关系。三是要积极参与"第二课堂"活动，有针对性加强非认知能力训练，加强自身人力资本、社会资本和文化资本积累，促进自身自尊自信、人际交往等非认知能力的提升，增强在教育成就和劳动力市场表现上的竞争力。

第三节 未来研究展望

家庭第一代大学生研究在国内仍处于起步阶段，本书也是众多研究探索中的一步。受限于研究数据，仍有许多问题有待未来研究进一步加强。

第一，家庭第一代大学生的异质性问题。比如因城乡二元分割结构带来的农村第一代大学生和城市第一代大学生之间的差异，本研究虽有涉及但并未就此专门探讨；家庭第一代大学生身份与社会阶层的交叉，并非所有家庭第一代大学生的家庭经济背景都处于劣势，一些家庭第一代大学生的家庭经济条件较好，使得他们带着大量的社会经济资本进入高等教育，也可能对其大学处境产生积极影响；家庭第一代大学生中既有家庭中第一个上大学的第一代大学生，也包括有哥哥或姐姐上过大学的第一代大学生，而且有研究证实这两类家庭第一代大学生上大学的机会、获得的父母、同伴和学校的支持，以及学业成功的可能性都有所不同。[1] 另外，根据《2023年全国教育事业发展统计公报》，当前我国专科毕业生已经占据高校毕业生群体的半壁江山，他们中的家庭第一代大学生同样值得进一步关注。

第二，能力的测量问题。无论是认知能力还是非认知能力都是内生的，它们很可能与父母的资源、环境影响和其他我们没有测量到的能力有关，因此与其相关的因果解释往往都需要非常慎重。而且，非认知能力，如韧性、自尊和人格并不是那么容易衡量，本书借鉴了国外成熟问卷，但伴随而来的本土适应性问题仍值得讨论。

第三，社会、制度和文化因素。批判文化财富模型建议对制度和结

---

[1] Kim, A. S., Choi, S. & Park, S., "Heterogeneity in First-generation College Students Influencing Academic Success and Adjustment to Higher Education", *The Social Science Journal*, Vol. 57, No. 3, 2020.

构因素进行深入研究，以更好地了解家庭第一代和经济边缘化学生的学术和职业计划。中国传统文化等因素可能是影响家庭第一代大学生职业决策选择的外部因素，教育扩招等也可能成为家庭第一代大学生成长与发展的时代变量。比如有研究发现农村第一代本科生毕业后的路径选择除了受原生家庭社会经济条件的影响，还受读研机会、教育质量、就业机会等宏观因素制约。[①] 这些因素本研究虽有涉及，但仍然浅尝辄止，有待于后续研究进一步跟进。

[①] 杨素红、范皑皑：《读研还是就业——基于重点高校农村家庭第一代本科生的实证分析》，《中国高教研究》2024 年第 9 期。

参考文献

中文文献

包志梅：《学习支持对家庭第一代大学生专业承诺的影响研究》，《教育发展研究》2022 年第 Z1 期。

鲍威：《第一代农村大学生的升学选择》，《教育学术月刊》2013 年第 1 期。

鲍威、杜嫱：《多元化课外参与对高校学生发展的影响研究》，《教育学术月刊》2016 年第 2 期。

曹雯瑜：《我国大学生专业选择与高等教育公平研究》，安徽大学，硕士学位论文，2013 年。

常桐善编：《美国大学本科教育学习成果评估》，科学出版社 2020 年版。

陈涛、鞠沁汝、李点石：《纽带与桎梏：家庭情感支持与第一代大学生学习投入的激励路径——基于"大学生心声调查项目"的实证分析》，《河北师范大学学报》（教育科学版）2022 年第 4 期。

陈艳艳：《第一代大学生家长参与对学业投入的影响分析——基于自我决定理论的视角》，《安徽农业大学学报》（社会科学版）2021 年第 6 期。

程虹、李唐：《人格特征对于劳动力工资的影响效应——基于中国企业—员工匹配调查（CEES）的实证研究》，《经济研究》2017 年第 2 期。

程猛：《"读书的料"及其文化生产：当代农家子弟成长叙事研究》，中国社会科学出版社 2021 年版。

程猛、吕雨欣、杨扬：《"底层文化资本"再审视》，《苏州大学学报》（教育科学版）2018 年第 4 期。

邓淑娟、戴家武、辛贤：《家庭背景对大学生毕业去向的影响》，《中国农业大学学报》（社会科学版）2012 年第 3 期。

邓银城：《教育公平与教育的社会分层流动功能》，《教育研究与实验》2012 年第 3 期。

［法］皮埃尔·布迪厄、［法］J.-C. 帕斯隆：《继承人：大学生与文化》，邢克超译，商务印书馆 2021 年版。

方士心、陆一：《顶尖大学中家庭第一代大学生的学习与收获——以通识课程为视角》，《国家教育行政学院学报》2022 年第 6 期。

方士心、陆一：《中美家庭第一代大学生的不同大学境遇》，《复旦教育论坛》2022 年第 1 期。

郭娇：《基于调查数据的家庭第一代大学生在校表现研究》，《中国高教研究》2020 年第 6 期。

郭啸、杨立军、刘允：《第一代大学生的学习特征差异分析》，《高教发展与评估》2020 年第 3 期。

何树彬：《美国高校促进"第一代大学生"适应探论》，《河北师范大学学报》（教育科学版）2020 年第 5 期。

胡建国、裴豫：《人力资本、社会资本与大学生就业质量——基于劳动力市场分割理论的探讨》，《当代青年研究》2019 年第 5 期。

胡艳婷：《我国第一代大学生就业质量影响因素研究》，厦门大学，硕士学位论文，2023 年。

黄超：《家长教养方式的阶层差异及其对子女非认知能力的影响》，《社会》2018 年第 6 期。

季月、杜瑞军：《第一代和非第一代大学生师生、同伴互动的差异分析——基于 CCSEQ 调查数据（2009—2018 年）的解析》，《北京教育（高教）》2021 年第 8 期。

蒋凯、赵菁菁、王涛利：《高等教育普及化时代本科生成长的理论阐释——魏德曼本科生社会化模型评析》,《现代大学教育》2023 年第 6 期。

赖德胜:《劳动力市场分割与大学毕业生失业》,《北京师范大学学报》(人文社会科学版)2001 年第 4 期。

赖德胜、孟大虎、苏丽锋:《替代还是互补——大学生就业中的人力资本和社会资本联合作用机制研究》,《北京大学教育评论》2012 年第 1 期。

李彬:《高校学科专业结构与大学生就业问题研究——以江苏省为例》,《清华大学教育研究》2010 年第 2 期。

李炜、岳昌君:《2007 年高校毕业生就业影响因素分析》,《清华大学教育研究》2009 年第 1 期。

李晓曼、曾湘泉:《新人力资本理论——基于能力的人力资本理论研究动态》,《经济学动态》2012 年第 11 期。

李豫苏、张锟、毕研玲、张宝山:《家庭第一代大学生的心理挑战及其解析——基于文化不匹配理论的视角》,《心理科学进展》2022 年第 10 期。

廖飞、颜敏:《高等教育扩张与大学工资溢价——基于干预—控制框架的分析》,《财经问题研究》2018 年第 6 期。

刘海滨、常青:《数字经济赋能高校毕业生充分高质量就业的现状、趋势与挑战——基于 4 万名大学生的调查》,《中国大学生就业》2023 年第 6 期。

刘进、马永霞、庞海芍:《第一代大学生职业地位获得研究——基于 L 大学（1978—2008 年）毕业生的调查分析》,《教育学术月刊》2016 年第 2 期。

刘梦颖:《第一代大学生参与高影响力教育活动的实证研究》,南京大学,硕士学位论文,2021 年。

刘艳:《贫困大学生人际交往能力状况的研究》,河北师范大学,硕士学位论文,2007 年。

刘钊:《"非认知"视角下本科生毕业去向和求职结果的实证研究——

基于"高等理科教育（本科）改革"调查数据的分析》，《教育学术月刊》2016年第5期。

龙永红、汪雅霜：《生师互动对学习收获的影响：第一代与非第一代大学生的差异分析》，《高教探索》2018年第12期。

陆根书、胡文静：《师生、同伴互动与大学生能力发展——第一代与非第一代大学生的差异分析》，《高等工程教育研究》2015年第5期。

马良、甘崎旭、蔡晓陈：《第一代大学生身份、多维数字鸿沟和劳动力市场劣势》，《黑龙江高教研究》2023年第1期。

梅伟惠、俞晨欣：《家庭第一代大学生研究热点主题与未来展望——基于WoS数据库的文献计量分析（2001—2020年)》，《浙江大学学报》（人文社会科学版）2022年第3期。

孟大虎、苏丽锋、李璐：《人力资本与大学生的就业实现和就业质量——基于问卷数据的实证分析》，《人口与经济》2012年第3期。

闵尊涛、陈云松、王修晓：《大学生毕业意向的影响机制及变迁趋势：基于十年历时调查数据的实证考察》，《社会》2018年第5期。

彭正霞、陆根书、李丽洁：《大学毕业生就业质量的影响因素及路径分析》，《中国高教研究》2020年第1期。

秦建国：《大学生就业质量评价体系探析》，《中国青年研究》2007年第3期。

秦建国：《社团参与影响大学生就业的调查分析》，《国家教育行政学院学报》2013年第11期。

孙冉、梁文艳：《第一代大学生身份是否会阻碍学生的生涯发展——基于首都大学生成长追踪调查的实证研究》，《中国高教研究》2021年第5期。

田杰：《先"上"带后"上"：农村第一代大学生代内帮扶教育研究》，《中国青年研究》2021年第5期。

田杰、余秀兰：《爱的烦恼：第一代大学生代内教育帮扶的影响及其机制》，《复旦教育论坛》2022年第2期。

田杰、余秀兰：《从赤字视角到优势视角：第一代大学生研究述评》，

《重庆高教研究》2021年第5期。

王东芳、潘晓宇：《家庭第一代大学生课外活动的参与现状与影响因素》，《山东高等教育》2023年第5期。

王海平、姜星海：《我国大学生就业质量研究综述》，《北京教育（高教）》2019年第4期。

王文静、陈方舟、蒋凯：《解码高校学生发展的"黑箱"——齐克林大学生发展七向量理论评析》，《现代大学教育》2022年第5期。

王严淞、马莉萍：《精英高校能否弥补家庭第一代大学生的能力劣势？——基于追踪调查的实证研究》，《清华大学教育研究》2022年第4期。

王燕敏：《农村家庭第一代大学生在校学习经历的叙事研究》，浙江师范大学，硕士学位论文，2022年。

王兆鑫、陈彬莉、王曦影：《"学业文化资本"的彰显与式微：精英大学农村第一代大学生的求学历程》，《重庆高教研究》2023年第6期。

王兆鑫：《寒门学子的突围：国内外第一代大学生研究评述》，《中国青年研究》2020年第1期。

温忠麟、叶宝娟：《中介效应分析：方法和模型发展》，《心理科学进展》2014年第5期。

文东茅：《家庭背景对我国高等教育机会及毕业生就业的影响》，《北京大学教育评论》2005年第3期。

吴愁：《家庭第一代大学生考研的背景、过程及特点调查分析》，四川师范大学，硕士学位论文，2024年。

谢爱磊、白宜凡：《"自我低估"：精英大学农村籍大学生社会能力的自我建构》，《教育研究》2023年第5期。

谢爱磊、匡欢、白杰瑞：《总体性文化资本投资与精英高校城乡学生的社会适应》，《高等教育研究》2018年第9期。

谢维和：《分层、标准化与证书——高等教育内部影响毕业生就业的因素分析》，《中国高等教育》2004年第8期。

邢欢、王文：《如何支持第一代大学生——美国联邦教育项目的理念与实践》,《复旦教育论坛》2022 年第 1 期。

熊静:《第一代农村大学生的学习经历分析——基于结构与行动互动的视角》,《教育学术月刊》2016 年第 5 期。

徐伟琴、岑逾豪:《家庭第一代大学生的读研经历研究》,《复旦教育论坛》2022 年第 1 期。

许多多:《大学如何改变寒门学子命运:家庭贫困、非认知能力和初职收入》,《社会》2017 年第 4 期。

杨素红、范皑皑:《读研还是就业——基于重点高校农村家庭第一代本科生的实证分析》,《中国高教研究》2024 年第 9 期。

杨晓霞、吴开俊:《因教致贫:教育成本与收益的失衡》,《江苏高教》2009 年第 2 期。

杨中超、岳昌君:《学历、专业对高校毕业生初职社会经济地位的影响研究——基于全国高校毕业生调查数据的实证分析》,《教育研究》2016 年第 10 期。

岳昌君、邱文琪:《疫情防控常态化背景下高等学校毕业生就业状况及影响因素》,《教育研究》2022 年第 6 期。

岳昌君、文东茅、丁小浩:《求职与起薪:高校毕业生就业竞争力的实证分析》,《管理世界》2004 年第 11 期。

岳昌君、杨中超:《我国高校毕业生的就业结果及其影响因素研究——基于 2011 年全国高校抽样调查数据的实证分析》,《高等教育研究》2012 年第 4 期。

曾东霞:《"斗室星空":农村贫困家庭第一代大学生家庭经验研究》,《中国青年研究》2019 年第 7 期。

张华峰、郭菲、史静寰:《促进家庭第一代大学生参与高影响力教育活动的研究》,《教育研究》2017 年第 6 期。

张华峰、赵琳、郭菲:《第一代大学生的学习画像——基于"中国大学生学习发展和追踪调查"的分析》,《清华大学教育研究》2016 年第 6 期。

张园园:《美国高校学生事务工作的特点与启示——以加州大学圣地亚

哥分校为例》，《高校辅导员学刊》2014年第5期。

赵锦山：《城乡生源地、高校层次与大学生职业获得研究——基于17所高校2768名大学毕业生的实证》，《广西师范大学学报》（哲学社会科学版）2015年第5期。

赵晓敏、王毅杰：《文化资本都有用吗？——教育市场化下的文化资本投资与学业成绩》，《贵州社会科学》2023年第2期。

郑雅君：《金榜题名之后 大学生出路分化之谜》，上海三联书店2023年版。

周金燕：《人力资本内涵的扩展：非认知能力的经济价值和投资》，《北京大学教育评论》2015年第1期。

朱红、张宇卿：《非认知与认知发展对大学生初职月薪的影响》，《华东师范大学学报》（教育科学版）2018年第5期。

祝军、岳昌君：《家庭背景、人力资本对高校毕业生自主创业行为的影响关系研究——基于2017年高校毕业生就业状况调查的实证分析》，《中国青年研究》2019年第1期。

英文文献

Abes, E. S. & Jones, S. R., "Meaning-making Capacity and the Dynamics of Lesbian College Student's Multiple Dimensions of Identity", *Journal of College Student Development*, Vol. 45, No. 6, 2004.

ACT, Inc, The Condition of College and Career Readiness 2013: First-generation Students, Iowa Gity, IA: AOT, Inc., 2013.

Adamecz-Völgyi, A., Henderson, M. & Shure, N., "Intergenerational Educational Mobility-The Role of Non-cognitive Skills", *Education Economics*, Vol. 32, No. 1, 2024.

Adamecz-Völgyi, A., Henderson, M. & Shure, N., "Is 'First in Family' a Good Indicator for Widening University Participation?", *Economics of Education Review*, Vol. 78, 2020.

Ahern, N. R., Kiehl, E. M., Lou Sole, M. & Byers, J., "A Review of

Instruments Measuring Resilience", *Issues in Comprehensive Pediatric Nursing*, Vol. 29, No. 2, 2006.

Akay, A. & Yilmaz, L., "Non-cognitive Skills and Labour Market Performance of Immigrants", *Plos One*, Vol. 18, No. 5, 2023.

Allan B. A., Garriott P. O. & Keene C. N., "Outcomes of Social Class and Classism in First-and Continuing-generation College Students", *Journal of Counseling Psychology*, Vol. 63, No. 4, 2016.

Almlund, M., Duckworth, A. L., Heckman, J. & Kautz, T., "Personality Psychology and Economics", *Handbook of the Economics of Education*, Vol. 4, 2011.

Alvarado, A., Spatariu, A. & Woodbury, C., "Resilience & Emotional Intelligence Between First Generation College Students and Non-first Generation College Students", *FOCUS on Colleges, Universities And Schools*, Vol. 11, No. 1, 2017.

American Association of Community Colleges, Data Points: Challenges to Success (Report Vol. 7, Issue 6). From https://www.aacc.nche.edu/wpcontent/uploads/2019/03/DataPoints_ V7_ N6. pdf, 2019.

Amirkhan, J. H., Manalo, R., Jr. & Velasco, S. E., "Stress Overload in First-generation College Students: Implications for Intervention", *Psychological Services*, Vol. 20, No. 3, 2023.

Andrisani, P. J. & Nestel, G., "Internal-external Control as Contributor to and Outcome of Work Experience", *Journal of Applied Psychology*, Vol. 61, No. 2, 1976.

Andrisani, P. J., "Internal-external Attitudes, Personal Initiative, and the Labor Market Experience of Black and White Men", *Journal of Human Resources*, Vol. 12, No. 3, 1977.

Ardoin, S., *College Aspiration and Access in Working-class Rural Communities: The Mixed Signals, Challenges, and New Language First-generation Students Encounter*, Lexington Books, 2018.

Aries, E. & Seider, M. , "The Interactive Relationship Between Class Identity and the College Experience: The Case of Lower Income Students", *Qualitative Sociology*, Vol. 28, 2005.

Armstrong, E. A. & Hamilton, L. T. , *Paying for the Party: How College Maintains Inequality*, Harvard University Press, 2013.

Aronson, P. , Breaking Barriers or Locked Out? Class-based Perceptions and Experiences of Postsecondary Education, In J. T. Mortimer (Ed.), *Social Class and Transitions to Adulthood*, New Directions for Child and Adolescent Development, No. 119, 2008.

Aspelmeier, J. E. , Love, M. M. , McGill, L. A. , Elliott, A. N. & Pierce, T. W. , "Self-esteem, Locus of Control, College Adjustment, and GPA Among First-and Continuing-generation Students: A Moderator Model of Generational Status", *Research in Higher Education*, Vol. 53, 2012.

Astin, A. W. , "Student Involvement: A Developmental Theory for Higher Education", *Journal of College Student Personnel*, Vol. 25, No. 4, 1984.

Astin, A. W. , "College Influence: A Comprehensive View", *Contemporary Psychology*, Vol. 15, No. 9, 1970.

Astin, A. W. , *Assessment for Excellence: The Philosophy and Practice of Assessment and Evaluation in Higher Education*, New York: McMillan, 1991.

Atherton, M. C. , "Academic Preparedness of First-generation College Students: Different Perspectives", *Journal of College Student Development*, Vol. 55, No. 8, 2014.

Autor, D. , "Polanyi's Paradox and the Shape of Employment Growth", Technical Report, National Bureau of Economic Research Cambridge, 2014.

Ayalon, H. & Mcdossi, O. , "First-generation College Students in an Expanded and Diversified Higher Education System: The Case of Lsrael", In Khattab, N. , Miaari, S. & Stier, H. (Eds.), *Socioeconomic Inequality in Israel: A Theoretical and Empirical Analysis*, New York: Palgrave Macmillan US, 2016.

参考文献

Azmitia, M., Sumabat-Estrada, G., Cheong, Y. & Civarrubias, R., "Dropping out is not an Option: How Educationally Resilient First-generation Students See the Future", *New Directions for Child and Adolescent Development*, Vol. 160, 2018.

Babineau, K., Closing the Gap: An Overview of the Literature on College Persistence and Underrepresented Populations, Cowen Institute, 2018.

Baier, S. T., Markman, B. S. & Pernice-Duca, F. M., "Intent to Persist in College Freshmen: The Role of Self-efficacy and Mentorship", *Journal of College Student Development*, Vol. 57, No. 5, 2016.

Balemian, K. & Feng, J., First-generation Students: College Aspirations, Preparedness and Challenges, College Board. https://files.eric.ed.gov/fulltext/ED563393.pdf, 2013.

Bandura, A. & Wessels, S., *Self-efficacy*, Cambridge: Cambridge University Press, 1997.

Bassett, B. S., "Better Positioned to Teach the Rules than to Change Them: University Actors in two Low-income, First-generation Student Support Programs", *The Journal of Higher Education*, Vol. 91, No. 3, 2020.

Baxter Magolda, M. B. "Self-authorship: The foundation for Twenty-first-century Education", *New Directions for Teaching and Learning*, No. 109, 2007.

Beattie, I. R. & Thiele, M., "Connecting in Class? College Class Size and Inequality in Academic Social Capital", *The Journal of Higher Education*, Vol. 87, No. 3, 2016.

Bénabou, R. & Tirole, J., "Self-confidence and Personal Motivation", *The Quarterly Journal of Economics*, Vol. 117, No. 3, 2002.

Benson, A. C. G., An Exploration of Factors Influencing First-Generation College Student's Ability to Graduate College: A Delphi Study, Antioch University Dissertation, 2020.

Bernardi, F. & Cebolla-Boado, H., "Previous School Results and Social Background: Compensation and Imperfect Information in Educational Transitions", *European Sociological Review*, Vol. 30, No. 2, 2014.

Bernardi, F. & Triventi, M., "Compensatory Advantage in Educational Transitions: Trivial or Substantial? A Simulated Scenario Analysis", *Acta SociolóGica*, Vol. 63, No. 1, 2020.

Bettencourt, Genia M. et al, "STEM Degree Completion and First-generation College Students: A Cumulative Disadvantage Approach to the Outcomes Gap", *The Review of Higher Education*, Vol. 43, No. 3, 2020.

Blanden, J., Gregg, P. & Macmillan, L., "Accounting for Intergenerational Income Persistence: Noncognitive Skills, Ability and Education", *The Economic Journal*, Vol. 117, 2007.

Bourdieu, P. & Champagne, P., Outcasts on the Inside. In Pierre Bourdieu et al., *The Weight of the World: Social Suffering in Contemporary Society*, Stanford, CA: Stanford University Press, 1999.

Bourdieu, P., & Passeron, J. C., *Reproduction in Education, Society and Culture* (2nd ed.), London: Sage, 1990.

Bourdieu, P., *Outline of a Theory of Practice*, United Kingdom: Cambridge University Press, 1977.

Bowles, S. & Gintis, H., *Schooling in Capitalist America: Educational Reform and the Contradictions of Economic Life*, Basic Books, Inc, 1976.

Bradbury, B. L. & Mather, P. C., "The Integration of First-year, First-generation College Students From Ohio Appalachia", *NASPA Journal*, Vol. 46, No. 2, 2009.

Brand, J. E. & Xie, Y., "Who Benefits Most From College? Evidence for Negative Selection in Heterogeneous Economic Returns to Higher Education", *American Sociological Review*, Vol. 75 No. 2, 2010.

Braxton, J. M., Doyle, W. R., Hartley Ⅲ, H. V., Hirschy, A. S., Jones, W. A. & McLendon, M. K., *Rethinking College Student Retention*, San Francisco: Jossey-Bass, 2014.

Breen, R. & Goldthorpe, J. H., "Explaining Educational Differentials: Towards a Formal Rational Action Theory", *Rationality and Society*, Vol. 9, No. 3, 1997.

Breen, R. & Muller, W. (eds), *Education and Intergenerational Mobility in Europe and the United States*, Stanford University Press, 2020.

Bringle, R. G. & Hatcher, J. A. , "Implementing Service Learning in Higher Education", *The Journal of Higher Education*, Vol. 67, No. 2, 1996.

Brown, R. , "Social Identity Theory: Past Achievements, Current Problems and Future Challenges", *European Journal of Social Psychology*, Vol. 30, No. 6, 2000.

Bui, K. V. T. & Rush, R. A. , "Parental Involvement in Middle School Predicting College Attendance for First-generation Students", *Education*, Vol. 136, No. 4, 2016.

Bui, K. V. T. , "Middle School Variables that Predict College Attendance for First-generation Students", *Education*, Vol. 126, 2005.

Bui, K. V. T. , "First-generation College Students at a Four-year University: Background Characteristics, Reasons for Pursuing higher Education, and First-year Experiences", *College Student Journal*, Vol. 36, No. 1, 2002.

Burger, A. & Naude, L. , "Success in Higher Education: Differences Between First- and Continuous-generation Students", *Social Psychology of Education*, Vol. 22, No. 5, 2019.

Bütikofer, A. & Peri, G. , "How Cognitive Ability and Personality Traits Affect Geographic Mobility", *Journal of Labor Economics*, Vol. 39, No. 2, 2021.

Byrd, K. L. & MacDonald, G. , "Defining College Readiness From the Inside Out: First-generation College Student Perspectives", *Community College Review*, Vol. 33, No. 1, 2005.

Cabrera, N. L. & Padilla, A. M. , "Entering and Succeeding in the 'Culture of College': The Story of Two Mexican Heritage Students", *Hispanic Journal of Behavioral Sciences*, Vol. 26, No. 2, 2004.

Cabrera, N. L. , Miner, D. D. & Milem, J. F. , "Can a Summer Bridge

Program Impact First-year Persistence and Performance?: A Case Study of the New Start Summer Program", *Research in Higher Education*, Vol. 54, 2013.

Canning, E. A., LaCosse, J., Kroeper, K. M. & Murphy, M. C., "Feeling Like an Imposter: The Effect of Perceived Classroom Competition on the Daily Psychological Experiences of First-generation College Students", *Social Psychological and Personality Science*, Vol. 11 No. 5, 2020.

Carlton, M. T., "First Generation Students and Post-undergraduate Aspirations", *Sage Open*, Vol. 5, No. 4, 2015.

Cassidy, S., "Resilience Building in Students: The Role of Academic Self-efficacy", *Frontiers in Psychology*, Vol. 6, 2015.

Cataldi, E. F., Bennett, C. T., Chen, X. & Simone, S. A., First-generation Students: College Access, Persistence, and Post Bachelor's Outcomes, National Center for Education Statistics, 2018.

Center for Educational Effectiveness [CEE], Supporting First-Generation University Students Series, https://cee.ucdavis.edu/JITT, 2018, (2023-12-12).

Center for First-Generation Student Success, First-generation College Students: Demographic Characteristics and Postsecondary Enrollment [Fact sheet], from https://firstgen.naspa.org/files/dmfile/FactSheet-01.pdf, 2019.

Chamorro-Premuzic, T., & Furnham, A., "Personality Predicts Academic Performance: Evidence From Two Longitudinal University Samples", *Journal of Research in Personality*, Vol. 37, No. 4, 2003.

Chang, J., Wang, S.-w., Mancini, C., McGrath-Mahrer, B. & Orama de Jesus, S., "The Complexity of Cultural Mismatch in Higher Education: Norms Affecting First-generation College Student's Coping and Help-seeking Behaviors", *Cultural Diversity and Ethnic Minority Psychology*, Vol. 26, No. 3, 2020.

Chang, T., Engagement and Employment Outcomes of Undergraduate

Students at University of California, Student Experience in the Research University (SERU) Symposium, 2018.

Chemers, M. M., Hu, L. T. & Garcia, B. F., "Academic Self-efficacy and First Year College Student Performance and Adjustment", *Journal of Educational Psychology*, Vol. 93, No. 1, 2001.

Chen W. W. & Wong Y. L., "What My Parents Make Me Believe in Learning: The Role of Filial Piety in Hong Kong Student's Motivation and Academic Achievement", *International Journal of Psychology*, Vol. 49, No. 4, 2014.

Chen, X. & Carroll C. D., "First-Generation Students in Postsecondary Education: A Look at Their College Transcripts (NCES 2005 - 171)", Washington, DC: US Department of Education, National Center for Education Statistics, 2005.

Chen, X. & Soldner, M., STEM Attrition: College Student's Paths Into and out of STEM Fields (2014-001). Washington, DC: National Center for Education Statistics, Institute of Education Sciences, U. S. Department of Education, 2013.

Chickering, A. W. & Reisser, L., *Education and Identity (Vol. 2)*, San Francisco, CA: Jossey-Bass, 1993.

Choy, S. P., "Students Whose Parents Did Not Go To College: Postsecondary Access, Persistence, and Attainment (NCES 2001 - 126)", Washington, DC: U. S. Department of Education, National Center for Education Statistics, 2001.

Clance, P. R. & Imes, S. A., "The Imposter Phenomenon in High Achieving Women: Dynamics and Therapeutic Intervention", *Psychotherapy: Theory, Research & Practice*, Vol. 15, No. 3, 1978.

Coleman, J. S., "Social Capital in the Creation of Human Capital", *American Journal of Sociology*, Vol. 94, 1988.

Collier, P. J. & Morgan, D. L., " 'Is that Paper Really Due Today?': Differences in First-generation and Traditional College Students' Understandings of Faculty Expectations", *Higher Education*, Vol. 55, 2008.

Combs, J. P. & Sáenz, K. P., Experiences, Perceived Challenges, and Support Systems of Early College High School Students, *Administrative Issues Journal*, Vol. 5, No. 1, 2016.

Covarrubias, R. & Fryberg, S. A., "Movin 'on up (to College): First-generation College Students' Experiences With Family Achievement guilt", *Cultural Diversity and Ethnic Minority Psychology*, Vol. 21, No. 3, 2015.

Covarrubias, R., Landa, I. & Gallimore, R., "Developing a Family Achievement Guilt Scale Grounded in First-generation College Student Voices", *Personality and Social Psychology Bulletin*, Vol. 46, No. 11, 2020.

Covarrubias, R., Romero, A. & Trivelli, M., "Family Achievement Guilt and Mental Well-being of College Students", *Journal of Child & Family Studies*, Vol. 24, No. 7, 2015.

Covarrubias, R., Valle, I., Laiduc, G. & Azmitia, M., " 'You Never Become Fully Independent': Family Roles and Independence in First-generation College Students", *Journal of Adolescent Research*, Vol. 34, No. 4, 2019.

Damian, R. I., Su, R., Shanahan, M., Trautwein, U. & Roberts, B. W., "Can Personality Traits and Intelligence Compensate for Background Disadvantage? Predicting Status Attainment in Adulthood", *Journal of Personality and Social Psychology*, Vol. 109, No. 3, 2015.

Dannefer, D., "Adult Development and Social Theory: A Paradigmatic Reappraisal", *American Sociological Review*, Vol. 49, No. 1, 1984.

Davis J., *The First-generation Student Experience: Implications for Campus Practice, and Strategies for Improving Persistence and Success*, New York: Routledge, 2010.

DeAngelo, L., Franke, R., Hurtado, S., Pryor, J. H. & Tran, S., *Completing College: Assessing Graduation Rates at Four-year Institutions*, Los Angeles, CA: Higher Education Research at UCLA, 2011.

DeAngelo, L. & Franke R., "Social Mobility and Reproduction for Whom?:

College Readiness and First Year Retention", *American Educational Research Journal*, Vol. 53, No. 6, 2016.

Delaney, L., Harmon, C. & Ryan, M., "The Role of Noncognitive Traits in Undergraduate Study Behaviours", *Economics of Education Review*, Vol. 32, 2013.

Demetriou, C., Meece, J., Eaker-Rich, D. & Powell, C., "The Activities, Roles, and Relationships of Successful First-generation College Students", *Journal of College Student Development*, Vol. 58, No. 1, 2017.

Deming, D. J., "The Growing Importance of Social Skills in the Labor Market", *The Quarterly Journal of Economics*, Vol. 132, No. 4, 2017.

Derks, B., van Laar, C. & Ellemers, N., "Striving for Success in Outgroup Settings: Effects of Contextually Emphasizing Ingroup Dimensions on Stigmatized Group Members' Social Identity and Performance Styles", *Personality and Social Psychology Bulletin*, Vol. 32, No. 5, 2006.

DeRosa, E. & Dolby, N., "'I Don't Think the University Knows me': Institutional Culture and Lower-income, First-generation College Students", *Inter Actions: UCLA Journal of Education and Information Studies*, Vol. 10, No. 2, 2014.

Drago, A., Rheinheimer, D. C. & Detweiler, T. N., "Effects of Locus of Control, Academic Self-efficacy, and Tutoring on Academic Performance", *Journal of College Student Retention: Research, Theory & Practice*, Vol. 19, No. 4, 2018.

Dryden, R. P., Perry, R. P., Hamm, J. M., Chipperfield, J. G., Clifton, R. A., Parker, P. C. & Krylova, M. V., "An Attribution-based Motivation Treatment to Assist First-generation College Students Reframe Academic Setbacks", *Contemporary Educational Psychology*, Vol. 64, 2021.

Duckworth, A. L. & Quinn, P. D., "Development and Validation of the Short Grit Scale (GRIT-S)", *Journal of Personality Assessment*, Vol. 91, No. 2, 2009.

Duckworth, A. L., Peterson, C., Matthews, M. D. & Kelly, D. R., "Grit: Perseverance and Passion for Long-term Goals", *Journal of Personality and Social Psychology*, Vol. 92, No. 6, 2007.

Duffy R. D., Diemer M. A. & Jadidian, A., "The Development and Initial Validation of the Work Volition Scale-student Version", *The Counseling Psychologist*, Vol. 40, No. 2, 2012.

Dumais, S. A., "Cultural Capital, Gender, and School Success: The Role of Habitus", *Sociology of Education*, Vol. 75, No. 1, 2002.

Edin, P. A., Fredriksson, P., Nybom, M. & Öckert, B., "The Rising Return to Noncognitive Skill", *American Economic Journal: Applied Economics*, Vol. 14, No. 2, 2022.

Edwards, R. C., "Individual Traits and Organizational Incentives: What Makes a 'Good' Worker?", *Journal of Human Resources*, Vol. 11, No. 1, 1976.

Edwards, R., Gibson, R., Harmon, C. & Schurer, S., First-in-their-family Students at University: Can Non-cognitive Skills Compensate for Social Origin?, Working Paper 2021-015, The University of Chicago, 2021.

Eguavoen, M., Faculty and Staff's Perceptions of First Generation College Students, University of Pittsburgh Dissertations, 2020.

Elias, M., Zins, J. E., Weissberg, R. P. et al., Promoting Social and Emotional Learning: Guidelines for Educators, Association for Supervision and Curriculum Development, 1997.

Engle J., Bermeo A. & O'Brien C., Straight from the Source: What Works for First-generation College Students, Washington, DC: Pell Institute for the Study of Opportunity in Higher Education, 2006.

Engle, J. & Tinto, V., "Moving Beyond Access: College Success for Low-income, First-generation Students", Pell Institute for the Study of Opportunity in Higher Education, 2008.

Engle, J., "Postsecondary Access and Success for First-generation College

Students", *American Academic*, Vol. 3, No. 1, 2007.

Erikson, E. H., Identity and the Life Cycle, WW Norton & Company, 1994.

Esping-Andersen, G. & Cimentada, J., "Ability and Mobility: The Relative Influence of Skills and Social Origin on Social Mobility", *Social Science Research*, Vol. 75, 2018.

Feldman, K. A., "Some Theoretical Approaches to the Study of Change and Stability of College Students", *Review of Educational Research*, Vol. 42, No. 1, 1972.

Finchilescu, G., "Meta-stereotypes May Hinder Inter-racial Contact", *South African Journal of Psychology*, Vol. 35, No. 3, 2005.

Finley, A. & McNair, T., Assessing Underserved Student's Engagement In-high-impact Practices, Washington, DC: Association of American Colleges and Universities, 2013.

Ford, K. S. & Umbricht, M., "Persisting Gaps: Labor Market Outcomes and Numeracy Skill Levels of First Generation and Multi Generation College Graduates", *Research in Social Stratification and Mobility*, Vol. 56, 2018.

Garriott P. O., "A Critical Cultural Wealth Model of First-generation and Economically Marginalized College Student's Academic and Career Development", *Journal of Career Development*, Vol. 47, No. 1, 2020.

Garriott, P. O. & Nisle, S., "Stress, Coping, and Perceived Academic Goal Progress in First-generation College Students: The Role of Institutional Supports", *Journal of Diversity in Higher Education*, Vol. 11, No. 4, 2018.

Garrison, N. J. & Gardner, D. G., Assets First Generation College Students Bring to the Higher Education Setting, Association for the Study of Higher Education, Las Vegas, NV, United States. https://files.eric.ed.gov/fulltext/ED539775.pdf, 2012.

Garza, A. N. & Fullerton, A. S., "Staying Close or Going Away: How Distance to College Impacts the Educational Attainment and Academic Performance of First-generation College Students", *Sociological Perspectives*, Vol. 61,

No. 1, 2018.

Gil-Hernández, C. J., "The (Unequal) Interplay between Cognitive and Noncognitive Skills in Early Educational Attainment", *American Behavioral Scientist*, Vol. 65, No. 11, 2021.

Gilligan, C., "In a Different Voice: Woman's Conception of Self and Morality", *Harvard Educational Review*, Vol. 47, 1977.

Gofen, A., "Family Capital: How First-generation Higher Education Students Break the Intergenerational Cycle", *Family Relations*, Vol. 58, No. 1, 2009.

Goldsmith, A. H., Veum, J. R. & Darity Jr, W., "The Impact of Psychological and Human Capital on Wages", *Economic Inquiry*, Vol. 35, No. 4, 1997.

Gonzalez, J., College to Career Transition-social Capital Network Analysis and Comparison of First-generation and Continuing-generation College Students, Texas Tech University Dissertation, 2020.

Gordon, K., The Relationship Between Non-cognitive Skills and the Academic Achievement of African American Males in Community Colleges, Kansas State University Dissertation, 2021.

Gosling S. D., Rentfrow P. J. & Swann Jr W. B., "A Very Brief Measure of the Big-Five Personality Domains", *Journal of Research in Personality*, Vol. 37, No. 6, 2003.

Goyette, K. A. & Mullen, A. L., "Who Studies the Arts and Sciences? Social Background and the Choice and Consequences of Undergraduate Field of Study", *The Journal of Higher Education*, Vol. 77, No. 3, 2006.

Graesser, A., The Relationship Between High-impact Practices and First-year Experience in First-generation Students, Rowan University Dissertations, 2021.

Grayson, J. P., "Cultural Capital and Academic Achievement of First Generation Domestic and International Students in Canadian Universities", *British Educational Research Journal*, Vol. 37, No. 4, 2011.

Hamilton, L., Roksa, J. & Nielsen, K., "Providing a 'Leg up': Parental Involvement and Opportunity Hoarding in College", *Sociology of Education, Vol. 91, No. 2, 2018.

Hansen, K. & Henderson, M., "Does Academic Self-concept Drive Academic Achievement?", *Oxford Review of Education*, Vol. 45, No. 5, 2019.

Harackiewicz, J. M., Canning, E. A., Tibbetts, Y., Priniski, S. J. & Hyde, J. S., "Closing Achievement Gaps with a Utility-value Intervention: Disentangling Race and Social Class", *Journal of Personality and Social Psychology*, Vol. 111, No. 5, 2016.

Harackiewicz, J. M., Canning, E. A., Tibbetts, Y., Giffen, C. J., Blair, S. S., Rouse, D. I. & Hyde, J. S., "Closing the Social Class Achievement Gap for First-generation Students in Undergraduate Biology", *Journal of Educational Psychology*, Vol. 106, No. 2, 2014.

Hayden, M. L., Parental Influence on Graduate School Aspirations Among first Generation and Non-first Generation College Students Attending Highly Selective Institutions, The Virginia Polytechnic Institute and State University Dissertation, 2008.

Hayes, A. D., Mobilizing Social Capital: An Exploration into the Use of a Mentorship Intervention to Enhance Social Capital for First-generation College Students, The Johns Hopkins University Dissertation, 2020.

Hecht, C. A., Priniski, S. J., Tibbetts, Y. & Harackiewicz, J. M., "Affirming Both independent and Interdependent Values Improves Achievement for All Students and Mitigates Cultural Mismatch for First-generation College Students", *Journal of Social Issues*, Vol. 77, No. 3, 2021.

Heckman, J. J. & Kautz, T., "Hard Evidence on Soft Skills", *Labour Economics*, Vol. 19, No. 4, 2012.

Heckman, J. J., Stixrud, J. & Urzua, S., "The Effects of Cognitive and Noncognitive Abilities on Labor Market Outcomes and Social Behavior", *Journal of Labor Economics*, Vol. 24, No. 3, 2006.

Heckman, J., Pinto, R. & Savelyev, P., "Understanding the Mechanisms Through Which an Influential Early Childhood Program Boosted Adult Outcomes", *American Economic Review*, Vol. 103, No. 6, 2013.

Helms, J. E., *Black and White Racial Identity: Theory, Research, and Practice*, Greenwood Press, 1990.

Henderson, M., Shure, N. & Adamecz-Völgyi, A., "Moving on up: 'First in Family' University Graduates in England", *Oxford Review of Education*, Vol. 46, No. 6, 2020.

Hernandez, R., Covarrubias, R., Radoff, S., Moya, E. & Mora, Á. J., "An Anti-deficit Investigation of Resilience Among University Students With Adverse Experiences", *Journal of College Student Retention: Research, Theory & Practice*, 2020, Advance Online Publication.

Herrington, B., "Influence of Grandparents on First-Generation College Students", *Ursidae: The Undergraduate Research Journal at the University of Northern Colorado*, Vol. 2, No. 2, 2012.

Herrmann S. D., Varnum M. E. W., Straka B. C., et al., "Social Class Identity Integration and Success for First-generation College Students: Antecedents, Mechanisms, and Generalizability", *Self and Identity*, Vol. 21, No. 5, 2022.

Herrmann, Sarah D. & Michael EW Varnum, "Utilizing Social Class Bicultural Identity Integration to Improve Outcomes for First-generation College Students", *Translational Issues in Psychological Science*, Vol. 4, No. 2, 2018.

Holden, C. L., Wright, L. E., Herring, A. M. & Sims, P. L., "Imposter Syndrome Among First-and Continuing-generation College Students: The Roles of Perfectionism and Stress", *Journal of College Student Retention: Research, Theory & Practice*, Vol. 25, No. 4, 2021.

Holland, J. L., *Making Vocational Choices: A Theory of Vocational Personalities and Work Environment (3rd ed.)*, Odessa, FL: Psychological Assessment Resources, 1997.

Holm, A., Hjorth-Trolle, A. & Jæger, M. M., "Signals, Educational Secision-making, and Inequality", *European Sociological Review*, Vol. 35,

No. 4, 2019.

Hopkins, S., Workman, J. L. & Truby, W., "The Out-of-Classroom Engagement Experiences of First-Generation College Students That Impact Persistence", *Georgia Journal of College Student Affairs*, Vol. 37, No. 1, 2021.

Horn, L. & Nunez, A., Mapping the Road to College: First Generation Students' Math Track, Planning Strategies, and Context of Support, Washington, DC: National Center for Education Statistics, 2000.

Hossler, D., Schmit, J. & Vesper, N., *Going to College: How Social, Economic, and Educational Factors Influence the Decisions Students Make*, Baltimore: Johns Hopkins University Press, 1999.

House, L. A., Neal, C. & Kolb, J., "Supporting the Mental Health needs of First Generation College Students", *Journal of College Student Psychotherapy*, Vol. 34, No. 2, 2020.

Hsin, A. & Xie, Y., Hard Skills, Soft Skills: The Relative Roles of Cognitive and Non-cognitive Skills in Intergenerational Social Mobility, Report 12 – 775, Population Studies Center, 2012.

Hu, S. & Wolniak, G. C., "College Student Engagement and Early Career Earnings: Differences by Gender, Race/Ethnicity, and Academic Preparation", *The Review of Higher Education*, Vol. 36, No. 2, 2013.

Hunt, C., Collins, B., Wardrop, A., Hutchings, M., Heaslip, V., & Pritchard, C., "First- and Second-generation Design and Engineering Students: Experience, Attainment and Factors Influencing Them to Attend University", *Higher Education Research and Development*, Vol. 37, No. 1, 2018.

Hutchison, M., "Influence of First Generation Status on Student's Perceptions of Faculty", *College Quarterly*, Vol. 20, No. 1, 2017.

Inkelas, K. K., Daver, Z. E., Vogt, K. E. & Leonard, J. B., "Living-learning Programs and First-generation College Student's Academic and Social Transition to College", *Research in Higher Education*, Vol. 48, 2007.

Irlbeck, E., Adams, S., Akers, C., Burris, S. & Jones, S., "First Generation College Students: Motivations and Support Systems", *Journal of Agricultural Education*, Vol. 55, No. 2, 2014.

Ishitani, T. T., "Time-varying Effects of Academic and Social Integration on Student Persistence for First and Second Years in College: National Data Approach", *Journal of College Student Retention: Research, Theory & Practice*, Vol. 18, No. 3, 2016.

Ishitani, T., "Studying Attrition and Degree Completion Behavior Among First-generation College Students in the United States", *The Journal of Higher Education*, Vol. 77, No. 5, 2006.

Ishitani, T., "A Longitudinal Approach to Assessing Attrition Behavior Amongfirst-generation Students: Time-varying Effects of Pre-college Characteristics", *Research in Higher Education*, Vol. 44, 2003.

Jaeger, J. A., Parental Involvement And Academic Outcomes Among First Generation College Students, University of North Dakota Dissertations, 2018.

Jehangir, R. R, Reimagining the University: Theoretical Approaches to Serving First-Generation College Students, In Jehangir, R., *Higher Education and First-Generation Students: Cultivating Community, Voice, and Place for the New Majority*, New York: Palgrave Macmillan, 2010.

Jenkins, A. L., Miyazaki, Y. & Janosik, S. M., "Predictors that Distinguish First-generation College Students from Non-first Generation College Students", *Journal of Multicultural, Gender and Minority Studies*, Vol. 3, No. 1, 2009.

Jenkins, S. R., Belanger, A., Connally, M. L., Boals, A. & Durón, K. M., "First-generation Undergraduate Student's Social Support, Depression, and Life Satisfaction", *Journal of College Counseling*, Vol. 16, No. 2, 2013.

Jones, S. R. & Abes, E. S., "The Nature and Uses of Theory", *Student Services: A Handbook for the Profession*, No. 5, 2011.

Jones, S. R. & Abes, E. S., *Identity Development of College Student's: Ad-

vancing Frameworks for Multiple Dimensions of Identity, San Francisco, CA: Jossey-Bass, 2013.

Josselson, R., *Ethics and Process in the Narrative Study of Lives*, Vol. 4, CA: Sage, 1996.

Juarez, M. C., And Still we Rise: Examining the Strengths of First-generation College Students, University of Southern California Dissertations, 2020.

Jury, M., Smeding, A. Stephens, N. M., Nelson, J. E., Aelenei C. & Darnon, C., "The Experience of Low-SES Students in Higher Education: Psychological Barriers to Success and Interventions to Reduce Social-class Inequality", *Journal of Social Issues*, Vol. 73, No. 1, 2017.

Jury, M., Smeding, A., Court, M. & Darnon, C., "When First-generation Students Succeed at University: On the Link Between Social Class, Academic Performance, and Performance-avoidance Goals", *Contemporary Educational Psychology*, Vol. 41, 2015.

Kappe, R. & Van Der Flier, H., "Predicting Academic Success in Higher Education: What's More Important than Being Smart?", *European Journal of Psychology of Education*, Vol. 27, 2012.

Kassenboehmer, S. C., Leung, F. & Schurer, S., "University Education Andnon-cognitive Skill Development", *Oxford Economic Papers*, Vol. 70, No. 2, 2018.

Katrevich, A. V. & Aruguete, M. S., "Recognizing Challenges and Predicting Success in First-generation University Students", *Journal of STEM Education: Innovations & Research*, Vol. 18, No. 2, 2017.

Kautz, T., Heckman, J. J., Diris, R., Ter Weel, B. & Borghans, L., Fostering and Measuring Skills: Improving Cognitive and Non-cognitive Skills to Promote Lifetime Success, National Bereau of Economic Research, NBER Working Paper No. 20749, 2014.

Kegan, R., *The Evolving Self: Problem and Process in Human Development*, Harvard University Press, 1982.

Kelly, P., Moores, J. & Moogan, Y., "Culture Shock and Higher Education Performance: Implications for Teaching", *Higher Education Quarterly*, Vol. 66, No. 1, 2012.

Kim, A. S., Choi, S. & Park, S., "Heterogeneity in First-generation College Students Influencing Academic Success and Adjustment to Higher Education", *The Social Science Journal*, Vol. 57, No. 3, 2020.

Kim, Y. K. & Sax, L. J., "Student-faculty Interaction in Research Universities: Differences by Student Gender, Race, Social Class, and First-generation Status", *Research in Higher Education*, Vol. 50, 2009.

King, C. R., Griffith, J. & Murphy, M., "Story Sharing for First-generation College Students Attending a Regional Comprehensive University: Campus Outreach to Validate Students and Develop Forms of Capital", *Teacher-Scholar: The Journal of the State Comprehensive University*, Vol. 8, No. 1, 2017.

Kitchener, K. S. & King, P. M., "Reflective Judgment: Concepts of Justification and Their Relationship to Age and Education", *Journal of Applied Developmental Psychology*, Vol. 2, No. 2, 1981.

Klein, O. & Azzi, A. E., "The Strategic Confirmation of Meta-stereotypes: How Group Members Attempt to Tailor an Out-group's Representation of Themselves", *British Journal of Social Psychology*, Vol. 40, No. 2, 2001.

Knefelkamp, L., Widick, C. & Parker, C. A. (Eds.), *Applying Developmental Findings. New Directors for Student Services*, San Francisco: Jossey-Bass, 1978.

Kniffin K. M., "Accessibility to the PhD and Professoriate for First-generation College Graduates: Review and Implications for Students, Faculty, and Campus Policies", *American Academic*, No. 3, 2007.

Kohlberg, L., Stages of Moral Development as a Basis for Moral Education (pp. 24 – 84), Cambridge: Center for Moral Education, Harvard University, 1971.

Kolb, D. A., "Experiential Learning Theory and the Learning Style Inventory: A Reply to Freedman and Stumpf", *Academy of Management Review*, Vol. 6, No. 2, 1981.

Kolkhorst, B. B., Yazedjian, A. & Toews, M. L., "Student's Perceptions of Parental Support During The College Years", *College Student Affairs Journal*, Vol. 29, No. 1, 2010.

Komarraju, M., Karau, S. J., Schmeck, R. R. & Avdic, A., "The Big Five Personality Traits, Learning Styles, and Academic Achievement", *Personality and Individual Differences*, Vol. 51, No. 4, 2011.

Krumrei-Mancuso, E. J., Newton, F. B., Kim, E. & Wilcox, D., "Psychosocial Factors Predicting First-year College Student Success", *Journal of College Student Development*, Vol. 54, No. 3, 2013.

Kuh, G. D., High-impact Educational Practices: What They are, Who has Access to them, and why they Matter, Washington, DC: Association of American Colleges and Universities, 2008.

Kuh, G., O'Donnell, K. & Schneider, C. G., "HIPs at Ten", *Change: The Magazine of Higher Learning*, Vol. 49, No. 5, 2017.

Lamont, M. & Lareau, A., "Cultural Capital: Allusions, Gaps and Glissandos in Recent Theoretical Developments", *Sociological Theory*, Vol. 6, No. 2, 1988.

Langhout R. D., Rosselli F. & Feinstein J., "What's Class Got to Do With it? Assessing Classism in Academic Settings", *The Review of Higher Education*, Vol. 30, 2007.

Lareau, A. & Horvat, E. M., "Moments of Social Inclusion and Exclusion Race, Class, and Cultural Capital in Family-school Relationships", *Sociology of Education*, Vol. 72, No. 1, 1999.

Lareau, A., *Unequal Childhoods: Class, Race, and Family Life*, London: University of California Press, 2003.

LeBouef S. & Dworkin J., "First-generation College Students and Family

Support: A Critical Review of Empirical Research Literature", *Education Sciences*, *Vol.* 11, No. 6: 2021.

Lee, E. M. & Kramer, R., "Out with the Old, in with the New? Habitus and Social Mobility at Selective Colleges", *Sociology of Education*, Vol. 86, No. 1, 2013.

Light, A. & Nencka, P., "Predicting Educational Attainment: Does Grit Compensate for Low Levels of Cognitive Ability?", *Learning and Individual Differences*, Vol. 70, 2019.

Lindqvist, E. & Roine V., "The Labor Market Returns to Cognitive and Noncognitive Ability: Evidence from the Swedish Enlistment", *American Economic Journal: Applied Economics*, Vol. 3, No. 1, 2011.

Lipson, S. K., Diaz, Y., Davis, J. & Eisenberg, D., "Mental Health Among First-generation College Students: Findings From the National Healthy Minds Study, 2018 – 2021", *Cogent Mental Health*, Vol. 2, No. 1, 2023.

Liu, A., "Can Non-cognitive Skills Compensate for Background Disadvantage? The Moderation of Non-cognitive Skills on Family Socioeconomic Status and Achievement During Early Childhood and Early Adolescence", *Social Science Research*, Vol. 83, 2019.

Lin, N., Social Capital: A Theory of Social Structure and Action, Cambridge University Press, 2002.

London, Howard B., "Breaking Away: A Study of First-generation College Students and Their Families", *American Journal of Education*, Vol. 97, No. 2, 1989.

Lucas, Samuel R., "Effectively Maintained Inequality: Education Transitions, Track Mobility, and Social Background Effects", *American Journal of Sociology*, Vol. 106, No. 6, 2001.

Luthar S. S., Cicchette D. & Becker B., "The Construct of Resilience: A Critical Evaluation and Guidelines for Future Work", *Child Development*,

Vol. 71, No. 3, 2000.

Magolda, M. B. B., "Three Elements of Self-authorship", *Journal of College Student Development*, Vol. 49, No. 4, 2008.

Manzoni, A. & Streib, J., "The Equalizing Power of a College Degree for First-generation College Students: Disparities Across Institutions, Majors, and Achievement Levels", *Research in Higher Education*, Vol. 60, 2019.

Marcia, J. E., *Identity in Adolescence*, *Handbook of Adolescent Psychology*, Hoboken, NJ: John Wiley & Sons, 1980

Mare, R. D., "Social Background and School Continuation Decisions", *Journal of the American Statistical Association*, Vol. 75, 1980.

Markle, G. & Stelzriede, D. D., "Comparing First-generation Students to Continuing-generation Students and the Impact of a First-generation Learning Community", *Innovative Higher Education*, Vol. 45, No. 4, 2020.

Markus, H. R. & Kitayama, S., "Cultures and Selves: A Cycle of Mutual Constitution", *Perspectives on Psychological Science*, No. 5, 2010.

Markus, H. R., & Kitayama, S., Models of Agency: Sociocultural Diversity in Theconstruction of Action, In V. Murphy-Berman & J. J. Berman (Eds.), *Nebraska Symposium on Motivation: Vol. 49, Crosscultural Differences in Perspectives on Self*, Lincoln, NE: University of Nebraska Press, 2003.

Martin, J. P., Stefl, S. K., Cain, L. W. & Pfirman, A. L., "Understanding First-generation Undergraduate Engineering Student's Entry and Persistence Through Social Capital Theory", *International Journal of STEM Education*, No. 7, 2020.

Martinez, J. A., Sher, K. J., Krull, J. L. & Wood, P. K., "Blue-collar Scholars?: Mediators and Moderators of University Attrition in First-generation College Students", *Journal of College Student Development*, Vol. 50, No. 1, 2009.

Mateos-González, J. L. & Wakeling, P., "Exploring Socioeconomic Inequalities and Access to Elite Postgraduate Education Among English Graduates", *Higher Education*, Vol. 83, No. 3, 2022.

Mayhew, M. J., Rockenbach, A. N., Bowman, N. A., Seifert, T. A. & Wolniak, G. C., *How College Affects Students: 21st Century Evidence That Higher Education Works*, Jossey-Bass, San Francisco, 2016.

McCabe, Brian J., *No Place Like Home: Wealth, Community and the Politics of Homeownership*, New York, NY: Oxford University Press, 2016.

McCarron, G. P. & Inkelas, K. K., "The Gap Between Educational Aspirations and Attainment for First-generation College Students and the Role of Parental Involvement", *Journal of College Student Development*, Vol. 47, No. 5, 2006.

McGue, M., Willoughby, E. A., Rustichini, A., Johnson, W., Iacono, W. G. & Lee, J. J., "The Contribution of Cognitive and Noncognitive Skills to Intergenerational Social Mobility", *Psychological Science*, Vol. 31, No. 7, 2020.

Means, D. R. & Pyne, K. B. "Finding My Way: Perceptions of Institutional Support and Belonging in Low-income, First-generation, First-year College Students", *Journal of College Student Development*, Vol. 58, No. 6, 2017.

Mollegaard, S. & Jaeger, M. M., "The Effect of Grandparent's Economic, Cultural, and Social Capital on Grandchildren's Educational Success", *Research in Social Stratification Mobility*, Vol. 42, 2015.

Moreno, R., The Guilt of Success: Looking at Latino First Generation College Students and the Guilt they Face from Leaving Their Home and Community to Pursue College, California State University Dissertations, 2016.

Moschetti, R. V. & Hudley, C., "Social Capital and Academic Motivation Among First-generation Community College Students", *Community College Journal of Research and Practice*, Vol. 39, No. 3, 2015.

Mullen, A. L., Goyette, K. A. & Soares, J. A., "Who Goes to Graduate School? Social and Academic Correlates of Educational Continuation After College", *Sociology of Education*, Vol. 76, No. 2, 2003.

Myers I. B. & McCaulley M. H. , *Manual A Guide to the Development and Use of the Mvers-Briggs Type Indicator*, Palo Alto: Consulting Psychologists Press, 1985.

Nunez, A. M. & Cuccaro-Alamin, S. , First-Generation Students: Undergraduates Whose Parents Never Enrolled in Postsecondary Education, Statistical Analysis Report, National Center for Education Statistics, 1998.

OECD, Education at a Glance 2016: OECD Indicators, Paris: OECD Publishing, 2016.

Okolo, Z. N. , Capital & Completion: Examining the Influence of Cultural Wealth on First-Generation College Student Outcomes, The George Washington University Dissertations, 2019.

Orbe, M. P. , "Negotiating Multiple Identities Within Multiple Frames: an Analysis of First-generation College Students", *Communication Education*, Vol. 53, No. 2, 2004.

Orr, D. , Gwos, C. & Netz, N. , Social and Economic Conditions of Student Life in Europe: Synopsis of Indicators. Final Report. Eurostudent IV 2008 – 2011, Bielefeld: W. Bertelsmann Verlag, 2011.

O'Shea, S. , "Arriving, Surviving, and Succeeding: First-in-family Women and Their Experiences of Transitioning Into the First Year of University", *Journal of College Student Development*, Vol. 56, No. 5, 2015.

Owens, D. , Lacey, K. , Rawls, G. & Holbert-Quince, J. A. , "First-generation African American Male College Students: Implications for Career Counselors", *The Career Development Quarterly*, Vol. 58, No. 4, 2010.

Pagenkopf, M. M. , Examining the Role of Parental and Family Support in the Experiences of Cultural Mismatching for First-generation College Students, Utrecht University Disseration, 2023.

Palmer, R. & Gasman, M. , "It Takes a Village to Raise a Child': The Role of Social Capital in Promoting Academic Success for African American Men at a Black College", *Journal of College Student Development*, Vol. 49,

No. 1, 2008.

Pascarella, E. T. & Terenzini, P. T., *How College Affects Students: Findings and Insights From Twenty Years of Research*, San Francisco, CA: Jossey-Bass, 1991.

Pascarella, E. T. & Ternzini, P. T., *How College Affects Students: A Third Decade of Research*, San Francisco, CA: Jossey-Bass, 2005.

Pascarella, E. T., "Student's Affective Development Within the College Environment", *The Journal of Higher Education*, Vol. 56, No. 6, 1985.

Pascarella, E. T., Pierson, C. T., Wolniak, G. C. & Terenzini, P. T., "First-generation College Students: Additional Evidence on College Experiences and Outcomes", *The Journal of Higher Education*, Vol. 75, No. 3, 2004.

Patfield, S., Gore, J. & Weaver, N., "On 'Being First': The Case for First-generation Status in Australian Higher Education Equity Policy", *The Australian Educational Researcher*, Vol. 49, 2022.

Paulsen, M. B. & John, E. P. S., "Social Class and College Costs: Examining the Financial Nexus Between College Choice and Persistence", *The Journal of Higher Education*, Vol. 73, No. 2, 2002.

Peabody, M., "A Critical Analysis of the Identification and Treatment of First-generation College Students: A Social Capital Approach", *Kentucky Journal of Higher Education Policy and Practice*, Vol. 2, No. 1, 2013.

Pelco, L. E., Ball, C. T. & Lockeman, K., "Student Growth from Service-learning: A Comparison of First-generation and Non-first-generation College Students", *Journal of Higher Education Outreach and Engagement*, Vol. 18, No. 2, 2014.

Peralta, Karie Jo & Monica Klonowski, "Examining Conceptual and Operational Definitions of 'First-generation College student' in Research on Retention", *Journal of College Student Development*, Vol. 58, No. 4, 2017.

Perkins, S. D., "Narratives of First-Generation Community College Students in Central Texas: Restorying the Path to Success in Higher Education", Abilene Christian University Dissertations, 2021.

Perry, W., Jr., *Forms of Intellectual and Ethical Development in the College Years*, New York: Holt, Rinehart & Winston, 1970.

Peteet, B. J., Montgomery, L. & Weekes, J. C., "Predictors of Imposter Phenomenon Among Talented Ethnic Minority Undergraduate Students", *The Journal of Negro Education*, Vol. 84, No. 2, 2015.

Pfeffer, F. T. & Hertel, F. R., "How Has Educational Expansion Shaped Social Mobility Trends in the United States?", *Social Forces*, Vol. 94, No. 1, 2015.

Phillips, L. T., Stephens, N. M., Townsend, S. S. M. & Goudeau, S., "Access is not Enough: Cultural Mismatch Persists to Limit First-generation Student's Opportunities for Achievement Throughout College", *Journal of Personality and Social Psychology*, Vol. 119, No. 5, 2020.

Phinney, J. S. & Alipuria, L. L., "Ethnic Identity in College Students from Four Ethnic Groups", *Journal of Adolescence*, Vol. 13, No. 2, 1990.

Pike, G. & Kuh, G., "First- and Second-generation College Students: A Comparison of Their Engagement and Intellectual Development", *Journal of Higher Education*, Vol. 76, No. 3, 2005.

Pratt, I. S., Harwood, H. B., Cavazos, J. T. & Ditzfeld, C. P., "Should I Stay or Should I go? Retention in First-generation College students", *Journal of College Student Retention: Research, Theory & Practice*, Vol. 21, No. 1, 2019.

Ramos-Sánchez, L. & Nichols, L., "Self-efficacy of First-generation and Non-first-generation College Students: The Relationship with Academic Performance and College Adjustment", *Journal of College Counseling*, Vol. 10, No. 1, 2007.

Redford, J. & Mulvaney Hoyer, K., First-generation and Continuing-generation College Students: A Comparison of High School and Postsecondary

Experiences (NCES 2018-009), Washington, DC: National Center for Education Statistics, U. S. Department of Education, 2017.

Rehr, T. I., Regan, E. P., Abukar, Z. & Meshelemiah, J. C. A., "Financial Wellness of First-generation College Students", *College Student Affairs Journal*, Vol. 40, No. 1, 2022.

Ricks, J. R. & Warren, J. M., "Transitioning to College: Experiences of Successful First-generation College Students", *Journal of Educational Research and Practice*, Vol. 11, No. 1, 2021.

Rios-Aguilar, C. & Deil-Amen, R., "Beyond Getting in and Fitting in: An Examination of Social Networks and Professionally Relevant Social Capital Among Latina/o University Students", *Journal of Hispanic Higher Education*, Vol. 11, No. 2, 2012.

Robbins, S. B., Lauver, K., Le, H., Davis, D., Langley, R. & Carlstrom, A., "Do Psychosocial and Study Skill Factors Predict College Outcomes? A Meta-analysis", *Psychological Bulletin*, Vol. 130, No. 2, 2004.

Roberts, B. W., Lejuez, C., Krueger, R. F., Richards, J. M. & Hill, P. L., "What is Conscientiousness and How Can It be Assessed?", *Developmental Psychology*, Vol. 50, No. 5, 2014.

Rodgers, R. F., Recent theories and Research Underlying Student Development, In D. G. Creamer (Ed.), *College Student Development: Theory and Practice for the 1990's*, Alexandria, VA: American College Personnel Association, 1990.

Rodriguez, R. R., Self-Efficacy and Academic Performance in First-GenerationCollege Students, Grand Canyon University Dissertations, 2023.

Roksa, J. & Kinsley, P., "The Role of Family Support in Facilitating Academic Success of Low-income Students", *Research in Higher Education*, Vol. 60, No. 4, 2019.

Roksa, J., Deutschlander, D. & Whitley, S. E., "Parental Validation, College Experiences, and Institutional Commitment of First-generation and

Low-income Students", *Journal of Student Affairs Research and Practice*, Vol. 58, No. 3, 2021.

Rosenberg M., "Rosenberg Self-esteem Scale (RSE): Acceptance and Commitment Therapy", *Measures Package*, Vol. 61, 1965.

Rosinger, K. O., Sarita Ford, K. & Choi, J., "The Role of Selective College Admissions Criteria in Interrupting or Reproducing Racial and Economic Inequities", *The Journal of Higher Education*, Vol. 92, No. 1, 2021.

Savickas M. L., The Theory and Practice of Career Construction, In Brown S. D., Lent R. W. (Eds.), *Career Development and Counseling: Putting Theory and Research to Work*, Hoboken, NJ: Wiley, 2005.

Schademan, Alfred R. & Maris R. Thompson, "Are College Faculty and First-generation, Low-income Students Ready for Each Other?", *Journal of College Student Retention: Research, Theory & Practice*, Vol. 18, No. 2, 2016.

Schreiner, L. A. & Anderson, E. "Chip", "Strengths-based Advising: A New lens for Higher Education", *NACADA Journal*, Vol. 25, No. 2, 2005.

Schwartz, S. E., Kanchewa, S. S., Rhodes, J. E., Gowdy, G., Stark, A. M., Horn, J. P. & Spencer, R., "'I'm Having a Little Struggle with this, Can you Help Me out?': Examining Impacts and Processes of a Social Capital Intervention for First-generation College Students", *American Journal of Community Psychology*, Vol. 61, No. 1-2, 2018.

Shanahan, M., Bauldry, S., Roberts, B. W., Macmillan, R. & Russo, R, "Personality and the Reproduction of Social Class", *Social Forces*, Vol. 93, No. 1, 2014.

Smith, B. W., Dalen, J., Wiggins, K., Tooley, E., Christopher, P. & Bernard, J., "The Brief Resilience Scale: Assessing the Ability to bounce Back", *International Journal of Behavioral Medicine*, Vol. 15, No. 3, 2008.

Smithers, L. G., Sawyer, A. C. P., Chittleborough, C. R., Davies, N. M., Smith, G. D. & Lynch, J. W., "A Systematic Review and Meta-analysis of Effects of Early life Non-cognitive Skills on Academic, Psychosocial, Cognitive and Health Outcomes", *Nature Human Behaviour*, Vol. 2, No. 11, 2018.

Soria, K. M. & Stebleton, M. J., "First-generation Student's Academic Engagement and Retention", *Teaching in Higher Education*, Vol. 17, No. 6, 2012.

Spiegler T. & Bednarek A., "First-generation Students: What We Ask, What We Know and What it Means: An International Review of the State of Research", *International Studies in Sociology of Education*, Vol. 23, No. 4, 2013.

Stebleton, M. J., Soria, K. M. & Huesman Jr, R. L., "First-generation Student's Sense of Belonging, Mental Health, and Use of Counseling Services at Public Research Universities", *Journal of College Counseling*, Vol. 17, No. 1, 2014.

Stephens, N. M., Fryberg, S. A., Markus, H. R., Johnson, C. S. & Covarrubias, R., "Unseen Disadvantage: How American Universitie's Focus on Independence Undermines the Academic Performance of First-generation College Students", *Journal of Personality and Social Psychology*, Vol. 102, No. 6, 2012.

Stephens, N. M., Brannon, T. N., Markus, H. R., & Nelson, J. E., "Feeling at Home in College: Fortifying School-relevant Selves to Reduce Social Class Disparities in Higher Education", *Social Issues and Policy Review*, Vol. 9, No. 1, 2015.

Stephens, N. M., Fryberg, S. A., & Markus, H. R., "When Choice does not Equal Freedom: A Sociocultural Analysis of Agency in Working Class American Contexts", *Social Psychological & Personality Science*, No. 2, 2011.

Stephens, N. M., Hamedani, M. G., & Destin, M., "Closing the Social-class Achievement Gap: A Difference-education Intervention Improves

First-generation Student's Academic Performance and all Student's College Transition", *Psychological Science*, Vol. 25, No. 4, 2014.

Stephens, N. M., Townsend, S. S., Hamedani, M. G., Destin, M. & Manzo, V., "A Difference-education Intervention Equips First-generation College Students to Thrive in the face of Stressful College Situations", *Psychological Science*, Vol. 26, No. 10, 2015.

Stough-Hunter, A. & Lekies, K. S., "Effectively Engaging First-Generation Rural Students in Higher Education: New Opportunities for Sociology", *Teaching Sociology*, Vol. 51, No. 3, 2023.

Stuber, J. M., "Integrated, Marginal, and Resilient: Race, Class, and the Diverse Experiences of White First - generation College Students", *International Journal of Qualitative Studies in Education*, Vol. 24, No. 1, 2011.

Suzuki, A., Amrein-Beardsley, A. & Perry, N., "A Summer Bridge Program for Underprepared First-year Students: Confidence, Community, and Re-enrollment", *Journal of the First-Year Experience & Students in Transition*, Vol. 24, No. 2, 2012.

Sy, S. R., Fong, K., Carter, R., Boehme, J. & Alpert, A., "Parent Support and Stress Among First-generation and Continuing-generation Female Students During Thetransition to College", *Journal of College Student Retention: Research, Theory & Practice*, Vol. 13, No. 3, 2011.

Sykes, E., Effects of the Imposter Phenomenon on First-Generation Students' Academic and Co-curricular Engagement, Lindenwood University Dissertations, 2023.

Tan, C. Y., "Examining Cultural Capital and Student Achievement: Results of a Meta-analytic Review", *Alberta Journal of Educational Research*, Vol. 63, No. 2, 2017.

Terenzini, P. T., Rendon, L. I., Upcraft, M. L., Millar, S. B., Allison, K. A., Gregg, P. L. & Jalomo, R., "The Transition to College: Diverse Students, Diverse Stories", *Research in Higher Education*, Vol. 35, 1994.

Terenzini, P. T., Springer, L., Yaeger, P. M., Pascarella, E. T. & Amaury, N., "First-generation College Students: Characteristics, Experiences, and Cognitive Development", *Research in Higher Education*, Vol. 37, No. 1, 1996.

Thompson, K. V. & Verdino, J., "An Exploratory Study of Self-efficacy in Community College Students", *Community College Journal of Research and Practice*, Vol. 43, No. 6, 2019.

Tibbetts, Y., Harackiewicz, J. M., Canning, E. A., Boston, J. S., Priniski, S. J. & Hyde, J. S., "Affirming Independence: Exploring Mechanisms Underlying a Values Affirmation Intervention for First-generation Students", *Journal of Personality and Social Psychology*, Vol. 110, No. 5, 2016.

Tinto, V., "Dropout from Higher Education: A Theoretical Synthesis of Recent Research", *Review of Educational Research*, Vol. 45, No. 1, 1975.

Tinto, V., *Leaving College: Rethinking the Causes and Cures of Student Attrition (2nd. ed.)*, Chicago: The University of Chicago Press, 1993.

Torche F., "Is a College Degree Still the Great Equalizer? Intergenerational Mobility Across Levels of Schooling in the United States", *American Journal of Sociology*, Vol. 117, No. 3, 2011.

Torres, V. & Hernandez, E., "The Influence of Ethnic Identity on Self-authorship: A Longitudinal Study of Latino/a College Students", *Journal of College Student Development*, Vol. 48, No. 5, 2007.

Toutkoushian, R. K., May-Trifiletti, J. A. & Clayton, A. B., "From 'First in Family' to 'First to Finish': Does College Graduation Vary by how First-generation College Status is Defined?", *Educational Policy*, Vol. 35, No. 3, 2021.

Toutkoushian, R. K., Stollberg, R. A. & Slaton, K. A., "Talking 'Bout my Generation: Defining "First-generation College Students" in Higher Education Research", *Teachers College Record*, Vol. 120, No. 4, 2018.

Townsend, S. S. M., Stephens, N. M. & Hamedani, M. G., "Difference-education Improves First-generation Students' Grades Throughout College and Increases Comfort with Social Group Difference", *Personality and Social Psychology Bulletin*, Vol. 47, No. 10, 2021.

Trapmann, S., Hell, B., Hirn, J. O. W. & Schuler, H., "Meta-analysis of the Relationship Between the Big Five and Academic Success at University", *Journal of Psychology*, Vol. 215, No. 2, 2007.

Treiman D. J., Yip, KB., Education and Occupational Attainment in 21 Countries, In Melvin L. Kohn (ed.), *Cross-National Research in Sociology*, Beverly Hills, Calif.: Sage, 1989.

U. S. Department of Education, Higher Education Act of 1965, 1998 Higher Education Act Amendments, Subpart 2—Federal Early Outreach and Student Services Programs (Chapter 1—Federal Trio Programs, SEC. 402A. 20 U. S. C. 1070a – 11). Retrieved from https://www2. ed. gov/policy/highered/leg/hea98/sec402. html, 1998.

U. S. Department of Education, National Center for Education Statistics. The Condition of Education 2017 Academic Advancement Program Overview (NCES 2017 – 144), 2017.

UC, FirstGen, https://www. Universityofcalifornia. edu/student-success/firstgen, 2023 – 12 – 13.

UCB, Academic Achievement and Mentorship Services, https://admissions. berkeley. edu/academics/first-gen-resources/, 2023 – 12 – 13.

UCB, Educational Opportunity Program, https://eop. berkeley. edu/new-admit-welcome, 2023 – 12 – 13.

UCLA, Academic Advancement Program Overview, https://www. aap. ucla. edu/about-aap/overview/, 2020 – 05 – 11.

UCLA, First To Go Living Learning Community, https://firsttogo. ucla. edu/programs/first-to-go-living-learning-community, 2023 – 12 – 13.

UCLA, First-Gentorship, https://firsttogo. ucla. edu/first-gentorship, 2023 –

12 – 13.

UCOP Institutional Research & Academic Planning, Fiat Lux: What is the value of a UC degree?, 2021.

UCOP Institutional Research & Academic Planning, First-Generation Student-Success at the University of California, 2017.

UCR, Learning Outcomes Assessment, https://sites.uci.edu/saslo/learning-domains-2/, 2020 – 05 – 11.

Vasquez-Salgado, Y., Greenfield, P. M., & Burgos-Cienfuegos, R., "Exploring Home-school Value Conflicts: Implications for Academic Achievement and Well-being Among Latino First-generation College Students", *Journal of Adolescent Research*, Vol. 30, 2015.

Vaughan, A., Parra, J. & Lalonde, T., "First-generation College Student Achievement and the First-year Seminar: A Quasi-experimental Design", *Journal of the First-Year Experience & Students in Transition*, Vol. 26, No. 2, 2014.

Vega, D., "'Why Not Me?' College Enrollment and Persistence of High-Achieving First-Generation Latino College Students", *School Psychology Forum: Research in Practice*, Vol. 10, No. 3, 2016.

Wakefield, J. R., Hopkins, N. & Greenwood, R. M., "Meta-stereotypes, Social Image and Help Seeking: Dependency-related Meta-stereotypes Reduce Help-seeking Behaviour", *Journal of Community & Applied Social Psychology*, Vol. 23, No. 5, 2013.

Wakeling, P., Hampden-Thompson, G. & Hancock, S., "Is Undergraduate Debt an Impediment to Postgraduate Enrolment in England?", *British Educational Research Journal*, Vol. 43, No. 6, 2017.

Walpole, M., "Socioeconomic Status and College: How SES Affects College Experiences and Outcomes", *The Review of Higher Education*, Vol. 27, No. 1, 2003.

Wang, C. C. D. & Castañeda-Sound, C., "The Role of Generational Status,

Self-esteem, Academic Self-efficacy, and Perceived Social Support in College Student's Psychological Well-being", *Journal of College Counseling*, Vol. 11, No. 2, 2008.

Warburton, Edward C., Rosio Bugarin & Anne-Marie Nunez, "Bridging the Gap: Academic Preparation and Postsecondary Success of First-Generation Students", Statistical Analysis Report, National Center For Education Statistics, 2001.

Warner, D. A., Sibling Relationships and College Decision-making: An Exploratory Study of First-generation and Non-first-generation Students, Oregon State University Dissertation, 2017.

Washington, M. M., The Influence of TRIO Student Support Services on First-Generation College Students: A Mixed Methods Study of Social Capital, Cultural Capital, and Self Efficacy, University of Louisiana at Lafayette Dissertations, 2021.

Webb, M., "The Impact of Artificial Intelligence on the Labor Market", Available at SSRN 3482150, 2019.

Weidman, J. C., "Impacts of Campus Experiences and Parental Socialization on Undergraduate's Career Choices", *Research in Higher Education*, Vol. 20, 1984.

Wendlandt, N. M. & Rochlen, A. B., "Addressing the College-to-work Transition: Implications for University Career Counselors", *Journal of Career Development*, Vol. 35, No. 2, 2008.

White, J. W., Pascale, A. & Aragon, S., "Collegiate Cultural Capital and Integration into the College Community", *College Student Affairs Journal*, Vol. 38, No. 1, 2020.

White, M. & Canning, E. A., "Examining Active Help-seeking Behavior in First-generation College Students", *Social Psychology of Education*, Vol. 26, No. 5, 2023.

Whitley, S. E., Benson, G. & Wesaw, A., "First-generation Student Success: A landscape Analysis of Programs and Services at Four-year Institutions", Center for First-generation Student Success, NASPA-Student Affairs Administrators in Higher Education, and Entangled Solutions, 2018.

Wilbur, T. G. & Roscigno, V. J., "First-generation Disadvantage and College Enrollment/Completion", *Socius: Sociological Research for a Dynamic World*, Vol. 2, 2016.

Wilkins, A. C., "Race, Age, and Identity Transformations in the Transition from High School to College for Black and First-generation White men", *Sociology of Education*, Vol. 87, No. 3, 2014.

Witteveen, D. & Attewell, P., "Family Background and Earnings Inequality Among College Graduates", *Social Forces*, Vol. 95, No. 4, 2017.

Wolchik, S. A. & Sandler, I. N., *Handbook of Children's Coping: Linking Theory and Intervention*, Plenum Press, 1997.

Yosso, T. J., "Whose Culture has Capital? A Critical Race Theory Discussion of Community Cultural Wealth", *Race Ethnicity and Education*, Vol. 8, No. 1, 2005.

Young I. M., Five Faces of Oppression, In Adams M. (Ed.), *Readings for Diversity and Social Justice*, New York, NY: Routledge, 2013.

Zeisman, G. S., First-generation Student Success After Academic Warning: An Exploratory Analysis of Academic Integration, Personal Adjustment, Family and Social Adjustment and Psychological Factors, Portland State University Dissertation, 2012.

Zhou, C., "A Narrative Review on Studies of Non-cognitive Ability in China", *Science Insights Education Frontiers*, Vol. 12, No. 1, 2022.

Zhou, X., "Equalization or Selection? Reassessing the "Meritocratic Power" of a College Degree in Intergenerational Income Mobility", *American Sociological Review*, Vol. 84, No. 3, 2019.

后　　记

> 同舍生皆被绮绣，戴朱缨宝饰之帽，腰白玉之环，左佩刀，右备容臭，烨然若神人；余则缊袍敝衣处其间，略无慕艳意，以中有足乐者，不知口体之奉不若人也。盖余之勤且艰若此。

——《送东阳马生序》

明代文学家宋濂在其创作的《送东阳马生序》中叙述个人出身贫寒，早年虚心求教和勤苦学习的经历，尤其是对比条件优越的太学生，更加凸显其自身求学之艰，依靠个人努力奋斗才学有所成的不凡之路。

对于家庭第一代大学生的关注与我个人成长经历密切相关，在一定意义上讲，这是一本很早就想写给自己的书。我出生成长于山东临沂一个很普通的农村家庭，不仅是家庭第一代大学生，还是家族中的第一个大学生。一路走来，个中滋味，唯有自知。现在回想起来，刚开始没有觉得自己有多苦有多累，因为身边都是和你一样背景的人，只是随着学段的不断提高，到了高中和大学，接触到更多家庭背景出身优越的同学，在不断的对比中，越发觉得自惭形秽，这也不行那也不行。这种内心和自我的斗争是长期以来难以摆脱的"课题"。究其原因，更多的不是因为自己学习不好，而是因为看到在学习外的技能才艺、眼界视野和待人接物等多方面与其他同龄人的明显差距，并为此感到自卑，更加没有勇气和自信去接触陌生人，尝试新事物，迈出关键第一步。诸如人际交往与为人处世能力，也就是本书中所研究的非认知能力的缺乏实际上与家庭背景密不可分。不过工作之后随着年龄的增长，我发现人也可以由内向一点点变得外向，非认知能力也是可以弥补和锻炼的。

  本书能够完成，还有许多需要感谢的人。本书中的部分章节得以发表在《中国青年研究》《复旦教育论坛》《国家教育行政学院学报》《世界教育信息》等期刊上，要感谢各位编辑和审稿专家对文章的精心指导与宝贵意见以及北京大学的岳昌君教授、北京外国语大学的祝军副教授、西南大学的高欣玉同学等研究合作者。感谢国家社科基金"十四五"规划教育学项目的经费支持。感谢课题组的每一位老师和同学的智慧贡献。感谢为调查数据和研究资料收集提供便利支持的相关高校领导、学工或团委部门负责老师，以及同学们的大力支持。感谢中国社会科学出版社的编辑安芳老师的认真、细致和专业。感谢单位领导和同事在工作与研究中对我的一贯指导、支持与帮助。最后，尤其要感谢我的妻子常青，承担了更多家务，并始终支持我做自己喜欢的研究。

杨中超

2025 年 2 月